자신감 뿜뿜!

JSP 웹 프로그래밍

Hard Carry

신윤환 지음

생능출판

자신감 뿜뿜!

JSP 웹 프로그래밍 Hard Carry

초판발행 2022년 1월 10일
제1판2쇄 2024년 8월 12일

지은이 신윤환
펴낸이 김승기, 김민수
펴낸곳 (주)생능출판사 / **주소** 경기도 파주시 광인사길 143
출판사 등록일 2005년 1월 21일 / **신고번호** 제406-2005-000002호
대표전화 (031)955-0761 / **팩스** (031)955-0768
홈페이지 www.booksr.co.kr

책임편집 신성민 / **편집** 이종무, 최동진 / **디자인** 유준범, 노유안
마케팅 최복락, 심수경, 차종필, 백수정, 송성환, 최태웅, 명하나, 김민정
인쇄 / 제본 교보피앤비

ISBN 978-89-7050-524-4 93000
정가 26,000원

이 책을 펼치는 순간부터 JSP 전문가가 될 수 있습니다!

※ 손쉬운 환경 구축 + 간결한 콘텐츠

초보자도 쉽게 JSP 환경을 구축할 수 있습니다.
상세한 설명과 콘텐츠의 명확한 동작 원리의 쉬운 이해로 학습 의욕을 높여줍니다.

※ 핵심 원리 → 풍부한 예제와 연습 문제 → 프로젝트로 이어지는 학습체계

기본 핵심 원리의 충분한 이해를 도와주는 예제와
본문에서 배운 내용을 함축해 놓은 핵심요약 및 연습 문제,
실무에서 바로 응용할 수 있는 실전 프로젝트를 단계별로 구성하여
기승전결의 학습 완성도를 높였습니다.

※ 배움의 기쁨을 만끽할 수 있는 IT 교과서

예제의 소스 코드에 대한 자세한 설명을 담았습니다.
학습자가 필요한 공부가 될 수 있도록 방법을 제시합니다.

머리말

웹 프로그래밍이란 참 어려운 과목이라고 생각합니다. 다른 과목은 한 분야에 대한 전문 지식만으로도 얼마든지 개발할 수 있겠지만 웹 프로그래밍은 HTTP 기술과 웹 서버, 데이터베이스, 통합 개발 도구 등과의 콜라보레이션(collaboration)을 이루어야만 가능하기 때문입니다.

웹 프로그래밍 중에서도 JSP는 Java 소스 코딩 능력 또한 요구하고 있기 때문에 JSP 웹 프로그래밍에 도전하기에 걱정이 앞서는 사례도 주위에서 종종 대면할 수 있습니다. JSP 웹 프로그래밍과 관련된 책들은 시중에 많이 출판되었으나 정말 내게 꼭 맞는 도서를 찾기란 결코 쉬운 일이라고 단정 짓기는 어렵습니다.

이 책에서는 입문자도 쉽게 JSP 웹 프로그래밍을 배울 수 있도록 단원을 구성하였으며 각 단원에서 배운 내용을 최종 프로젝트에서 쉽게 활용할 수 있는 자신감을 충족할 수 있도록 집필하였습니다. 많은 내용을 다루기보다는 JSP 웹 프로그래밍에 대한 학습의 기본기를 튼튼히 하여 더 많은 것을 배우고 싶다는 '자신감 뿜뿜!'을 모든 독자분에게 선물하고 싶습니다.

JSP 웹 프로그래밍을 도전하고 싶은 독자분들은 이 책을 펼쳐보고 직접 예제 문제를 따라 하다 보면 어느덧 JSP 프로그래머가 되고 싶다는 자신감이 충만해져 있음을 느끼게 될 것입니다. 필자는 항상 집필할 때마다 고민되는 부분은 어떻게 하면 쉽게 배울 수 있도록 책을 구성하는 것이 좋을까? 하는 점입니다.

책을 너무 쉽게 집필하게 되면 외면당하게 되고 어렵게 집필하게 되면 일부 지식층에서만 선택하므로 참 쉽지 않은 고민입니다. 이 책에서는 2% 부족한 듯 배움의 여유를 독자분들에게 드리고 싶습니다. 어렵게 생각하지 말고 지금 바로 도전하여 여러분의 목표를 달성해 보세요.

이 책이 완성되기까지 많은 정성을 기울여 좋은 책으로 탄생하기 위해 노력해 주신 생능출판사 임직원 여러분과 편집부 권소정님께 감사드립니다. 그리고 좋은 강의와 학업 증진을 위해 많은 조언과 격려를 아낌없이 베풀어주시는 주위의 교수님들께도 감사의 말씀을 드립니다.

항상 진지한 열의와 젊음의 패기를 가지고 열심히 들어주는 학생들에게도 감사와 희망의 기쁨으로 가득 찬 순간들이 영원하도록 기원합니다. 그리고 이 책을 집필하는 동안 언제나 변함없는 사랑과 깊은 배려로 알뜰살뜰 보필해 준 아내 김경미에게 감사와 사랑의 마음을 가득 담은 희망찬 내일을 고이 접어 드립니다.

기회는 언제나 열려있습니다! 도전해 보세요.
저자 신윤환 (Dr. Eric Shin)

이 책의 구성

웹 애플리케이션

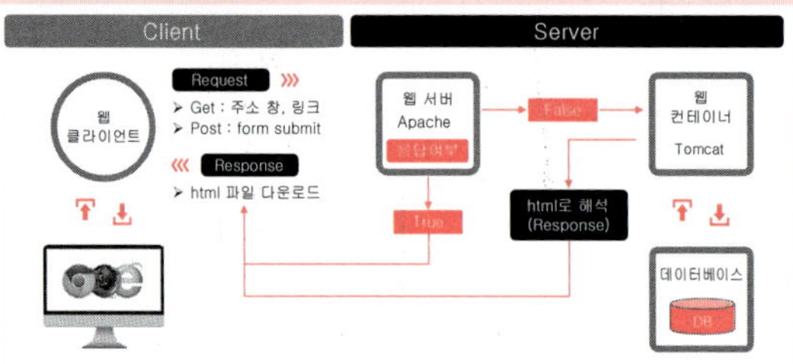

인터넷이나 인트라넷을 통해 웹 브라우저에서 이용할 수 있는 웹 애플리케이션에 대한 개념을 이해하고 웹 애플리케이션의 동작 원리, 웹 서버와 클라이언트가 수행하는 역할 및 필수 네트워크 장비와 프로토콜의 의미와 역할에 대해 살펴봅니다.

JSP 플랫폼 구축

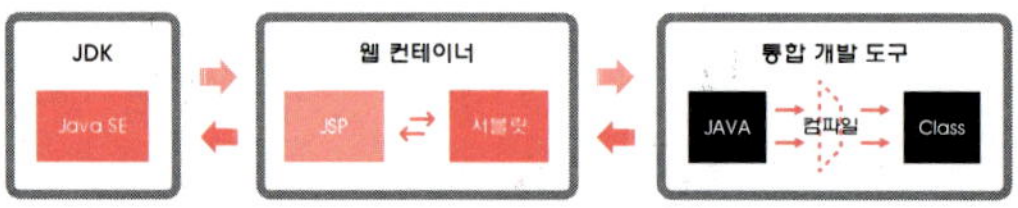

JSP 웹 애플리케이션을 생성하기 위해 필요한 JSP 플랫폼 구축 요소에 해당하는 JDK와 웹 컨테이너인 아파치 톰캣, 통합 개발 도구인 이클립스에 대한 프로그램 사이트 소개와 설치 방법에 대해 실습합니다.

폼 태그와 전송 방식

웹 애플리케이션 개발 과정에서 웹 브라우저에 인터페이스를 구현하기 위한 폼 태그의 역할과 종류에 대해 살펴보고 input 태그, select 태그, textarea 태그의 활용 방법과 파라미터 전송 방식의 종류와 사용 방법에 대해 실습합니다.

유효성 검사

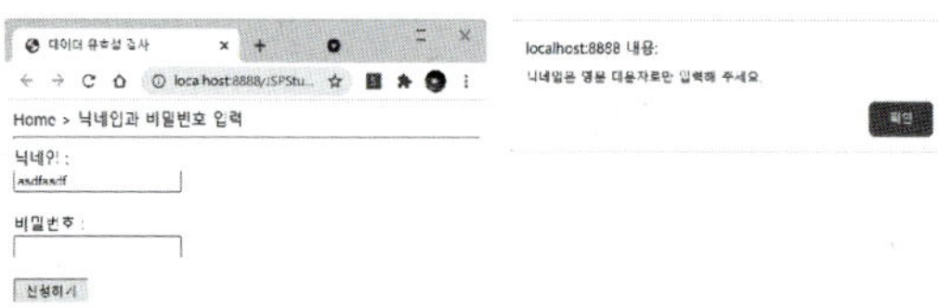

사용자가 폼 화면을 통해 입력한 데이터값이 특정 규칙에 적합하게 입력되었는지를 서버에 전송하기 전에 검증하기 위한 유효성 검사 방법과 정규 표현식의 종류에 대해 살펴보고 웹 브라우저를 통해 유효성 검사 수행 결과를 실습합니다.

세션과 쿠키

세션의 개요와 세션을 생성 및 삭제를 위한 session 내장 객체의 활용 방법 및 쿠키의 개요와 response 내장 객체와 Cookie 클래스의 활용 방법에 대해 실습합니다. 세션과 쿠키의 차이점과 관련 파일 생성 위치에 대해서도 살펴봅니다.

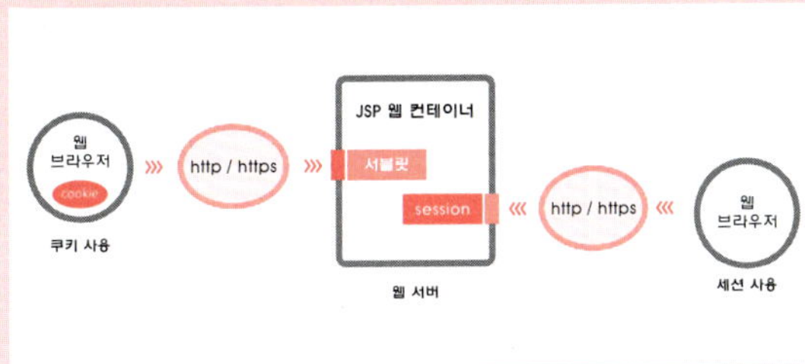

액션 태그

액션 태그란 무엇인지에 대해 이해하고 웹 애플리케이션에서 주로 사용하는 forward, include, param, 자바빈즈 액션 태그의 활용 방법에 대해 실습합니다.

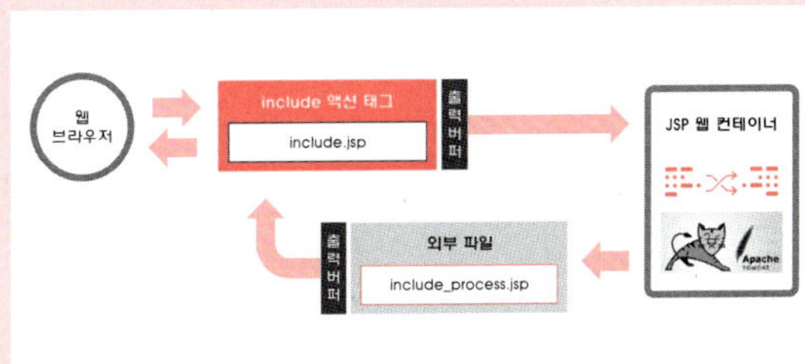

JDBC

JDBC란 무엇인지에 대해 이해하고 이클립스에서 JDBC를 연동하여 폼 화면에서 입력한 정보를 데이터베이스의 테이블에 등록하고 등록된 정보를 활용하기 위한 JDBC 프로그래밍 예제 문제를 실습합니다.

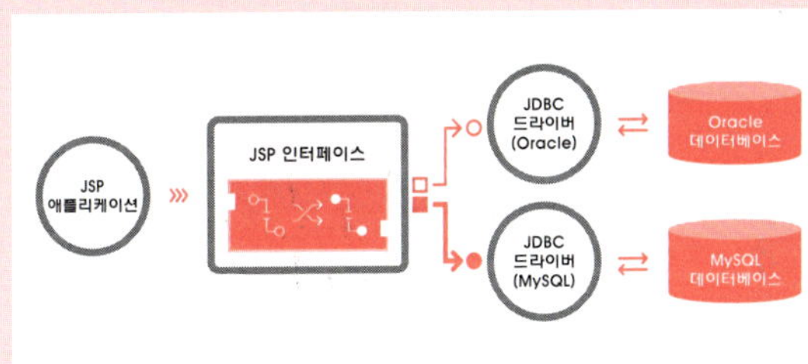

JSP 프로젝트

JSP 프로젝트를 수행하기 위해 필요한 사전 요소에 대해 살펴보고 사용자 모드와 관리자 모드로 구분하여 웹 애플리케이션을 생성하기 위한 프로젝트 시뮬레이션과 2개의 모드로 각각 접속하기 위한 프로젝트를 실습합니다.

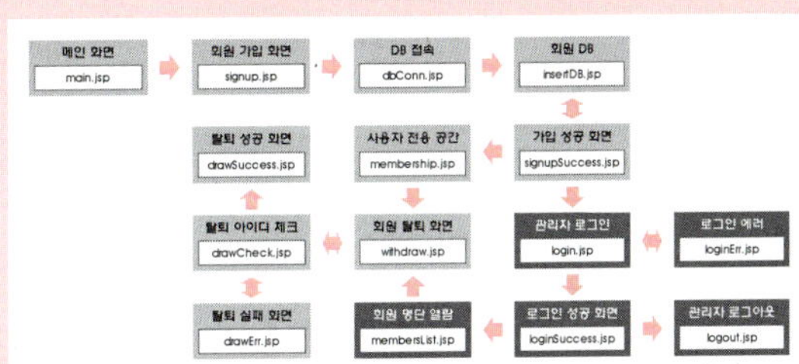

차례

CHARPTER 02

JSP 플랫폼 구축

CHARPTER 03

JSP 프로젝트 작성

CHARPTER 04

폼 태그 활용

CHARPTER 05

유효성 검사

CHARPTER 06

세션

CHARPTER 07

쿠키

CHARPTER 08

액션 태그

CHARPTER 09

MySQL

CHARPTER 10

SQL 기본 명령어

CHARPTER 11

JDBC

CHARPTER 12

데이터베이스 커넥션

CHARPTER 13

JSP 프로젝트

CHAPTER 01

JSP 웹 프로그래밍

▶ Preview

웹 프로그래밍과 웹 애플리케이션이란 무엇인지에 대해 이해하고 웹 서버와 클라이언트의 관계, 네트워크 환경에서 프로토콜의 역할과 종류 및 서블릿과 웹 컨테이너, JSP와 서블릿에 대해 살펴본 다음 JSP를 배우는 이유에 대해 학습합니다.

01 웹 프로그래밍

1 웹 프로그래밍의 개요

웹 프로그래밍Web Programming은 사용자가 웹 브라우저를 통해 필요한 정보를 서버에게 요청하면 서버는 요청한 정보를 데이터베이스(DB)에서 발췌하여 요청한 사용자에게 해당 정보를 제공하는 유기적인 관계로 이루어지는 웹 프로그램의 구동을 의미합니다. 이와 같은 웹 프로그래밍의 구동 순서를 쉽게 이해할 수 있도록 다음 그림과 같이 나타냈습니다.

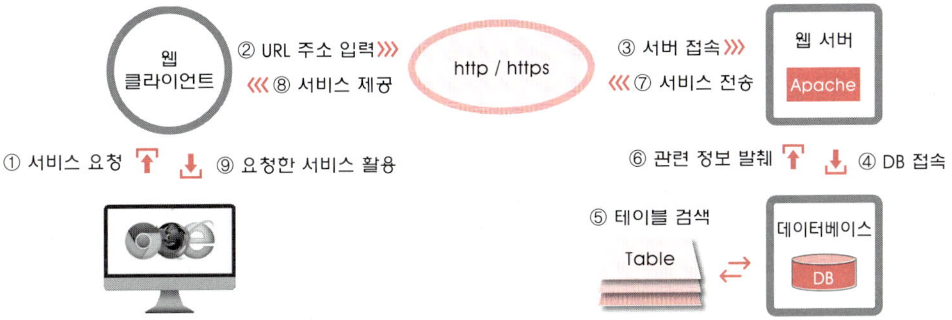

그림 1-1 웹 프로그래밍의 구동 순서

2 웹 애플리케이션

웹 애플리케이션Web Application이란 소프트웨어 공학적 관점에서 살펴보면 인터넷이나 인트라넷을 통해 웹 브라우저에서 이용할 수 있는 응용 소프트웨어를 의미합니다. 전 세계의 사용자 PC는 인터넷이라는 매개체를 통해 모두 하나의 네트워크망으로 구축되어 있습니다. 웹 애플리케이션에 대해 쉽게 이해할 수 있도록 다음 그림과 같이 나타냈습니다.

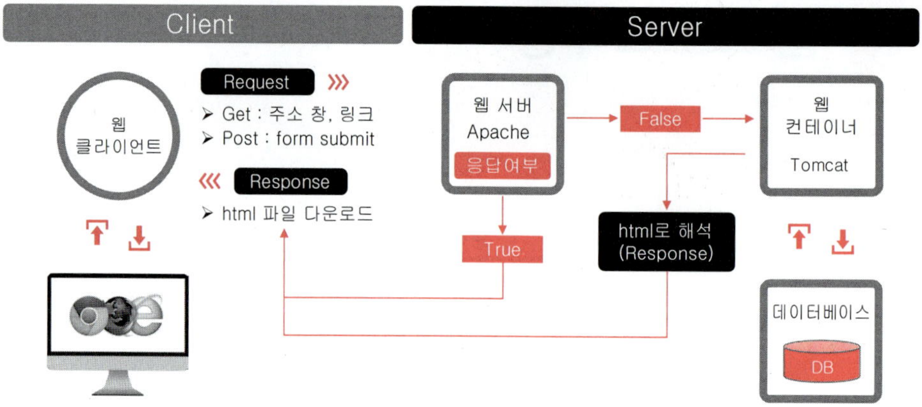

그림 1-2 웹 애플리케이션의 동작 원리

네트워크 환경에서 사용하고자 하는 소프트웨어를 각각의 PC마다 따로 배포하고 설치하지 않아도 웹 애플리케이션을 통해 공통적으로 사용할 수 있다는 부분은 웹 애플리케이션만이 가지는 가장 커다란 매력적인 부분이라고 할 수 있습니다. 웹 애플리케이션 서비스를 이용할 때는 클라이언트와 서버의 동작 원리에 대해 충분한 이해가 필요합니다.

3 웹 서버와 클라이언트

웹 애플리케이션을 활용할 수 있는 환경을 구축하기 위해 반드시 필요한 존재는 웹 서버와 클라이언트입니다. 네트워크 환경에서 존재하는 웹 서버와 클라이언트에 대한 동작 원리를 쉽게 이해할 수 있도록 다음 그림과 같이 간략하게 나타냈습니다.

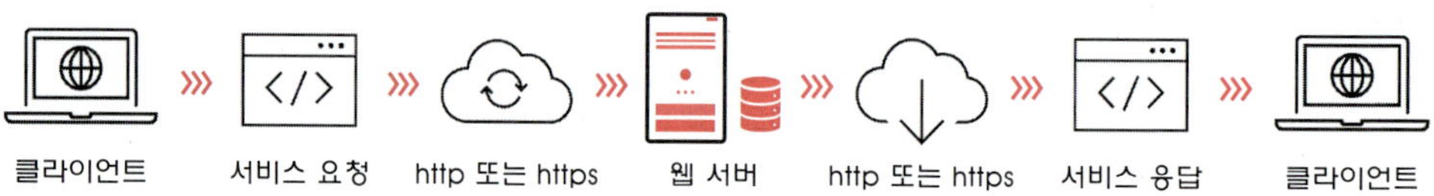

그림 1-3 웹 서버와 클라이언트의 동작 원리

3.1 웹 서버

웹 서버Web Server란 네트워크 환경에서 사용자에게 웹페이지를 나타내는 파일들을 제공하고 관리하는 프로그램을 의미합니다. 웹 사이트를 통해 서비스를 제공하기 위해서는 웹 서버가 반드시 존재해야 하며 웹 서버의 종류로는 Apache와 IISInter Information Server 등이 있습니다. http://tomcat.apache.org/ 사이트에 방문하면 Apache 웹 서버에 대해 자세한 설명을 참고할 수 있습니다.

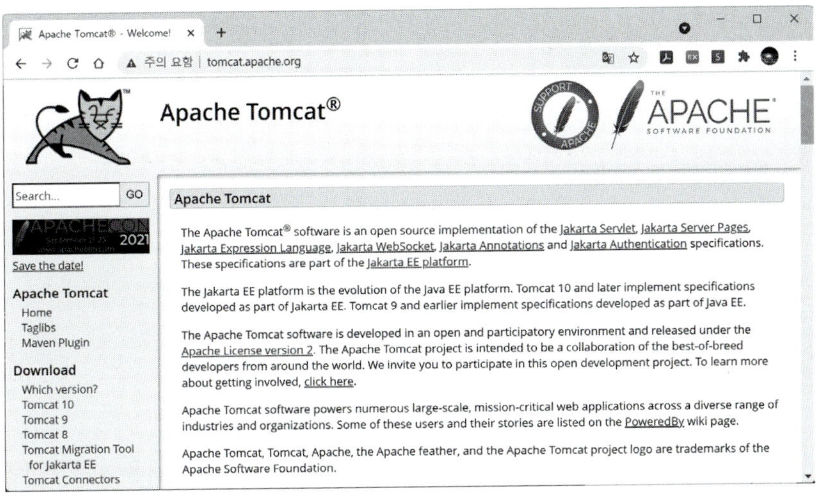

그림 1-4 아파치 웹 서버 다운로드 사이트

3.2 클라이언트

클라이언트Client란 네트워크 환경에서 서버 시스템과 연결하여 주된 작업이나 정보를 웹 서버에게 요청하고 그 결과를 돌려받는 컴퓨터 시스템을 의미합니다. 좀 더 쉽게 비유하자면 사용자가 개인 PC를 사용하여 인터넷 환경에서 '네이버' 또는 '다음'과 같은 웹 사이트에 접속하여 메일을 확인하는 과정에서 로그인 정보를 웹 서버에 요청하는 과정에서 사용하는 개인 PC를 클라이언트라고 합니다.

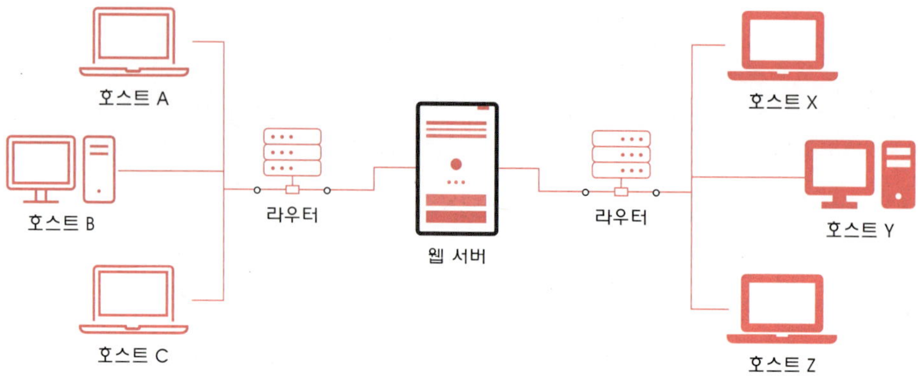

그림 1-5 호스트로 구성된 네트워크 환경

> ✓ **Check Point_ 클라이언트와 호스트**
>
> 요청한 로그인 정보를 확인 후 웹 서버로부터 메일 서비스를 회신받는 과정에서의 행위 주체인 개인 PC를 클라이언트라고 하며 다른 표현으로는 '호스트'라고도 불립니다. 호스트(Host)란 네트워크를 구성하는 컴퓨터 시스템에서 각각의 단말기로부터의 자료 처리 요구를 받아 처리하는 중심이 되는 컴퓨터를 의미합니다.

3.3 라우터

라우터Router란 서로 다른 네트워크를 연결해 주는 장치를 의미합니다. 인터넷을 사용할 때 우리는 서버와 클라이언트가 마치 일대일의 대응 관계인 것처럼 느껴집니다. 하지만 인터넷은 서로 다른 네트워크들이 연결되어 많은 정보를 주고받게 되는 다양한 환경으로 구축되어 있습니다.

라우터에 대해 쉽게 이해할 수 있도록 우리 주변의 예를 들면 가정집에 케이블 TV 서비스를 신청하게 되면 공유기도 함께 설치해 주는 것을 볼 수 있습니다. 이와 같은 공유기가 바로 가정 내에서 라우터의 역할을 수행하게 되는 것으로 이해하면 됩니다.

그림 1-7 라우터의 활용 분야

각각의 네트워크 환경은 통신 방법이나 신호가 제각각 다르므로 여러 가지 네트워크 환경 속에서 다양한 정보를 주고받기 위해서는 특별한 장치가 필요합니다. 이때 필요한 장비가 바로 라우터입니다. 다른 네트워크 장비에 대한 자세한 설명은 관련 도서를 참고 바랍니다.

02 프로토콜의 종류

1 HTTP 프로토콜

HTTPHypertext Transfer Portocol는 인터넷에서 사용자가 웹 애플리케이션 서비스를 요청하고 웹 서버는 사용자로부터 요청받은 해당 서비스를 제공해 주는 과정을 원활하게 수행하기 위한 제반 요건을 표준화한 프로토콜을 의미합니다.

HTTP는 인터넷 환경에서 서비스를 요청하고 요청받은 서비스를 제공받는 과정에서 발생할 수 있는 여러 가지 문제점들을 해결하기 위해 지정한 약속을 의미하며 우리말로 해석하면 '통신 표준 규약'이라고 합니다.

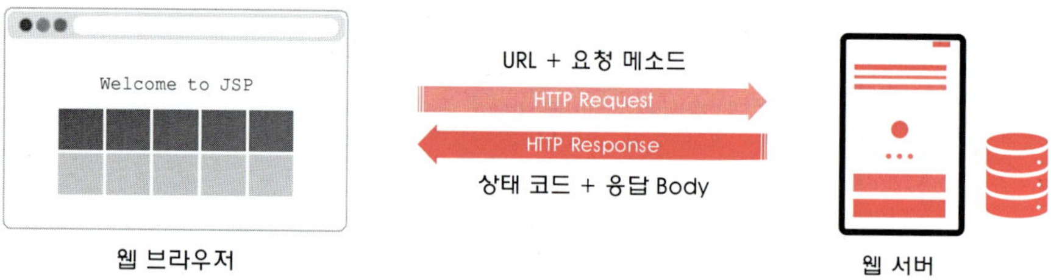

그림 1-7 HTTP 프로토콜 요청과 응답

✓ Check Point_ 웹 서버의 역할

컴퓨터 사용자로부터 특정 서비스를 요청받게 된 웹 서버는 HTTP 프로토콜에서 지정한 통신규약에 따라 요청한 해당 서비스(웹 애플리케이션)를 제공해 줍니다. 이와 같은 과정을 원활하게 수행하기 위해서는 웹 브라우저 주소창에 URL(도메인 주소)을 입력해야 합니다.

2 HTTPS 프로토콜

HTTPSHypertext Transfer Portocol Secure 프로토콜은 HTTP의 보안이 강화된 버전의 프로토콜을 의미합니다. HTTPS는 소켓 통신에서 일반 텍스트를 이용하는 대신 SSL이나 TLS 프로토콜을 통해 세션 데이터를 암호화해 주기 때문에 전송되는 데이터에 대해 적절한 보호를 보장해 줍니다. 보호의 수준은 웹 브라우저에서의 구현 정확도와 서버에 설치된 소프트웨어 및 지원하는 암호화 알고리즘의 성능에 의해 보안의 강도가 결정됩니다.

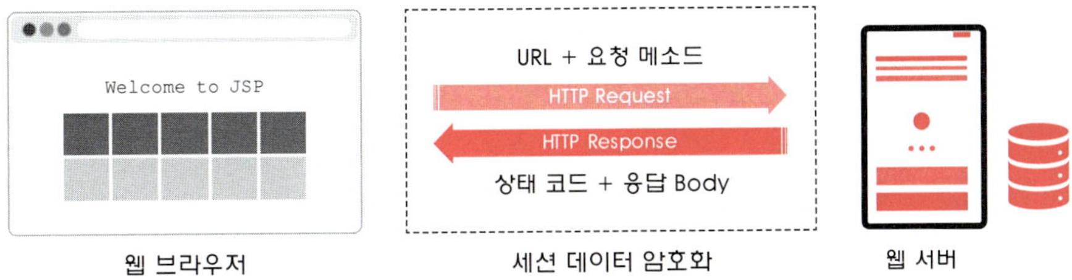

그림 1-8 보안이 강화된 HTTPS 프로토콜 요청과 응답

HTTPS는 통신의 인증과 암호화를 위해 개발되었으며 전자상거래 과정에서 발생할 수 있는 보안의 위협 요인들로부터 인증과 암호화를 통해 안전한 전자상거래를 위해 사용됩니다.

✓ Check Point_ SSL과 TLS에 대한 이해

SSL(Secure Sockets Layer)은 정보·통신 자체 서명된 인증서를 통해 인증과 데이터 암호화를 제공하는 보안 소켓 계층의 한 유형을 의미합니다. 그리고 TLS(Transport Level Security)는 정보·통신 암호 기법을 사용하여 인터넷에서 종단 간의 인증과 통신 보안을 제공하는 표준 프로토콜을 의미하며 네트워크에서 클라이언트와 서버 간의 도청, 메시지 위조 따위를 방지하도록 설계된 방식으로 통신하도록 규정되어 있습니다.

3 TCP/IP 프로토콜

인터넷 환경에서 웹 서버와 웹 클라이언트 사이에서 필요한 서비스를 주고받기 위해 TCP/IP 프로토콜을 사용합니다. TCP는 데이터 전송을 위한 통신규약을 수행하고 IP는 정보를 전달하고자 하는 최종 목적지 주소를 의미합니다.

3.1 TCP/IP의 역할

네트워크 환경에서 클라이언트가 웹 서버에게 정보를 요청하고 응답받는 일련의 과정에서 TCP/IP의 역할에 대해 살펴보면 다음과 같습니다. TCP는 인터넷에서 전송되는 정보나 파일들을 일정한 크기의 패킷들로 나누어 네트워크 환경의 수많은 노드들의 조합으로 생성되는 경로들을 거쳐 분산적으로 전송합니다.

IP는 데이터를 전송할 때 누구에게 전송할 것인지를 명확하게 최종 목적지를 구분하여 전달하는 인터넷상의 주소를 구분하기 위해 사용됩니다. 다음 그림에서 표기된 IP 주소는 이해를 돕기 위해 임의로 표기한 주소임을 참고 바랍니다.

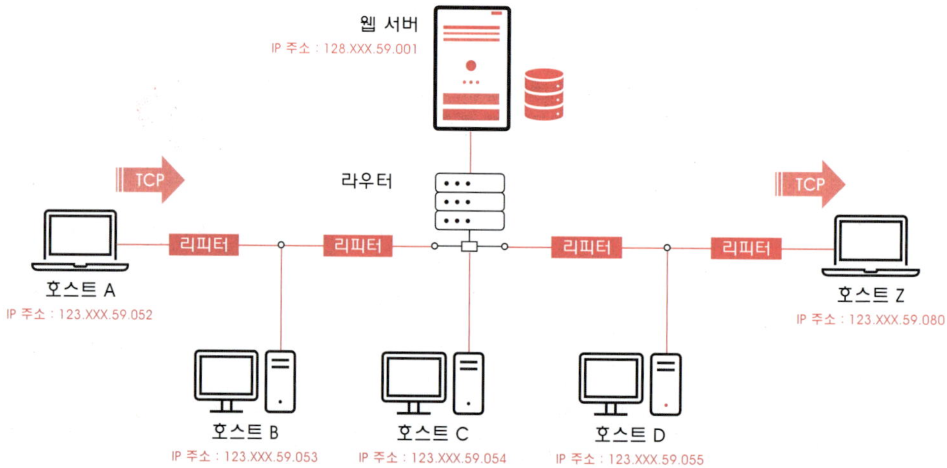

그림 1-9 네트워크 환경에서 TCP/IP 프로토콜의 역할

✓ Check Point_ 리피터 장치의 역할

리피터(Repeater)는 네트워크 환경에서 정보통신 개방형 참조 모델로 원거리에 위치한 호스트에서 전송 데이터의 신호가 약해지지 않고 데이터가 안정적으로 전송될 수 있도록 물리적인 네트워크망의 길이를 확장해 주는 장비입니다.

3.2 IP 주소의 독립성 확보

우리가 즐겨 사용하고 있는 인터넷 기능 중 메일을 전달할 때는 cskisa@spacezone.kr과 같이 메일 주소를 적어 누구에게 메일을 발송할 것인지를 명확하게 구분합니다. 메일 주소도 IP 주소로 인식되며 인터넷 공간에서 사용되는 메일 주소는 중복된 메일 주소를 허용하지 않습니다. 그 이유는 네트워크 환경에 접속된 수많은 호스트 중에서 특정 호스트만을 명확하게 구분하기 위해 IP 주소는 중복된 주소를 허용하지 않기 때문입니다.

✓ Check Point_ 학번과 같은 IP의 역할

대학교에 입학하게 되면 학번을 부여하여 많은 학생 중에 특정인을 확실하게 구별할 수 있는 키워드인 것처럼 광활한 네트워크 환경에서 인터넷을 사용하는 주체가 누구인지를 명확하게 판별할 수 있도록 모든 호스트에게 IP를 부여하는 것입니다.

03 서블릿과 웹 컨테이너

웹 프로그래밍에 대해 충분히 이해하였다면 이번에는 서블릿과 웹 컨테이너가 무엇인지에 대한 개념을 살펴보고 각각의 활용 분야에 대해 살펴보도록 하겠습니다.

1 서블릿의 이해

서블릿Servlet이란 서블릿 규약에 따라 제작된 클래스로 서버에서 웹페이지 등을 동적으로 생성하거나 전송되는 데이터 처리를 수행하기 위해 Java로 작성된 프로그램을 의미합니다. 서블릿을 실행하기 위해서는 먼저 환경을 구축해야 합니다. 서블릿 실행환경을 구축하기 위해서는 웹 컨테이너 혹은 서블릿 컨테이너로 불리는 아파치 톰캣Apache Tomcat 또는 IBM 웹 스피어Web Sphere나 애플리케이션 서버, 레진Resin 등이 필요합니다.

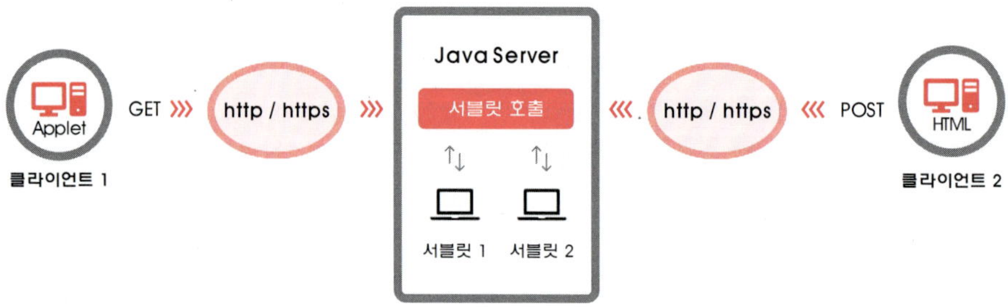

그림 1-10 서블릿의 동작 원리

웹 서버가 외부 프로그램을 실행시키는 표준화된 방법인 CGICommon Gateway Interface 방식보다 서블릿을 사용하게 되면 CGI에 비해 훨씬 효율적으로 웹 애플리케이션을 활용할 수 있습니다. 그 이유는 서블릿의 경우 메모리에 상주하여 클라이언트로부터 서비스 요청이 발생하게 되면 프로세스Process보다 작은 스레드Thread를 시작하기 때문입니다. 그러므로 클라이언트의 요청마다 새 프로세스를 시작하는 CGI보다 훨씬 효율적입니다. 서블릿은 Java로 작성되어 있으므로 다양한 플랫폼에서 사용할 수 있다는 매력적인 장점을 활용할 수 있습니다.

✓ **Check Point_ 프로세스와 스레드**

프로세스(Process)란 컴퓨터에서 실행 중인 프로그램(작업 또는 Task)을 의미하고 스레드(Thread)란 다중 작업 환경에서 운영체제가 여러 프로그램을 병행하여 처리할 때 효율적인 처리를 위한 처리 단위를 의미합니다.

2 웹 컨테이너

웹 컨테이너Web Container는 웹 서버의 컴포넌트 중 하나로 Java 서블릿과 상호작용을 수행합니다. 웹 컨테이너는 서블릿의 생명주기를 관리하고 URL과 특정 서블릿을 맵핑하여 URL 요청이 올바르게 접근할 수 있도록 권한을 보장합니다. 순수 서블릿을 처리하는 경우 서블릿 컨테이너라고 하지만 서블릿 컨테이너를 포함한 JSP, HTTP 서버의 기능도 함께 포함하기 때문에 웹 컨테이너라고 부르기도 합니다.

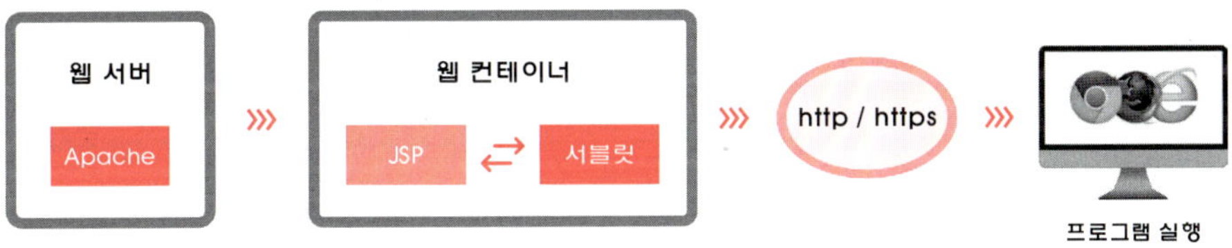

그림 1-11 웹 컨테이너의 구성 및 동작 원리

✓ **Check Point_ 웹 컨테이너의 역할**

웹 컨테이너는 웹 컴포넌트 또는 Java EE(Enterprise Edition) 아키텍처 제약을 구현하고 보안, 병행성, 생명주기 관리, 트랜잭션, 배포 등 다른 서비스를 포함하는 웹 컴포넌트의 실행환경을 제시합니다.

웹 컨테이너를 라이선스 없이 무료로 사용할 수도 있습니다. 오픈 소스로 제공하는 웹 컨테이너는 아파치 톰캣, 아파치 제로니모, 오라클의 클래시피시, 제이보스 등을 사용할 수 있습니다. 하지만 오픈 소스로 제공되는 웹 컨테이너의 라이선스 정책은 언제든지 변경될 수 있으므로 참고 바랍니다. 여기서는 무료 사용이 가능한 아파트 톰캣을 웹 컨테이너로 사용하겠습니다.

3 JSP와 서블릿 동작 원리

JSPJava Server Page는 서블릿의 단점을 보완하기 위해 스크립트 방식을 도입하여 Sun 회사에 의해 개발되었습니다. JSP의 동작 방식을 이해하기 위해서는 먼저 서블릿에 대한 이해가 필요합니다. 우리는 이미 앞에서 서블릿에 대해 살펴봤으므로 여기서는 JSP와 서블릿의 동작 원리를 좀 더 쉽게 이해할 수 있도록 다음 그림과 같이 나타냈습니다.

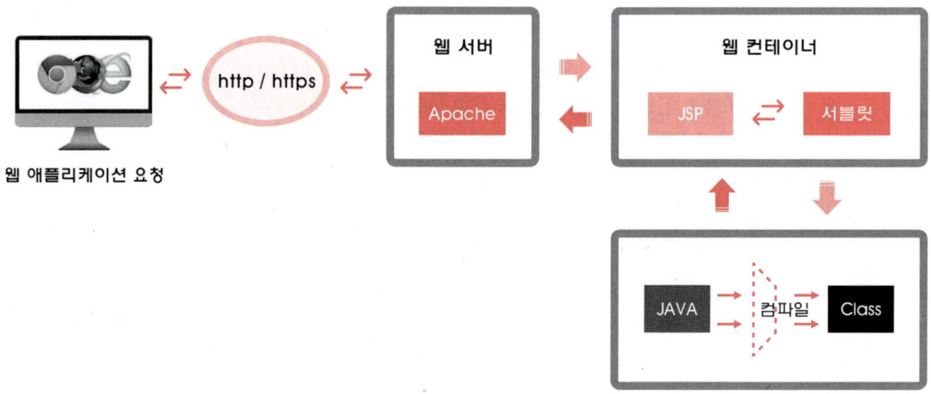

그림 1-12 JSP와 서블릿 동작 원리

4 JSP를 배우는 이유

JSP를 간단하게 요약한다면 HTML 파일 내에 Java 언어를 삽입한 문서이고 서블릿은 Java 언어로 이루어진 웹 프로그래밍 문서라고 이해할 수 있습니다. 웹 애플리케이션을 구현하기 위해서는 Java가 필요하고 웹 애플리케이션을 구현하기 위한 기본 언어로 HTML 또한 필요합니다.

클라이언트 기능을 구현하기 위한 언어로 HTML 안에서 웹 애플리케이션의 역동적인 동작을 구현하기 위해 JavaScript도 사용됩니다. JSP를 사용하는 의미는 여러 이유가 있겠지만 우리가 JSP를 배우는 이유와 중요한 장점을 몇 가지만 소개하면 다음과 같습니다.

- 독립된 플랫폼을 제공하는 Java 언어를 기반으로 작성됩니다.
- Java 언어에 대한 전문 지식이 없더라도 쉽고 빠르게 배울 수 있습니다.
- 웹 애플리케이션 개발에 필요한 각종 프레임워크를 완벽하게 지원합니다.
- 보안을 중요하게 요구하는 금융권에서 많이 사용됩니다.
- 다른 엔터프라이즈 기술과 완벽한 호환성을 제공합니다.

핵심 요약

01 웹 프로그래밍에 대한 이해

- 웹 프로그래밍은 사용자가 웹 브라우저를 통해 필요한 정보를 서버에게 요청하면 서버는 요청한 정보를 데이터베이스(DB)에서 발췌하여 요청한 사용자에게 해당 정보를 제공하는 유기적인 관계로 이루어지는 웹 프로그램의 구동을 의미합니다.

02 웹 애플리케이션에 대한 이해

- 웹 애플리케이션이란 소프트웨어 공학적 관점에서 살펴보면 인터넷이나 인트라넷을 통해 웹 브라우저에서 이용할 수 있는 응용 소프트웨어를 의미합니다.

03 웹 애플리케이션 환경 구축 요소

- 웹 애플리케이션을 활용할 수 있는 환경을 구축하기 위해 반드시 필요한 존재는 웹 서버와 클라이언트입니다.

04 서버와 클라이언트에 대한 이해

- 웹 서버란 네트워크 환경에서 사용자에게 웹페이지를 나타내는 파일들을 제공하고 관리하는 프로그램을 의미합니다.
- 클라이언트란 네트워크 환경에서 서버 시스템과 연결하여 주된 작업이나 정보를 웹 서버에게 요청하고 그 결과를 돌려받는 컴퓨터 시스템을 의미하며 클라이언트는 '호스트'라고도 불립니다.

05 호스트에 대한 이해

- 호스트란 네트워크를 구성하는 컴퓨터 시스템에서 각각의 단말기로부터의 자료 처리 요구를 받아 처리하는 중심이 되는 컴퓨터를 의미합니다.

06 라우터 장치의 역할

- 라우터란 서로 다른 네트워크를 연결해 주는 장치를 의미합니다.
- 각각의 네트워크 환경은 통신 방법이나 신호가 제각각 다르므로 여러 가지 네트워크 환경 속에서 다양한 정보를 주고받기 위한 특별한 장치가 바로 라우터입니다.

07 HTTP 프로토콜에 대한 이해

- HTTP는 인터넷에서 사용자가 웹 애플리케이션 서비스를 요청하고 웹 서버는 사용자로부터 요청받은 해당 서비스를 제공해 주는 과정을 원활하게 수행하기 위한 제반여건을 표준화한 프로토콜을 의미합니다.

08 HTTP 프로토콜과 HTTPS 프로토콜의 차이

- HTTPS 프로토콜은 HTTP의 보안이 강화된 버전의 프로토콜을 의미합니다.
- HTTPS는 소켓 통신에서 일반 텍스트를 이용하는 대신 SSL이나 TLS 프로토콜을 통해 세션 데이터를 암호화해 주기 때문에 전송되는 데이터에 대해 적절한 보호를 보장해 줍니다.

09 TCP/IP 프로토콜의 이해

- 인터넷 환경에서 웹 서버와 웹 클라이언트 사이에서 필요한 서비스를 주고받기 위해 TCP/IP 프로토콜을 사용합니다.
- TCP는 데이터 전송을 위한 통신규약을 수행하고 IP는 정보를 전달하고자 하는 최종 목적지 주소를 의미합니다.

10 서블릿에 대한 이해

- 서블릿이란 서블릿 규약에 따라 제작된 클래스로 서버에서 웹페이지 등을 동적으로 생성하거나 전송되는 데이터 처리를 수행하기 위해 Java로 작성된 프로그램을 의미합니다.

11 웹 컨테이너의 역할

- 웹 컨테이너는 웹 서버의 컴포넌트 중 하나로 Java 서블릿과 상호작용을 수행하며 웹 컨테이너는 서블릿의 생명주기를 관리하고 URL과 특정 서블릿을 맵핑하여 URL 요청이 올바르게 접근할 수 있도록 권한을 보장합니다.

12 JSP를 배우는 이유

- JSP를 간단하게 요약한다면 HTML 파일 내에 Java 언어를 삽입한 문서이고 서블릿은 Java 언어로 이루어진 웹 프로그래밍 문서라고 이해할 수 있으며 JSP를 배우는 이유와 중요한 장점을 몇 가지만 소개하면 다음과 같습니다.

> - 독립된 플랫폼을 제공하는 Java 언어를 기반으로 작성됩니다.
> - Java 언어에 대한 전문 지식이 없더라도 쉽고 빠르게 배울 수 있습니다.
> - 웹 애플리케이션 개발에 필요한 각종 프레임워크를 완벽하게 지원합니다.
> - 보안을 중요하게 요구하는 금융권에서 많이 사용됩니다.
> - 다른 엔터프라이즈 기술과 완벽한 호환성을 제공합니다.

연습문제

01 다음 글을 읽고 빈 괄호에 들어갈 단어를 입력하시오.

(1) 웹 애플리케이션이란 소프트웨어 공학적 관점에서 (   )이나 (   )을 통해 웹 브라우저에서 이용할 수 있는 응용 소프트웨어를 의미합니다.

(2) 프로토콜은 인터넷에서 웹 애플리케이션 서비스를 이용할 때 사용되는 (   )을 의미하며 웹 서버와 웹 클라이언트 사이에서 데이터를 주고받기 위해서는 (   ) 프로토콜을 사용합니다.

(3) 서블릿의 경우 메모리에 상주하여 클라이언트로부터 서비스 요청이 발생하게 되면 (   )보다 작은 (   )를 시작하기 때문에 클라이언트의 요청마다 새 프로세스를 시작하는 CGI 보다 훨씬 효율적입니다.

(4) 웹 컨테이너는 서블릿의 (   )를 관리하고 (   )과 특정 서블릿을 맵핑하여 URL 요청이 올바르게 접근할 수 있도록 권한을 보장합니다.

(5) 웹 컨테이너는 웹 컴포넌트 또는 JAVA EE 아키텍처 제약을 구현하고 보안, 병행성, (   ), (   ), 배포 등 다른 서비스를 포함하는 웹 컴포넌트의 실행환경을 제시합니다.

02 웹 프로그래밍이란 무엇인지에 대해 간략하게 설명하시오.

03 다음에 주어진 웹 애플리케이션의 동작 원리 그림을 보고 빈 괄호를 채우시오.

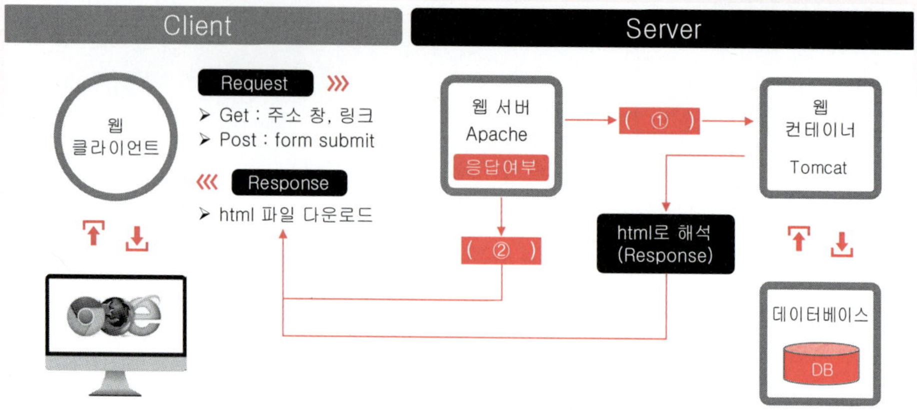

① (　　　　　)　　② (　　　　　)　　③ (　　　　　)

04 다음에 주어진 웹 서버와 클라이언트 동작 원리 그림을 보고 빈 괄호를 채우시오.

① (　　　　　)　　② (　　　　　)　　③ (　　　　　)

05 JSP를 배우는 장점에 대해 3가지 이상을 서술하시오.

CHAPTER 02

JSP 플랫폼 구축

▶ Preview

JSP 웹 프로그래밍을 본격적으로 실습하기 위한 플랫폼 구축에 필요한 패키지의 종류와 관련 패키지를 직접 설치하는 방법에 대해 살펴봅니다. 웹 컨테이너로 사용할 아파치 톰캣 설치 후 설정되어 있는 기존 포트 번호를 변경하는 방법, 통합 개발 도구인 이클립스와 아파치 톰캣의 연동 관계 설정 및 JSP 프로젝트 실행 결과를 출력할 기본 웹 브라우저 설정에 대한 실습을 수행합니다.

01 JDK 설치와 환경 변수

1 JSP 프로젝트 패키지

JSP 웹 프로그래밍을 수행하기 위해서는 먼저 개발 환경이 구축되어 있어야 합니다. JSP 개발 환경 구축에 필요한 패키지의 종류는 다음 표와 같습니다.

표 2-1 개발 환경 구축을 위한 패키지

환경 구축 요소	패키지명	의미
Java 개발 도구	JDK (Java Development Kit)	HTML 코드 내에 Java 코드를 작성하기 위해서는 반드시 JDK가 사용할 컴퓨터에 설치되어 있어야 합니다.
웹 서버	아파치 톰캣 (Apache Tomcat)	웹 서버 컴포넌트 중 하나인 아파치 톰캣으로 Java 서블릿과 상호 작용을 수행하며 서블릿의 생명주기를 관리하고 URL과 특정 서블릿을 맵핑하여 URL 요청이 올바르게 접근할 수 있도록 권한을 보장하기 위해 설치합니다.
통합 개발 도구	이클립스 (Elipse)	JSP 웹 애플리케이션 개발 과정에서는 소스 코드를 기계어인 바이트 코드로 변환하는 컴파일 수행과정을 매번 거쳐야 하는 번거로움을 해결하기 위한 통합 개발 환경인 이클립스를 설치합니다.

2 JDK 다운로드 및 설치

JDKJava Development Kit는 Java 언어를 기본 언어로 사용하며 Java 언어로 작성한 프로그램에 대해 컴파일을 수행하기 위한 프로그램입니다. Java는 객체 지향 프로그래밍 언어로서 보안성이 뛰어나며 컴파일한 코드는 다른 운영체제에서도 사용할 수 있도록 클래스Class로 제공됩니다. JSP와 서블릿을 작성하려면 반드시 JDK를 설치해야 합니다. Windows 64bit 운영체제에서 JDK를 설치하기 위해 다음 예제를 수행합니다.

예제 02 – 01 JDK 파일 다운로드 수행하기

- **Step 01 | JDK 다운로드 사이트 접속하기** : https://www.oracle.com/java/technologies/downloads/ 사이트에 접속합니다. URL 주소는 변경될 수 있으므로 참고 바랍니다.

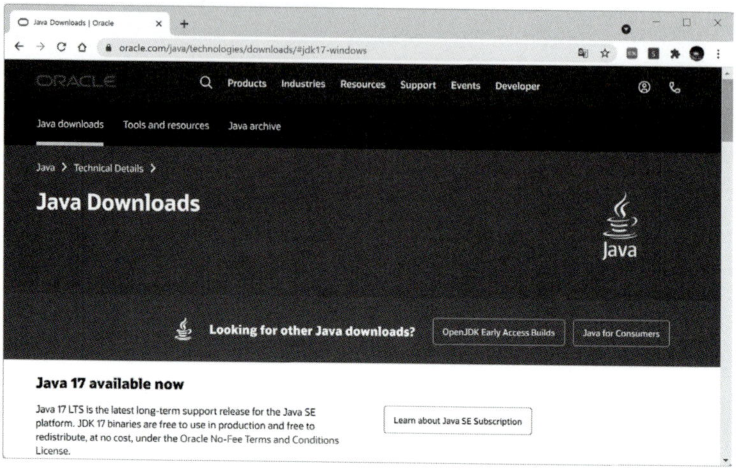

그림 2-1 오라클의 JDK 다운로드 사이트

- **Step 02 | 운영체제 버전에 맞는 JDK 선택하기** : 현재 사용 중인 컴퓨터의 운영체제에 맞는 버전을 선택합니다. 이 책은 Windows 11 버전의 64bit 운영체제 환경에서 집필하였습니다. JDK 다운로드 목록 중에서 'jdk-17_windows-x64_bin.exe' 파일을 다운로드합니다.

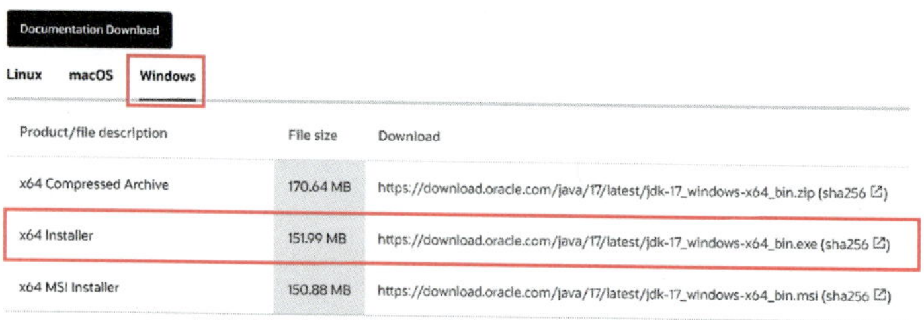

그림 2-2 Windows 64bit용 JDK 설치 파일 선택

✓ Check Point_ Windows 운영체제 비트 버전 확인

JDK를 설치하려고 하는 컴퓨터의 Windows 운영체제의 비트 버전을 확인하려면 바탕화면에 존재하는 [내 PC] 아이콘이나 [윈도우 탐색기] 창의 왼쪽 리스트에 위치한 [내 PC] 아이콘에서 마우스 오른쪽 버튼을 클릭 후 [속성] 메뉴를 눌러 확인하면 됩니다.

예제 02 – 02 JDK 설치하기

• **Step 01 | JDK 설치 시작하기** : jdk-17_windowsx64_bin.exe 파일을 더블클릭하여 설치를 시작합니다.

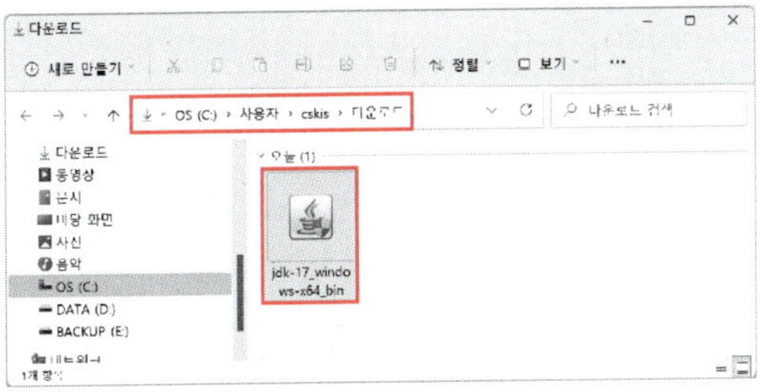

그림 2-3 JDK 설치 시작

• **Step 02 | JDK 단계별 진행하기** : 단계별 설치 옵션은 그대로 두고 〈Next〉를 누릅니다. 마지막 단계에서 〈Close〉를 눌러 설치를 완료합니다.

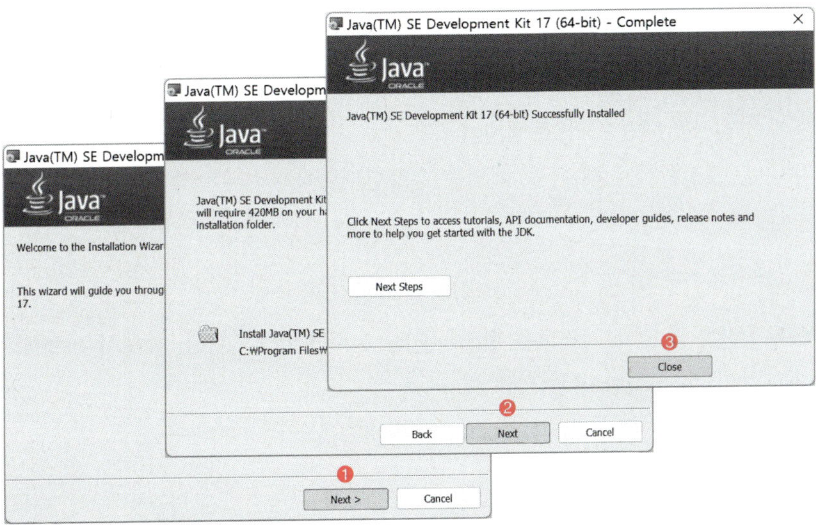

그림 2-4 JDK 설치 과정

• **Step 03 | JDK 실행 파일의 위치 확인하기** : 기본 설치 옵션으로 JDK를 설치하면 명령어 관련 파일은 C:₩Program Files₩java₩jdk-17₩bin 폴더에 존재합니다. [bin] 폴더 안에 존재하는 java.exe 파일은 JVM을 구동시킬 때 사용합니다. javac.exe 파일은 작성한 소스 코드에 대한 컴파일을 수행하여 클래스 파일을 생성할 때 사용합니다.

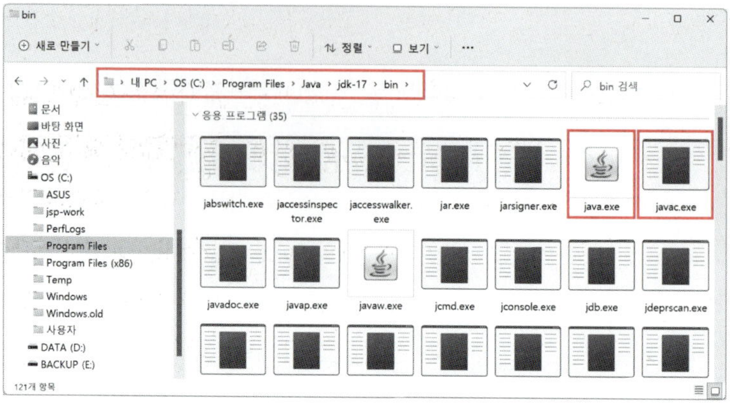

그림 2-5 Java 명령어의 존재 위치

3 JDK 환경 변수 설정

JDK를 설치한 다음에는 원활한 컴파일 수행을 위해 환경 변수를 설정해 주어야 합니다. 환경 변수를 설정해 주지 않게 되면 해당 명령어를 수행할 때마다 명령어가 존재하는 폴더로 매번 이동해야 하는 번거로움이 초래됩니다. 이러한 번거로움과 불편함을 해소하고 위한 JDK 환경 변수를 설정하기 위해 다음 예제를 수행합니다.

예제 02 – 03 JDK 환경 변수 설정하기

- **Step 01 | 윈도우 [실행] 창 열기** : [윈도우 핫키]+R을 눌러 나타난 [실행] 창에서 'sysdm.cpl'을 입력 후 〈확인〉을 클릭합니다.

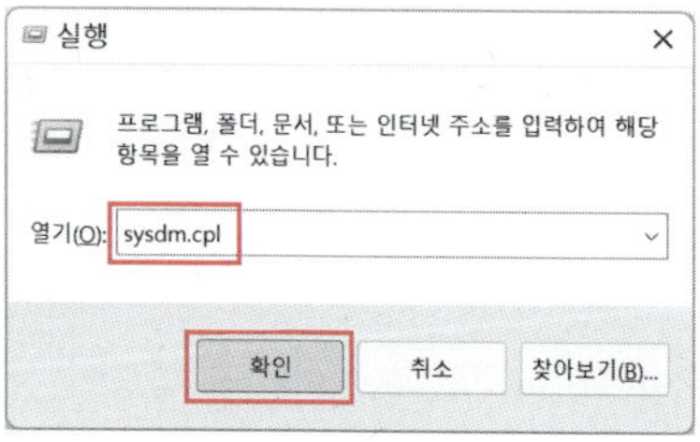

그림 2-6 실행 창 열기

- **Step 02 | 환경 변수 설정 창 열기** : 시스템 속성 창에서 [고급] 탭을 클릭한 다음 〈환경 변수〉를 누릅니다.

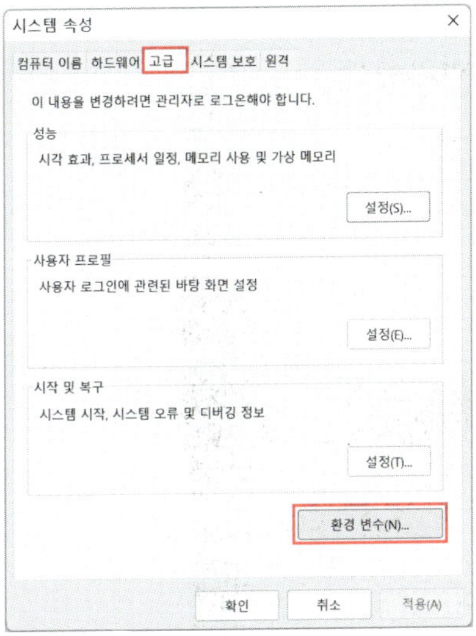

그림 2-7 환경 변수 창 열기

- **Step 03 | 새로운 환경 변수 추가하기** : [환경 변수] 설정 창에서 [새로 만들기]를 누릅니다. [새 사용자 변수] 설정 창이 나타나면 변수 이름은 JAVA_HOME으로 입력하고 변수값은 javac.exe 파일이 존재하는 'C:\Program Files\Java\jdk-17\bin' 경로명을 입력한 다음 〈확인〉을 누릅니다.

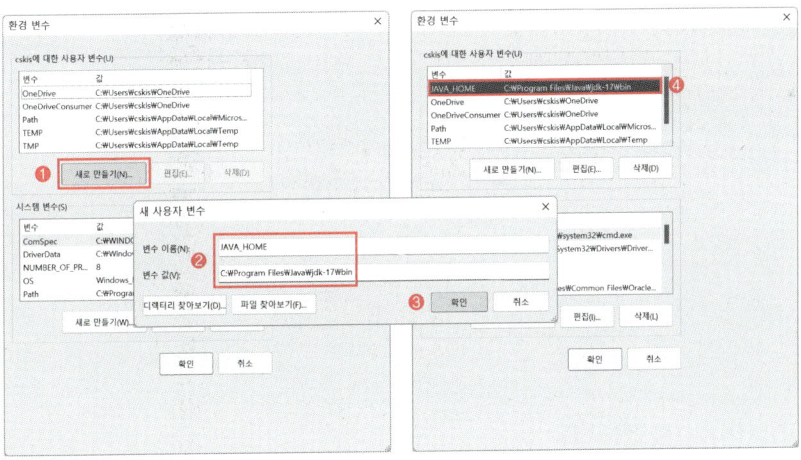

그림 2-8 JAVA_HOME 변수 설정

- **Step 04 | 기존 환경 변수 편집하기** : 시스템 변수 목록 중에서 'Path'를 선택하고 〈편집〉을 누릅니다. 활성화된 [환경 변수 편집] 창에서 〈새로 만들기〉를 클릭한 다음 '%JAVA_HOME%bin'을 입력 후 〈확인〉을 누릅니다.

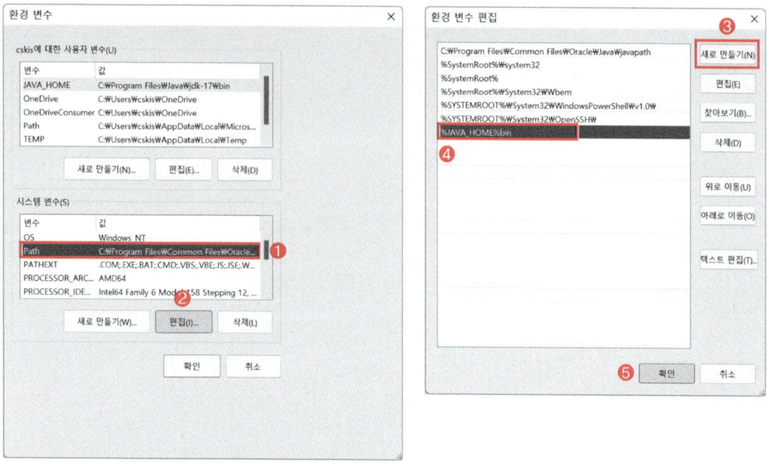

그림 2-9 path 환경 변수 편집

- **Step 05 | 시스템 변수 새로 만들기** : [환경 변수] 설정 창의 '시스템 변수'에서 〈새로 만들기〉를 클릭하여 활성화된 [새 시스템 변수] 창에서 변수 이름 CLASSPATH와 변수의 값 %JAVA_HOME%₩lib₩tools.jar을 입력한 다음 〈확인〉을 누릅니다.

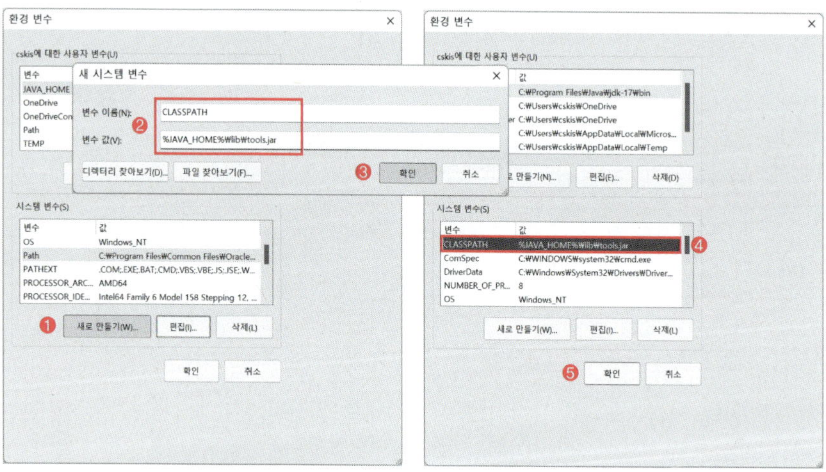

그림 2-10 CLASSPATH 시스템 변수 추가

시스템 변수를 새로 생성하는 목적은 웹 애플리케이션에서 패키지 형태의 컴파일을 수행하게 될 경우를 대비하여 클래스 패스를 설정하기 위함입니다. 〈확인〉을 눌러 활성화된 창은 모두 닫아줍니다.

- **Step 06 | [환경 변수] 적용 여부 확인하기** : [윈도우 핫키]+R을 눌러 나타난 [실행] 창에서 'cmd'를 입력 후 〈확인〉을 클릭합니다. 명령 프롬프트 창에서 javac -version 명령을 입력한 다음 Enter↵를 치면 설치된 JDK 버전을 확인할 수 있습니다.

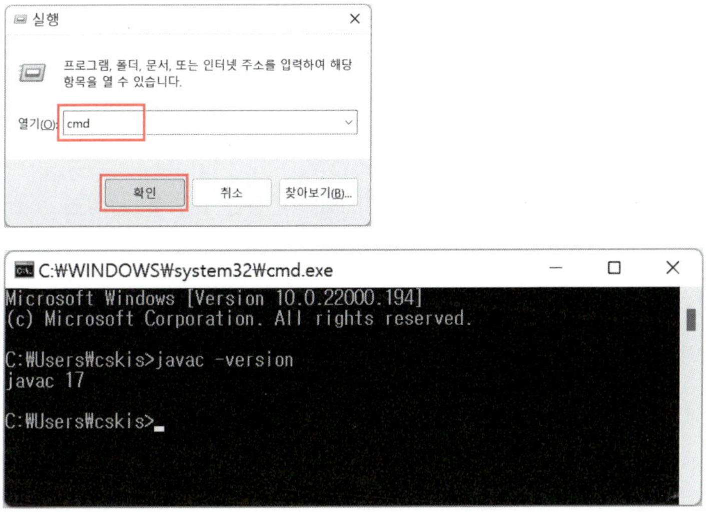

그림 2-11 JDK 버전 확인

✓ Check Point_ JDK 버전을 확인할 수 없는 경우

명령 프롬프트 창에서 javac -version 명령을 수행하였음에도 불구하고 JDK의 버전을 확인할 수 없는 오류는 시스템 환경 변수를 설정하는 과정에서 알파벳 입력 시 오탈자로 인한 경우가 대부분입니다. 시스템 환경 변수를 제대로 설정하게 되면 JDK 버전을 확인할 수 있습니다.

02 웹 컨테이너 설치

1 웹 컨테이너의 역할

웹 컨테이너Web Container란 동적인 데이터들을 처리하여 정적인 페이지로 생성해 주는 소프트웨어 모듈을 의미합니다. 모듈Module이란 보다 작고 이해할 수 있는 단위로 구성된 것을 의미하며 프로그램은 작고 단순한 것에서 크고 복잡한 것으로 진화하기 때문에 모듈 단위로 구성하여 본체에서 분리되어 작은 부분으로 구성되어 있다가 필요할 때 블록의 형태처럼 본체에 합류하여 그 기능을 유기적으로 수행할 수 있도록 활용됩니다.

그림 2-12 모듈로 구성된 블록

모듈의 장점에 대해 간략하게 살펴보면 쉽게 수정할 수 있는 탄력성과 다시 사용할 수 있도록 재사용성을 제공하며 유지관리 또한 쉽게 수행할 수 있습니다. 또한 모듈은 한 가지 일만 수행할 수 있도록 간단명료하며 단순성과 독립성 등의 특성을 제공합니다. JSP에서 사용할 웹 컨테이너인 아파치 톰캣의 기능에 대해 쉽게 이해할 수 있도록 다음 그림과 같이 나타냈습니다.

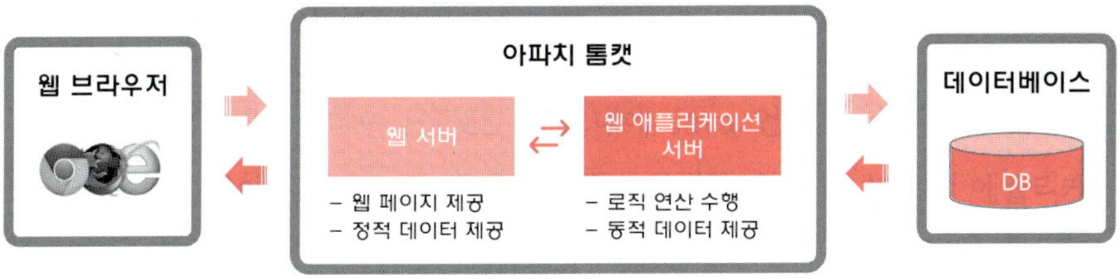

그림 2-13 웹 컨테이너인 아파치 톰캣의 역할

2 아파치 톰캣 다운로드 및 설치

웹 컨테이너로 사용할 톰캣Tomcat은 아파치 소프트웨어재단에서 Java로 개발한 웹 애플리케이션 서버입니다. 아파치 톰캣은 웹페이지 구동을 위해 필요한 엔진 역할을 수행합니다. 웹 컨테이너로 사용할 아파치 톰캣을 설치하기 위해 다음 예제를 수행합니다.

예제 02 – 04 아파치 톰캣 다운로드 수행하기

- **Step 01 | 아파치 톰캣 사이트 접속** : http://tomcat.apache.org/download-10.cgi 사이트에 접속하여 Tomcat 10.0.11 버전을 선택합니다.

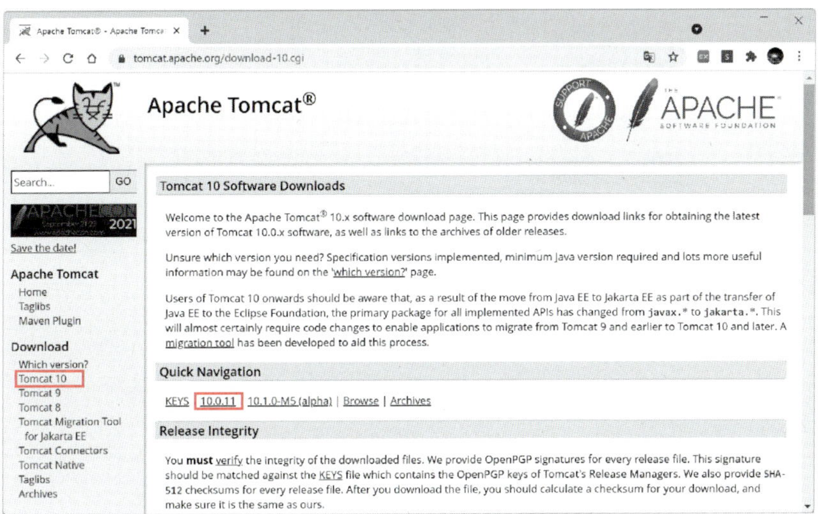

그림 2-14 아파치 톰캣 다운로드 사이트

- **Step 02** | **Windows용 설치 파일 선택** : 32-bit/64-bit Windows Service Installer (pgp, sha512) 버전을 선택하여 다운로드를 수행합니다.

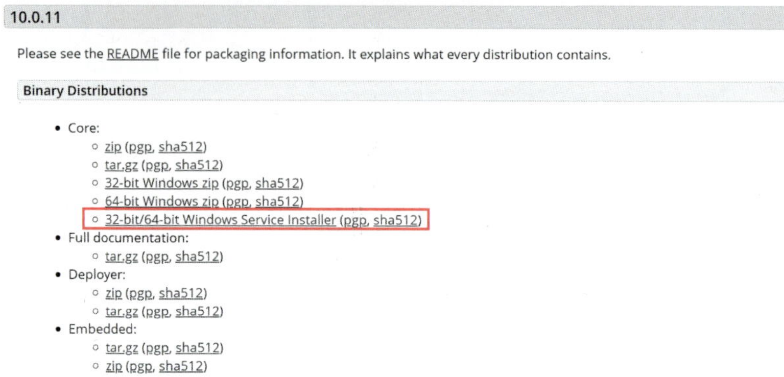

그림 2-15 Windows용 설치 파일 선택

예제 02 – 05 아파치 톰캣 설치하기

- **Step 01** | **설치 파일 실행하기** : 다운로드한 apache-tomcat-10.0.11.exe 설치 파일을 더블클릭합니다.

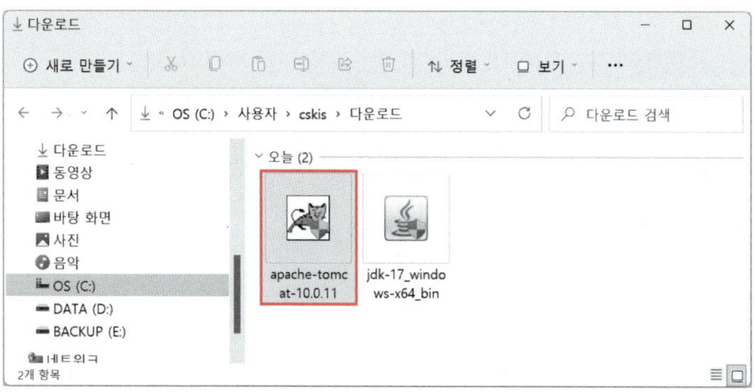

그림 2-16 아파치 톰캣 설치 파일

- **Step 02 | 아파치 톰캣 설치하기 :** [Welcome] 창에서 다음 단계로 진행하기 위해 〈Next〉를 누릅니다.

그림 2-17 아파치 톰캣 설치 시작

- **Step 03 | 라이선스 동의하기 :** 라이선스를 동의하기 위해 〈I Agree〉를 누릅니다.

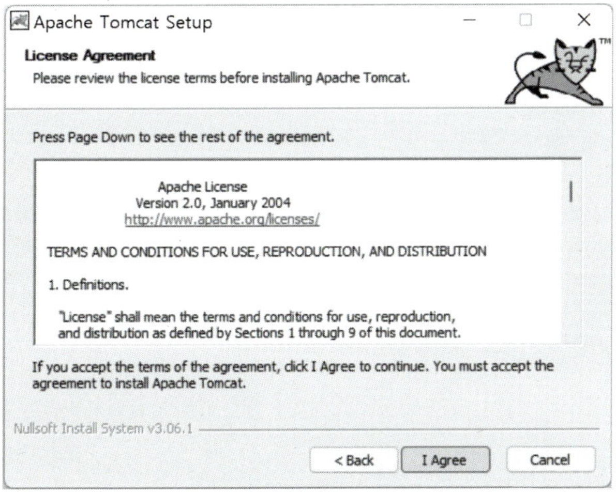

그림 2-18 라이선스 동의

• **Step 04 | 컴포넌트 선택하기** : 컴포넌트 옵션은 기본값 그대로 두고 〈Next〉를 누릅니다.

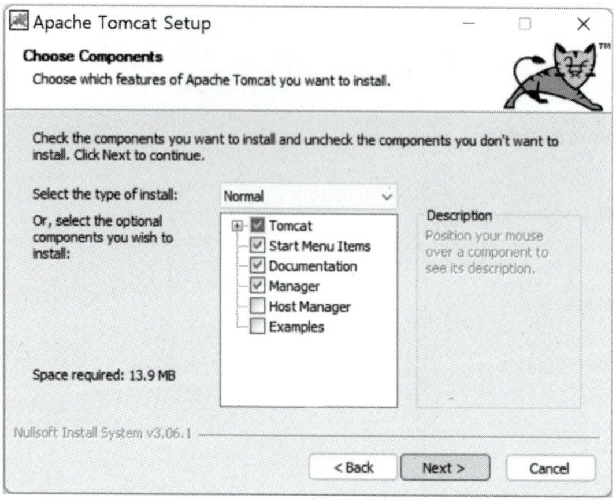

그림 2-19 컴포넌트 선택

• **Step 05 | 포트 번호 입력하기** : Server Shutdown Port에 8005 포트 번호만 입력하고 〈Next〉를 누릅니다. 보안을 위한 관리자 이름과 암호를 설정할 수 있습니다.

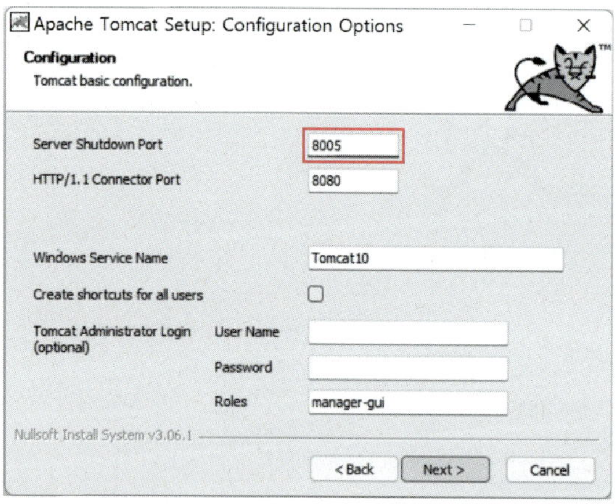

그림 2-20 포트 번호 설정

✓ Check Point_ 포트 번호에 대해 살펴보기

포트 번호란 네트워크 환경에서 웹 애플리케이션의 상호 구분을 위해 사용하는 번호로 각 프로토콜의 데이터가 통하는 논리적 통로를 의미합니다. 포트 번호 8005는 관리용 포트이고 포트 번호 8080 또는 8888은 HTTP 웹 서비스 포트로 웹페이지를 요청할 때 주소 뒤에 적어주는 포트입니다. 포트 번호 8009는 톰캣을 Apache 웹 서버나 IIS 등과 연동할 때 사용하는 포트입니다. 이미 설정한 포트 번호가 충돌할 때는 다른 포트 번호로 변경해 주어야 합니다.

- **Step 06 | Java 실행환경 선택하기** : JDK 17 버전의 설치경로가 자동으로 나타나면 〈Next〉를 누릅니다. 만약 설치경로가 다르게 나타난다면 해당 경로를 찾아서 지정해 주면 됩니다.

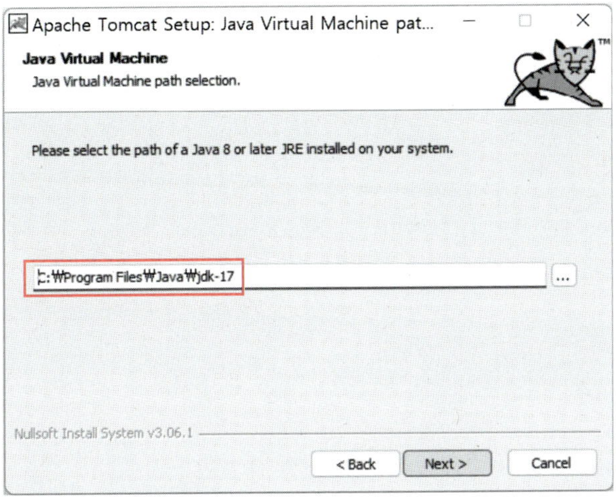

그림 2-21 Java 실행환경 선택

- **Step 07 | 아파치 톰캣 설치경로 지정하기** : 아파치 톰캣 설치경로는 기본값 그대로 두고 〈Install〉을 누릅니다.

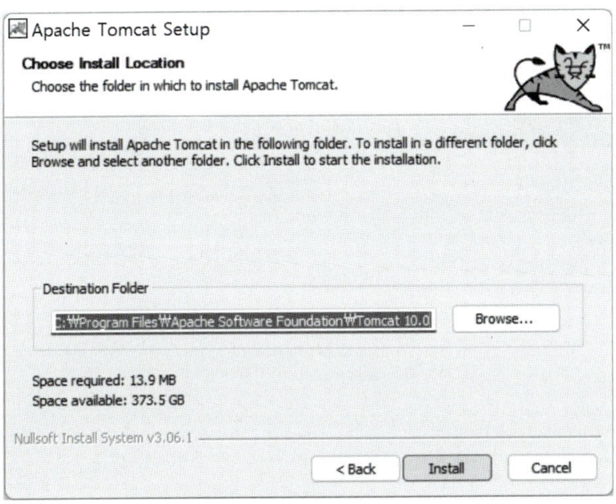

그림 2-22 JDK 설치 경로 지정

• **Step 08 | 아파치 톰캣 설치 완료하기 :** 〈Finish〉를 눌러 설치 과정을 종료합니다.

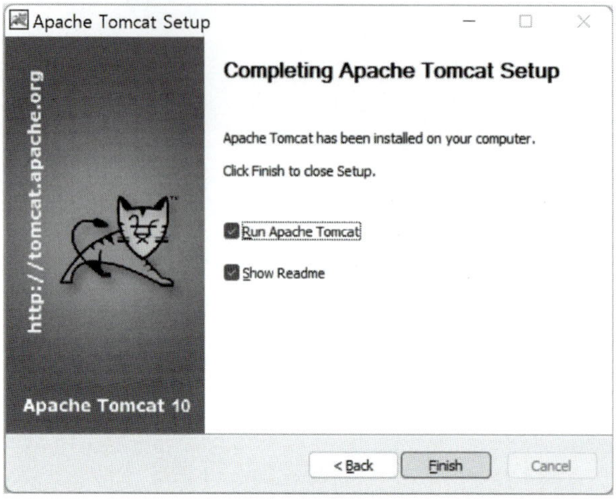

그림 2-23 아파치 톰캣 설치 완료

• **Step 09 | 아파치 톰캣 구동 확인하기 :** 웹 브라우저로 http://localhost:8080에 접속해서 다음과 같은 실행 결과가 나타나면 아파치 톰캣이 제대로 설치된 것입니다.

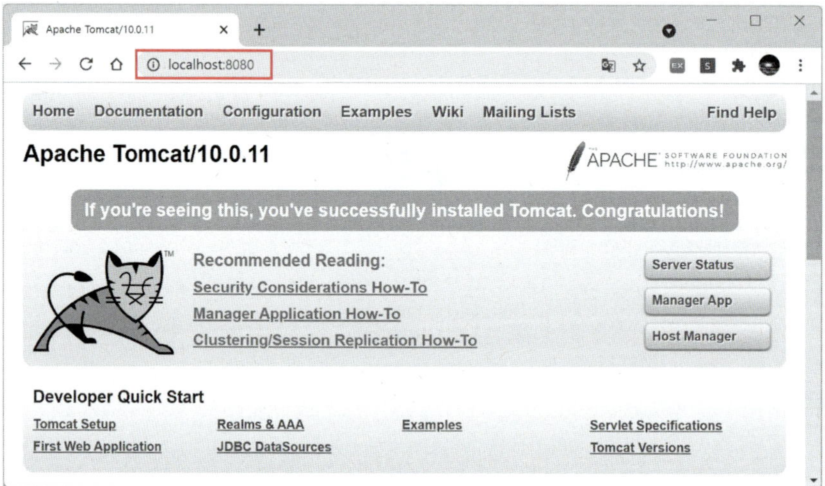

그림 2-24 아파치 톰캣 구동 확인

3 아파치 톰캣 환경 설정

컴퓨터가 부팅되면 아파치 톰캣이 자동으로 구동되도록 환경을 설정하기 위해 다음 예제를 수행합니다.

예제 02 – 06 아파치 톰캣 구동 옵션 선택하기

- **Step 01 | 환경 설정 프로그램 실행하기** : [시작] 버튼을 누른 다음 Configure Tomcat 프로그램을 실행합니다. 만약 메뉴에서 실행이 안 되면 작업 표시줄의 시스템 트레이에 추가된 아파치 톰캣 아이콘을 클릭해도 됩니다.

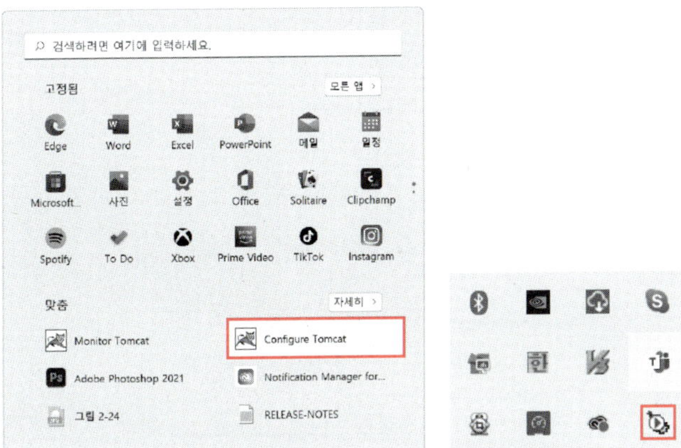

(a) 메뉴에서 선택 (b) 시스템 트레이

그림 2-25 Configure Tomcat 실행

- **Step 02 | 아파치 톰캣 구동 옵션** : General 탭의 Startup type: 옵션을 Automatic으로 설정하면 컴퓨터가 부팅될 때마다 아파치 톰캣이 자동으로 구동됩니다. 여기서는 Manual 옵션으로 그냥 둡니다.

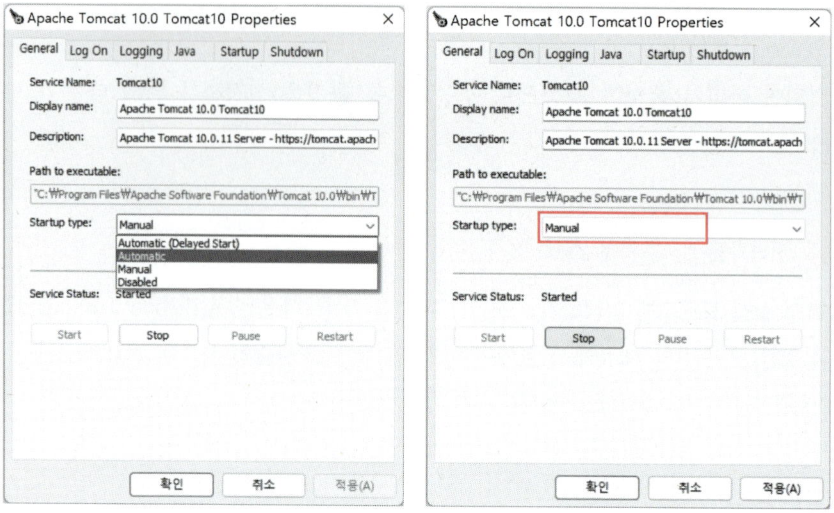

그림 2-26 아파치 톰캣 구동 타입 설정

- **Step 03 | 아파치 톰캣 구동 제어** : General 탭의 〈Start〉와 〈Stop〉 버튼으로 아파치 톰캣의 구동을 제어할 수 있습니다. 여기서는 그냥 〈확인〉을 눌러 창을 닫아줍니다.

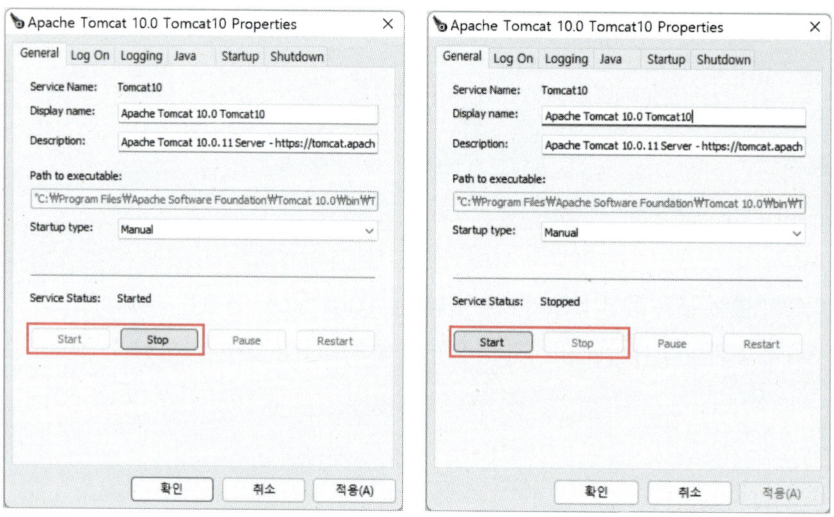

그림 2-27 아파치 톰캣 구동 제어

4 아파치 톰캣의 포트 번호 변경

아파치 톰캣의 설치 과정에서 HTTP 웹 서비스를 지원하는 포트 번호는 8080으로 설정되어 있습니다. 포트 번호 8080은 DBMS 서버와 충돌하는 사례가 발생할 수 있으므로 포트 번호를 변경하는 과정을 살펴보기 위해 다음 예제를 수행합니다.

예제 02 – 07 아파치 톰캣에서 HTTP 포트 번호 변경하기

- **Step 01 | 포트 번호 설정 파일 찾기** : C:₩Program Files₩Apache Software Foundation₩Tomcat 10.0₩conf 폴더 안에 존재하는 server.xml 파일에서 포트 번호를 변경합니다.

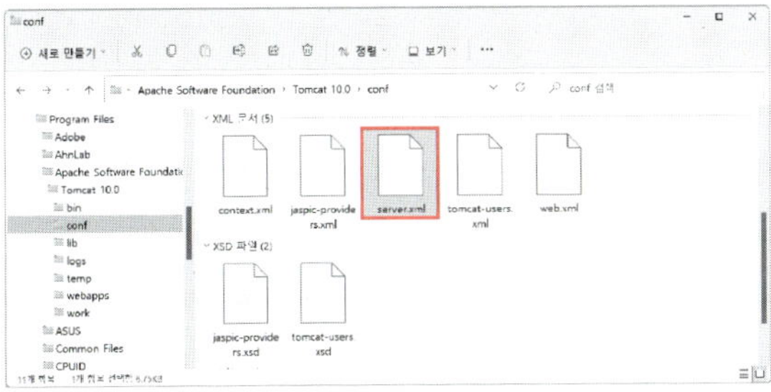

그림 2-28 server.xml 파일의 존재 위치

- **Step 02 | 메모장으로 server.xml 파일 열기** : server.xml 파일을 메모장으로 연 다음 Ctrl+F를 눌러 'port'를 입력 후 〈다음 찾기〉를 누릅니다.

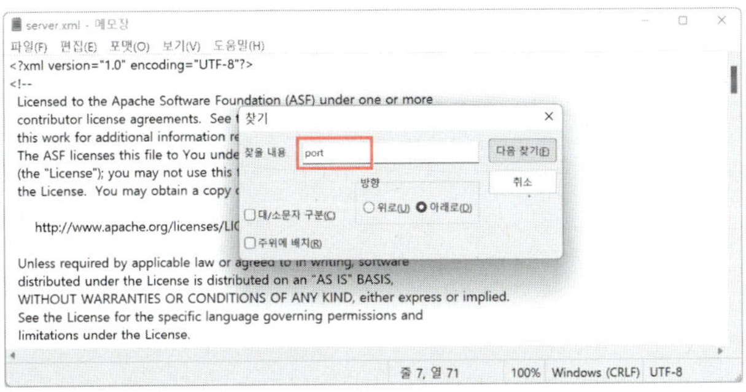

그림 2-29 server.xml 파일에서 port 내용 찾기

• **Step 03 | 포트 번호 변경하기** : HTTP 웹 서비스를 지원하는 8080 포트 번호를 8888 포트 번호로 변경 후 Ctrl+S를 눌러 변경된 내용을 저장합니다.

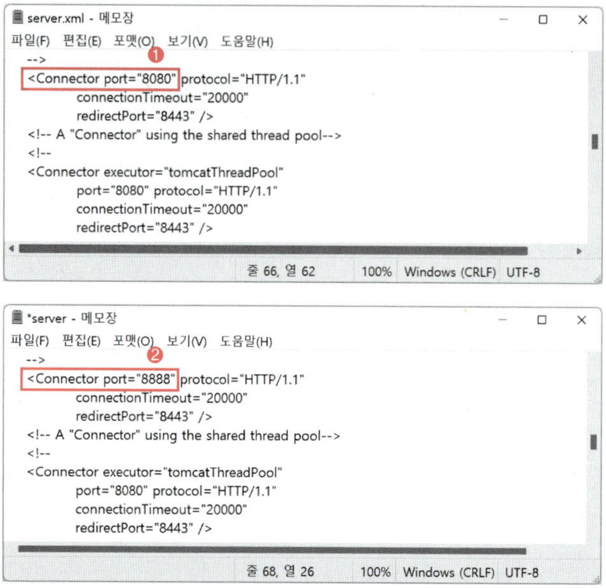

그림 2-30 HTTP 포트 번호 8888로 변경

• **Step 04 | 변경된 포트 번호 인식 확인하기** : 웹 브라우저에서 http://localhost:8888로 접속해 보면 다음과 같이 '사이트에 연결할 수 없음' 메시지가 나타나게 됩니다. 그 이유는 변경된 포트 번호를 아직 아파치 톰캣이 제대로 인식하지 못한 상태이기 때문입니다.

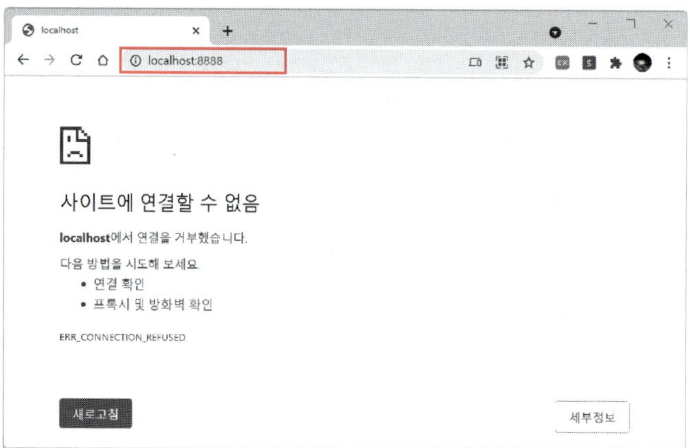

그림 2-31 변경된 포트 번호 미인식

• **Step 05 | 아파치 톰캣 구동 중지 후 재가동하기** : Configure Tomcat 프로그램을 실행하여 〈Stop〉을 눌러 아파치 톰캣의 동작을 강제로 멈춘 다음 〈Start〉를 눌러 아파치 톰캣을 재가동시키면 변경된 포트 번호를 정확히 인식하게 됩니다. 〈확인〉을 눌러 활성화된 창을 닫아줍니다.

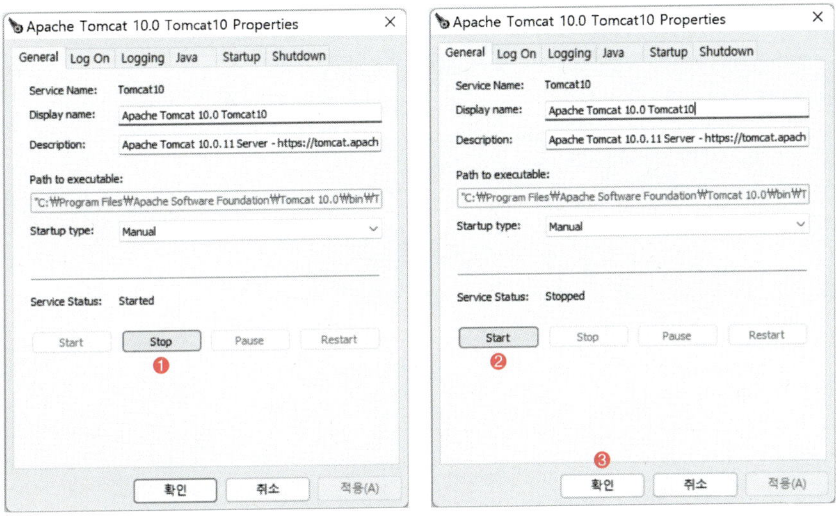

그림 2-32 아파치 톰캣 강제 중지 후 재가동

✓ Check Point_ 변경된 포트 번호 인식

server.xml 파일에서 포트 번호를 변경하게 되면 아파치 톰캣은 변경된 포트 번호를 자동으로 인식할 수 없습니다. 그렇기 때문에 포트 번호를 변경하고 나면 아파치 톰캣에서도 변경된 포트 번호를 인식할 수 있도록 아파치 톰캣의 재가동 과정을 반드시 수행해야 합니다.

• **Step 06** | **웹 브라우저에서 아파치 톰캣 확인하기** : 웹 브라우저에서 변경된 포트 번호인 http://localhost:8888로 접속하게 되면 다음과 같이 아파치 톰캣이 정상적으로 동작 중임을 확인할 수 있습니다.

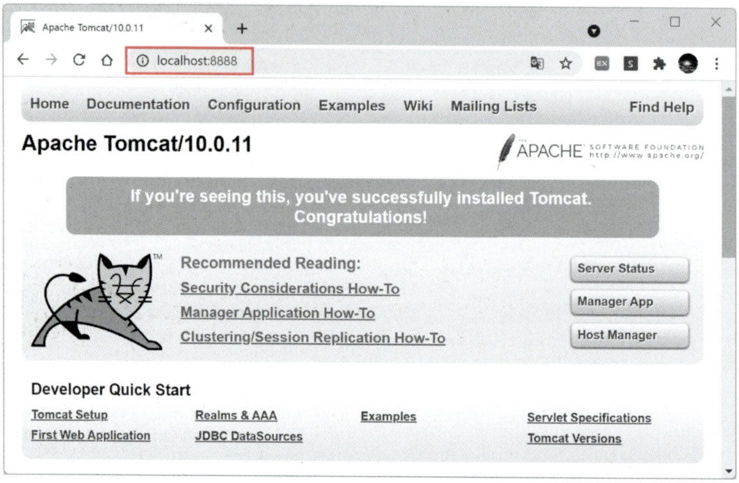

그림 2-33 변경된 포트 번호 8888 인식

• **Step 07** | **아파치 톰캣 구동 중지하기** : 이클립스와 포트 충돌 문제가 발생하게 되므로 현재 구동 중인 아파치 톰캣은 〈Stop〉을 눌러 중지시킵니다.

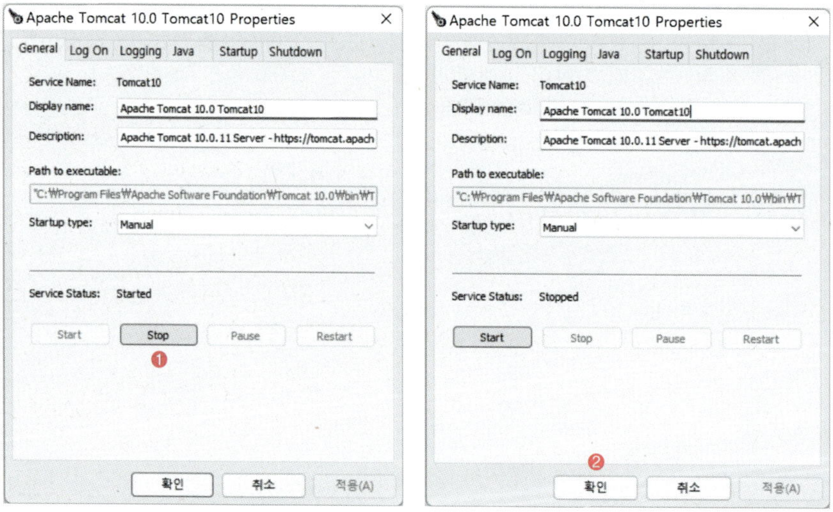

그림 2-34 아파치 톰캣 구동 중지

5 포트 번호의 용도

포트 번호를 변경하려는 가장 큰 이유는 서버 간의 충돌을 피하기 위함입니다. 포트 번호를 사용하면서 포트 번호에 대한 변경 및 지정은 자유롭게 수행할 수 있지만 그렇다고 해서 아무런 제약 없이 모든 포트 번호를 사용할 수 있다는 의미는 아닙니다. 포트 번호의 종류와 용도는 다음 표와 같습니다.

표 2-2 포트 번호의 종류와 용도

포트 번호	용도
0 ~ 1023	잘 알려진 포트 번호로 사용 (well-know port)
1024 ~ 49151	등록된 포트 번호로 사용 (registered port)
49152 ~ 65535	동적 포트 번호로 사용 (dynamic port)

https://www.iana.org/assignments/service-names-port-numbers/service-names-port-numbers.xhtml 사이트를 방문하면 전체 포트 번호에 대한 상세한 내용을 확인할 수 있습니다.

03 통합 개발 도구 설치

1 통합 개발 도구

JSP 웹 애플리케이션은 메모장 또는 각종 에디터 프로그램과 같은 문서 편집기를 사용해도 어렵지 않게 소스 코드를 작성할 수 있습니다. 하지만 JSP는 Java 클래스를 생성하여 활용하는 프로그램이므로 단순한 에디터로 작업하기에는 매번 컴파일을 반복적으로 수행해야 한다는 단점이 존재합니다. 그러한 이유로 원활한 JSP 프로젝트를 수행하기 위한 통합 개발 도구가 필요한 것입니다.

그림 2-35 통합 개발 도구의 역할

여기서는 효율적으로 웹 애플리케이션을 개발하기 위한 통합 개발 환경 소프트웨어 애플리케이션 인터페이스인 IDEIntegrated Development Environment는 이클립스Eclipse를 사용하여 JSP 웹 프로그래밍 실습을 수행하도록 하겠습니다.

✓ Check Point_ IDE(통합 개발 도구)의 역할

IDE는 개발자가 웹 애플리케이션을 개발하는 과정에 필요한 모든 작업을 하나의 소프트웨어에서 처리할 수 있도록 환경을 제공해 주므로 편리하게 JSP 웹 프로그램을 수행할 수 있습니다.

2 이클립스 설치

Java를 기반으로 웹 애플리케이션을 개발할 때 IDE(통합 개발 도구)로 이클립스를 많이 선호하고 있습니다. 웹 프로젝트 개발을 위한 통합 개발 도구로 사용할 이클립스를 설치하기 위해 다음 예제를 수행합니다.

예제 02 – 08 이클립스 다운로드 및 설치하기

- **Step 01 | 이클립스 다운로드** : http://www.eclipse.org/downloads 사이트에 접속하여 화면을 아래로 이동한 다음 [Download x86_64]를 눌러 다운로드를 수행합니다.

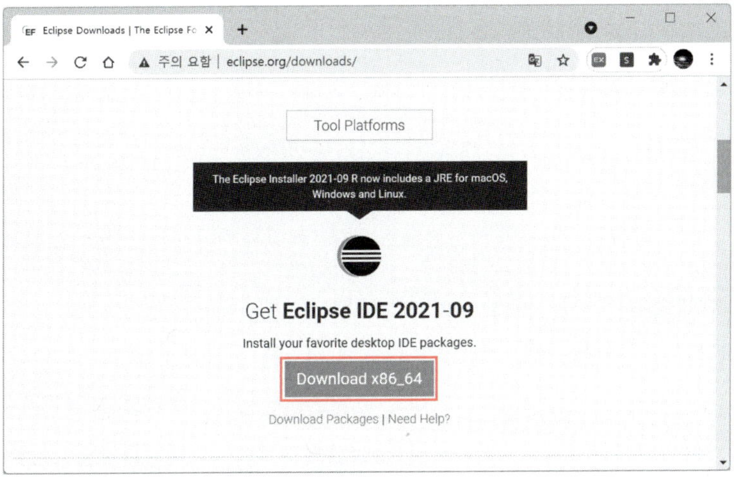

그림 2-36 이클립스 다운로드 사이트

- **Step 02 | 이클립스 설치하기** : 다운로드한 eclipse-inst-jre-win64.exe 파일을 더블클릭하여 이클립스 설치를 시작합니다.

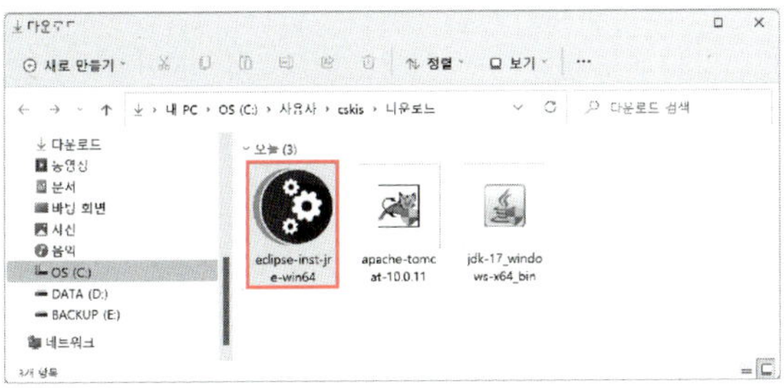

그림 2-37 이클립스 설치 파일

• **Step 03 | 이클립스 패키지 선택하기** : 이클립스 패키지 목록 중에서 앞으로 사용하게 될 'Eclipse IDE for Enterprise Java and Web Developers' 패키지를 선택합니다.

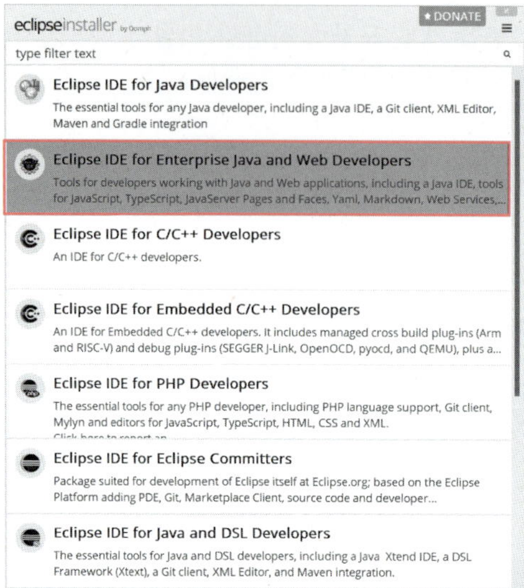

그림 2-38 패키지 선택

• **Step 04 | 설치경로 지정하기** : 이클립스가 설치될 경로를 c:₩jsp-work로 지정한 다음 〈INSTALL〉을 눌러 설치를 진행합니다. 경로명을 다르게 변경해도 됩니다.

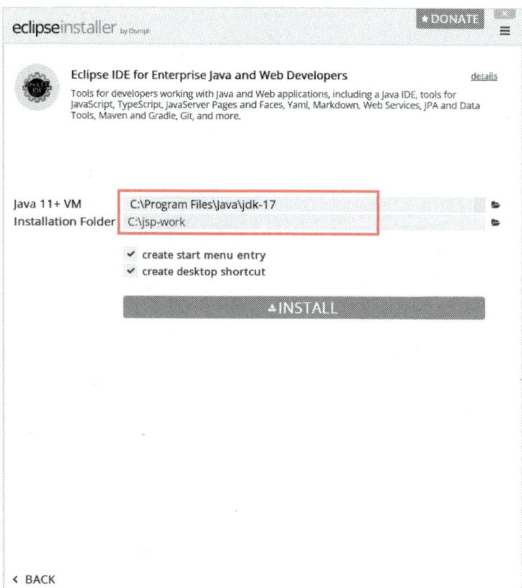

그림 2-39 이클립스 설치경로 지정

• **Step 05 | 이클립스 런칭하기** : 인스톨 과정이 끝나면 〈LAUNCH〉를 누릅니다.

그림 2-40 이클립스 런칭

• **Step 06 | 프로젝트 저장 경로 지정하기** : 이클립스에서 생성한 프로젝트를 저장할 경로를 지정하기 위해 〈Browse...〉를 눌러 경로명을 C:₩jsp-work로 지정하고 〈Launch〉를 누릅니다. 경로명은 다르게 설정해도 됩니다.

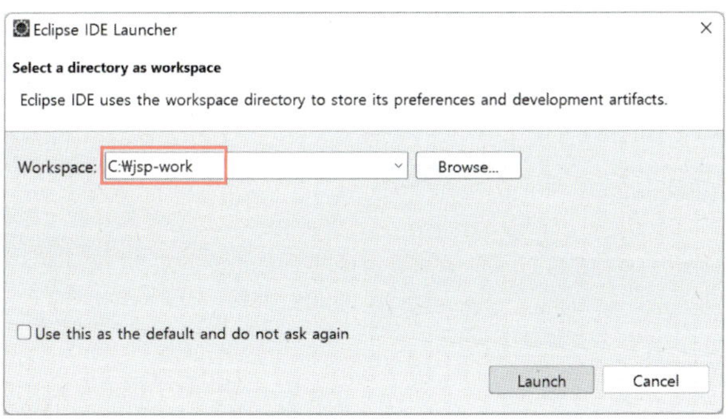

그림 2-41 프로젝트 저장 경로 지정

• **Step 07** | **Welcome 창 닫기** : Welcome 창은 이클립스 관련 자료가 링크되어 있습니다. 잠시 살펴본 다음 Welcome 창은 닫아줍니다.

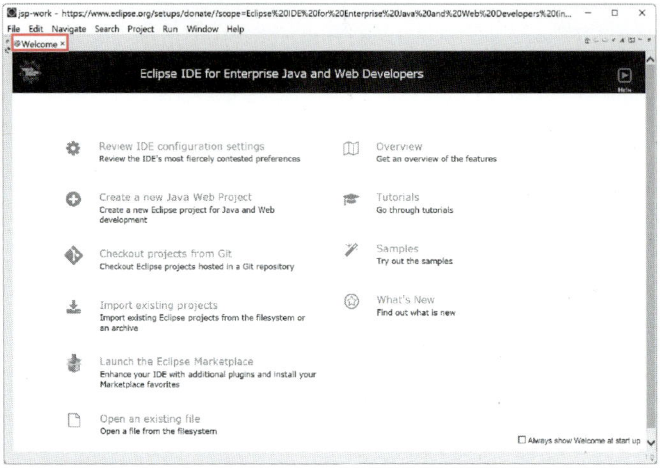

그림 2-42 Welcome 창 닫기

• **Step 08** | **Donate 창 닫기** : Donate 창도 닫아줍니다.

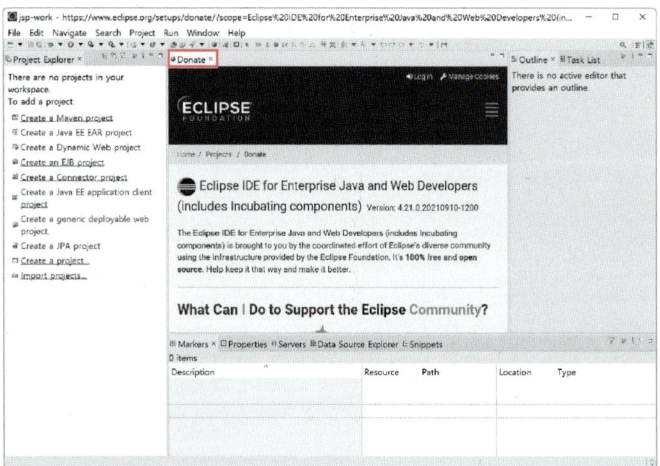

그림 2-43 Donate 창 닫기

3 이클립스 환경 설정

JSP 웹 애플리케이션을 개발하기 위한 통합 개발 도구(IDE)인 이클립스를 사용함에 있어 사용자 취향에 맞도록 환경을 설정해 주면 여러 가지 편의 기능을 효율적으로 사용할 수 있습니다. 여러 가지 편의 기능 중 JSP 웹 애플리케이션 개발과정에서 실행 결과를 보여주는 기본 웹 브라우저 설정과 소스 코드를 코딩할 때 가독성을 높이기 위한 폰트의 종류와 크기를 변경하기 위한 옵션 설정 기능에 대해서만 살펴보도록 하겠습니다.

3.1 기본 웹 브라우저 설정하기

JSP 웹 애플리케이션은 실행 결과를 웹 브라우저로 보여주기 때문에 기본 웹 브라우저를 설정해 두면 따로 웹 브라우저 프로그램을 실행하지 않더라도 연동해서 사용할 수 있습니다. 이클립스에서 JSP 웹 애플리케이션 실행 결과를 확인할 때 필요한 기본 웹 브라우저를 설정하기 위해 다음 예제를 수행합니다.

예제 02 – 09 기본 웹 브라우저 설정하기

- **Step 01** | **환경 설정 메뉴 선택하기** : 이클립스에서 [Window]–[Preferences] 메뉴를 선택합니다.

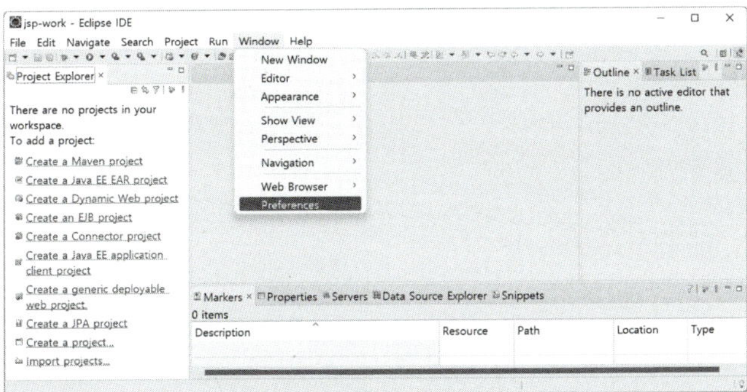

그림 2–44 이클립스 환경 설정 메뉴 선택

- **Step 02** | **기본 웹 브라우저 설정하기** : Preferences 창에서 [General]–[Web Browser]–[◉ Use external web browser]–[Chrome] 옵션을 선택하고 〈Apply〉를 클릭합니다.

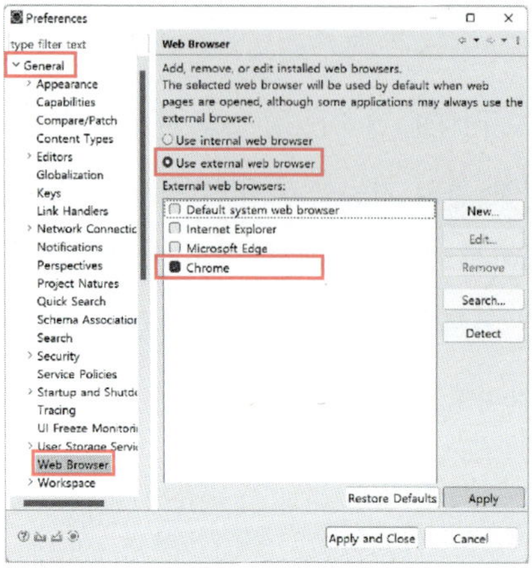

그림 2-45 기본 웹 브라우저 설정

- **Step 03 | 새로운 웹 브라우저 등록하기** : 만약 본인이 사용하고자 하는 웹 브라우저가 리스트에 존재하지 않는다면 이클립스 환경 설정 창에서 〈New...〉를 눌러 새로운 웹 브라우저를 등록해 주면 됩니다. 여기서는 크롬 웹 브라우저를 추가로 등록하는 과정을 다음 그림과 같이 나타냈습니다.

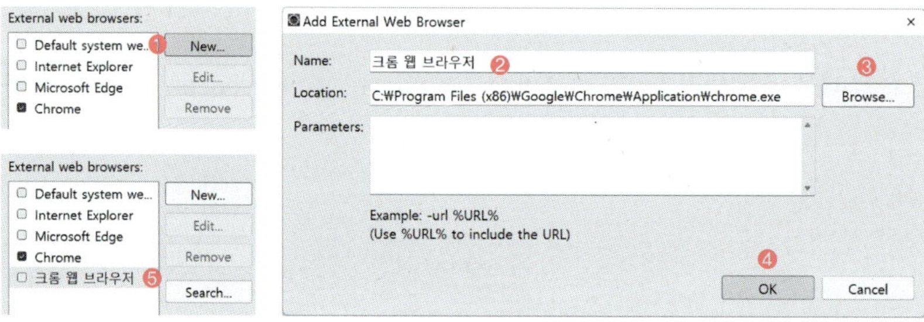

그림 2-46 새로운 웹 브라우저 추가 등록

3.2 폰트 크기 변경하기

이클립스를 사용하면서 코드의 폰트 크기가 작거나 너무 크게 설정되어 있어 다소 불편했던 경험은 누구나 한 번쯤은 겪어봤을 것입니다. 이클립스에서 폰트의 종류와 크기를 설정하기 위해 다음 예제를 수행합니다.

예제 02 – 10 폰트의 종류와 크기 설정하기

• **Step 01 | 폰트 크기 카테고리 선택하기** : [General]–[Appearance]–[Color and Fonts]–[Basic]–[Text Font] 항목을 선택 후 〈Edit...〉를 누릅니다.

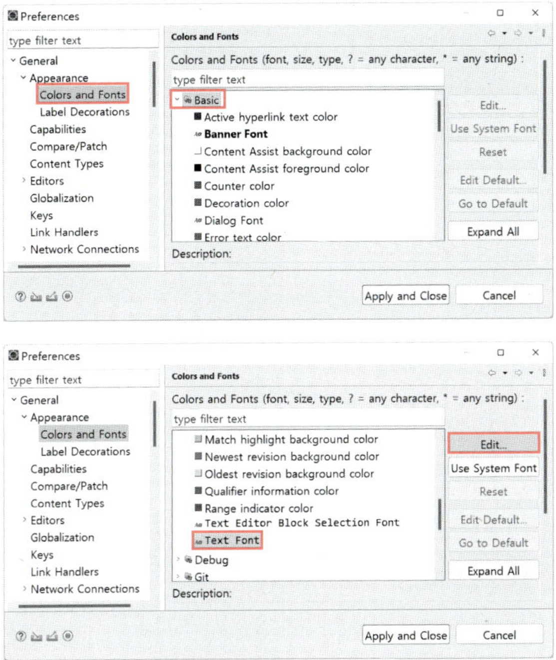

그림 2-47 폰트 설정 메뉴 선택

✓ Check Point_ Preferences 창 크기 조절

이클립스 환경을 설정할 수 있는 Preferences 창의 크기를 조절하려면 창의 경계선에 마우스 커서를 위치한 다음 가로 또는 세로 방향으로 원하는 만큼의 크기를 조절할 수 있습니다.

• **Step 02 | 폰트 종류와 크기 설정하기** : 이클립스에서 사용할 폰트의 종류와 크기를 설정하고 〈확인〉을 누릅니다.

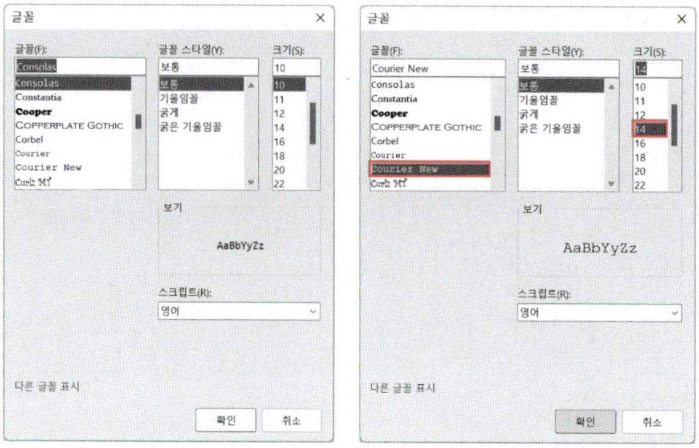

그림 2-48 폰트의 종류와 크기 설정

3.3 텍스트 인코딩 설정하기

웹 브라우저에서 한글이 지원되지 않아 깨지는 현상이 발생할 경우를 대비하여 텍스트 인코딩을 설정하기 위해 다음 예제를 수행합니다.

예제 02 – 11 텍스트 인코딩 설정하기

- **Step 01 | 유니코드 utf-8 인코딩 방식 설정하기** : [General]–[Centent Types]– [Text]를 선택하고 Default encoding:에 'utf-8'을 입력한 다음 〈Update〉를 누릅니다.

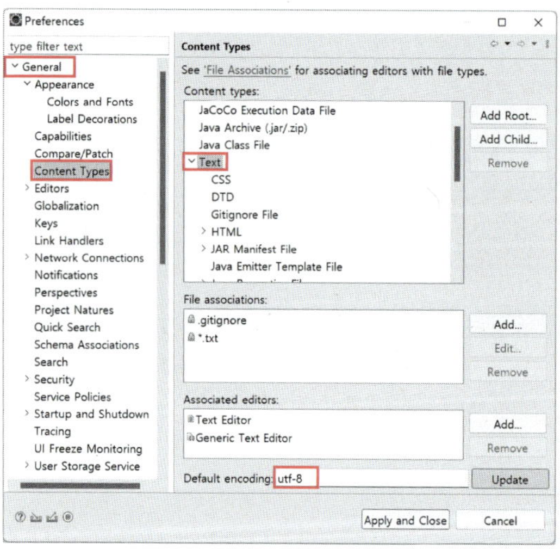

그림 2-49 유니코드 인코딩 방식 설정

• **Step 02** | **캐릭터 인코딩 설정하기** : CSS Files, HTML Files, JSP Files에 대한 캐릭터 인코딩을 설정합니다. 환경 설정 창에서 [Web]–[CSS Files]를 선택하고 인코딩 항목을 'ISO 10646/Unicode(UTF-8)'로 변경하고 〈Apply〉를 클릭합니다. 동일한 방법으로 'HTML Files'과 'JSP Files'까지 인코딩 항목을 모두 변경합니다.

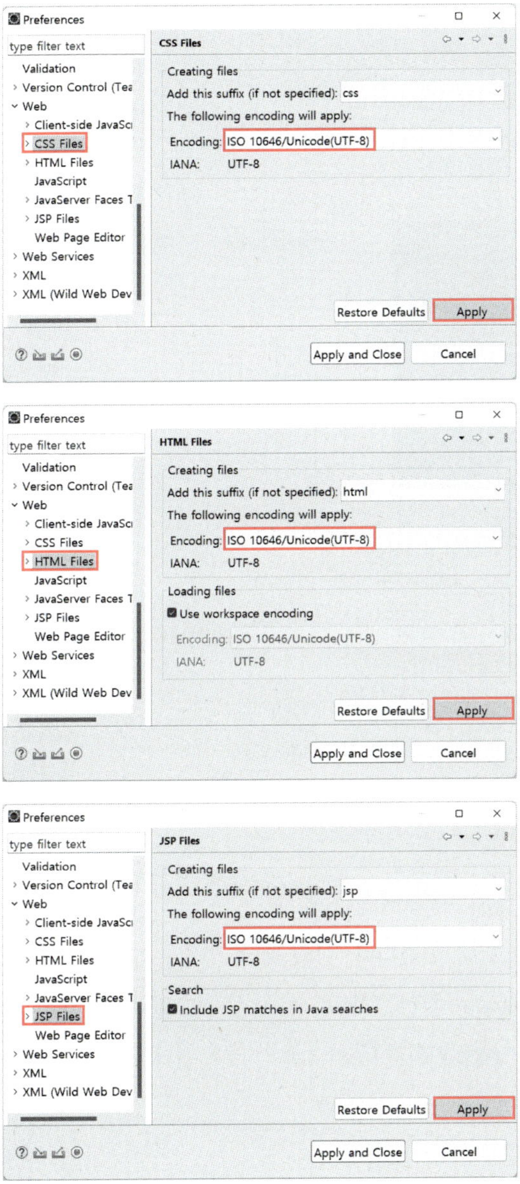

그림 2-50 캐릭터 인코딩 방식 설정

3.4 테마 변경과 탭 간격 조절하기

이클립스의 테마를 밝게 또는 어둡게 변경하는 방법과 소스 코드 창에서 들여쓰기를 위한 탭 간격을 조절하는 방법을 살펴보기 위해 다음 예제를 수행합니다.

예제 02 – 12 이클립스 테마 변경과 탭 간격 조절하기

- **Step 01 | 테마 변경하기** : Preferences 창에서 [General]– [Appearance]를 선택한 다음 테마를 설정합니다.

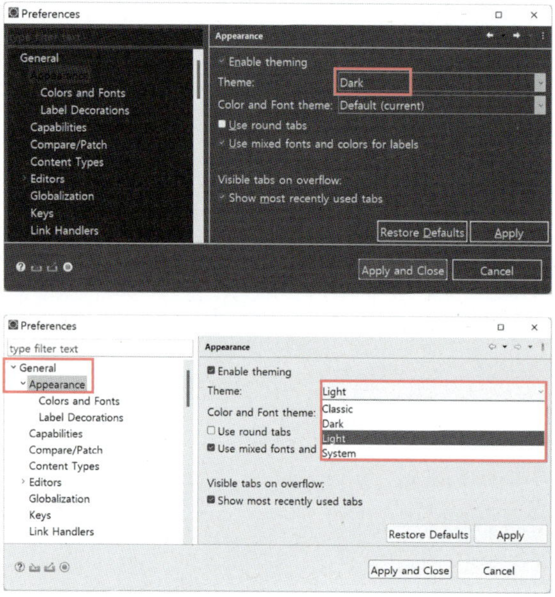

그림 2-51 이클립스 테마 변경

- **Step 02 | 탭 간격 조절하기** : 탭 간격은 소스 코드를 작성할 때 들여쓰기 간격을 조절할 때 사용합니다. 기본 탭 간격은 4로 설정되어 있습니다. 만약 탭의 간격을 2로 조정하려면 Preferences 창에서 [General]–[Editors]–[Text Editors]를 선택한 다음 Displayed tab width: 옵션의 값을 '2'로 변경하고 〈Apply and Close〉를 누르면 됩니다.

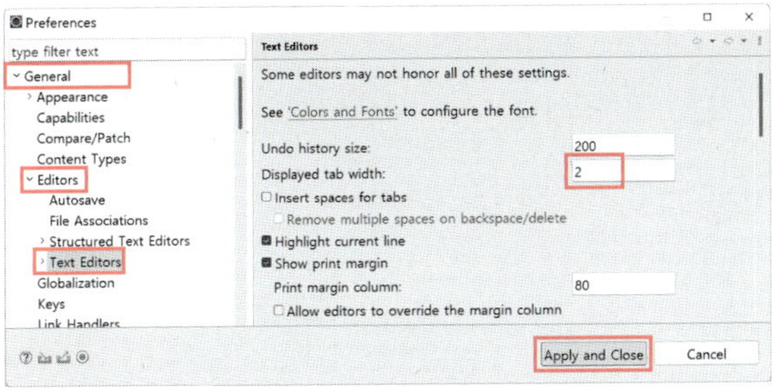

그림 2-52 경로명 확인 및 파일명 입력

✓ Check Point_ 소스 코드의 들여쓰기가 필요한 이유

대부분 태그는 하나의 쌍으로 구성되어 있습니다. 그리고 태그 안에는 부속되는 태그를 선언하게 됩니다. 들여쓰기가 적용되지 않을 경우 소스 코드를 수정하거나 수정할 때 한눈에 쉽게 파악하기 어렵습니다. 소스 코드 라인이 많으면 많을수록 소스 코드에 대한 가독성은 점점 떨어지게 되므로 가급적이면 들여쓰기를 적용하는 것을 권장합니다. 들여쓰기를 적용하게 되면 소스 코드의 가독성을 확보하고 효율적인 유지/보수가 가능해집니다.

```
<!DOCTYPE html>
<html>
<head>
<meta charset="UTF-8">
<title>Insert title here</title>
</head>
<body>
JSP를 배우는 모든 분들을 환영합니다.
</body>
</html>
```

(a) 들여쓰기 미적용

```
<!DOCTYPE html>
<html>
<head>
    <meta charset="UTF-8">
    <title>Insert title here</title>
</head>
<body>
    JSP를 배우는 모든 분들을 환영합니다.
</body>
</html>
```

(b) 들여쓰기 적용

3.5 프로젝트 저장 경로 변경하기

이클립스에서 작성한 프로젝트가 저장되는 경로를 변경하는 과정을 살펴보기 위해 다음 예제를 수행합니다.

예제 02 – 13 프로젝트 저장 경로 변경하기

- **Step 01 | 저장 경로 설정하기** : 프로젝트 저장 경로를 변경하기 위해 메뉴에서 [File]–[Switch Workspace]–[Other...]를 선택합니다.

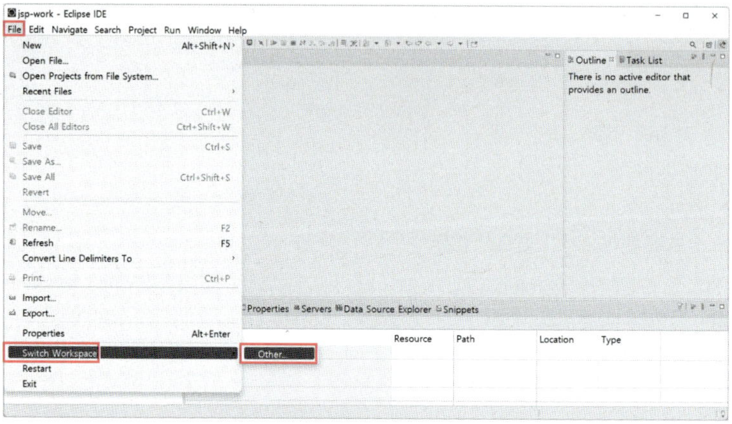

그림 2-53 저장 경로 메뉴 선택

- **Step 02 | 이클립스 작업 공간 지정하기** : 이클립스에서 작업한 프로젝트를 저장하기 위한 공간을 지정하고 〈Launch〉를 누릅니다. 여기서는 C:₩jsp-work 폴더를 지정하였습니다.

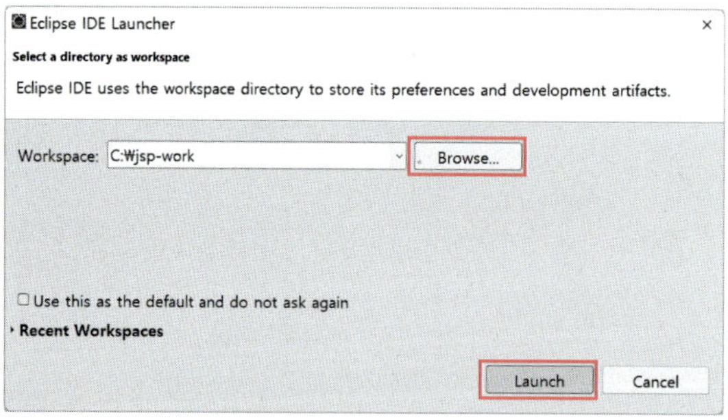

그림 2-54 프로젝트 저장 경로 설정

✓ Check Point_ 프로젝트 저장 경로를 지정하는 이유

이클립스에서 작성한 프로젝트를 USB로 복사하거나 클라우드 공간에 업로드를 수행하려면 작성한 프로젝트가 어느 폴더에 저장되어 있는지를 알고 있어야 합니다. 만약 저장 경로를 알고 있지 못한다면 이미 작성된 프로젝트를 대상으로 복사하거나 전송하기 어려운 상황이 전개되므로 프로젝트 저장 경로는 반드시 알아두는 것이 좋습니다.

핵심 요약

01 JDK를 설치하는 이유

- JDK는 Java 언어를 기본 언어로 사용하며 Java 언어로 작성한 프로그램에 대해 컴파일을 수행하기 위한 프로그램입니다.
- Java는 객체 지향 프로그래밍 언어로서 보안성이 뛰어나며 컴파일한 코드는 다른 운영체제에서도 사용할 수 있도록 클래스로 제공됩니다.

02 내 컴퓨터에서 사용하는 운영체제 버전 확인

- 컴퓨터에서 사용하는 Windows 운영체제의 버전을 확인하려면 바탕화면에 존재하는 [내 PC] 아이콘이나 [윈도우 탐색기] 창의 왼쪽 리스트에 위치한 [내 PC] 아이콘에서 마우스 오른쪽 버튼을 클릭 후 [속성] 메뉴를 눌러 확인하면 됩니다.

03 JDK 환경 변수를 설정하는 이유

- JDK를 설치한 다음에는 원활한 컴파일 수행을 위해 환경 변수를 설정해 주어야 하며 환경 변수를 설정해 주지 않게 되면 해당 명령어를 수행할 때마다 명령어가 존재하는 폴더로 매번 이동해야 하는 번거로움이 초래됩니다.

04 아파치 톰캣의 역할

- 웹 컨테이너로 사용되는 톰캣은 아파치 소프트웨어재단에서 Java로 개발한 웹 애플리케이션 서버이며 아파치 톰캣은 웹페이지 구동을 위해 필요한 엔진 역할을 수행합니다.

05 포트 번호에 대한 이해

- 포트 번호란 네트워크 환경에서 웹 애플리케이션의 상호 구분을 위해 사용하는 번호로 각 프로토콜의 데이터가 통하는 논리적 통로를 의미합니다.
- 포트 번호 8005는 관리용 포트이고 포트 번호 8080 또는 8888은 HTTP 웹 서비스 포트로 웹페이지를 요청할 때 주소 뒤에 적어주는 포트입니다.

- 포트 번호 8009는 톰캣을 Apache 웹 서버나 IIS 등과 연동할 때 사용하는 포트입니다.
- 이미 설정한 포트 번호가 충돌할 때는 다른 포트 번호로 변경해 주어야 합니다.

06 server.xml 파일 편집 방법

- 아파치 톰캣의 포트 번호를 변경하기 위해서는 포트 번호가 등록된 server.xml 파일을 메모장 또는 에디터 프로그램으로 열어서 변경해 주어야 합니다.

07 통합 개발 도구의 역할

- IDE는 개발자가 웹 애플리케이션을 개발하는 과정에 필요한 모든 작업을 하나의 소프트웨어에서 처리할 수 있도록 환경을 제공해 주므로 편리하게 JSP 웹 프로그램을 수행할 수 있습니다.

08 텍스트 인코딩 방식 설정

- 웹 브라우저에서 한글이 지원되지 않아 깨지는 현상이 발생할 경우를 대비하여 텍스트의 인코딩 방식을 utf-8로 설정합니다.
- CSS Files, HTML Files, JSP Files에 대한 캐릭터 인코딩 방식을 ISO 10646/Unicode(UTF-8)로 설정합니다.

09 소스 코드의 들여쓰기

- 웹페이지의 소스 코드를 작성하면서 들여쓰기를 하게 되면 소스 코드의 가독성이 좋아지고 유지/보수를 효율적으로 수행할 수 있습니다.

10 프로젝트 작업 공간을 지정하는 이유

- 이클립스에서 JSP 프로젝트를 저장하기 위한 공간을 지정하는 이유는 생성한 프로젝트를 USB로 복사하거나 전송 등의 업무를 수행할 때 프로젝트의 존재 위치를 명확하게 인지하기 위함입니다.

연습문제

01 다음 글을 읽고 빈 괄호에 들어갈 단어를 입력하시오.

(1) Java는 객체 지향 프로그래밍 언어로서 보안성이 뛰어나며 (   )한 코드는 다른 운영체제에서도 사용할 수 있도록 (   )로 제공됩니다.

(2) 포트 번호란 (   ) 환경에서 웹 애플리케이션의 상호 구분을 위해 사용하는 번호로 각 프로토콜의 데이터가 통하는 (   ) 통로를 의미합니다.

(3) IDE는 개발자가 웹 애플리케이션을 개발하는 과정에 필요한 모든 작업을 하나의 (   )에서 처리할 수 있도록 (   )을 제공해 주므로 편리하게 JSP 웹 프로그램을 수행할 수 있습니다.

02 웹 컨테이너인 아파치 톰캣의 역할을 나타낸 다음 그림의 빈 괄호를 채우시오.

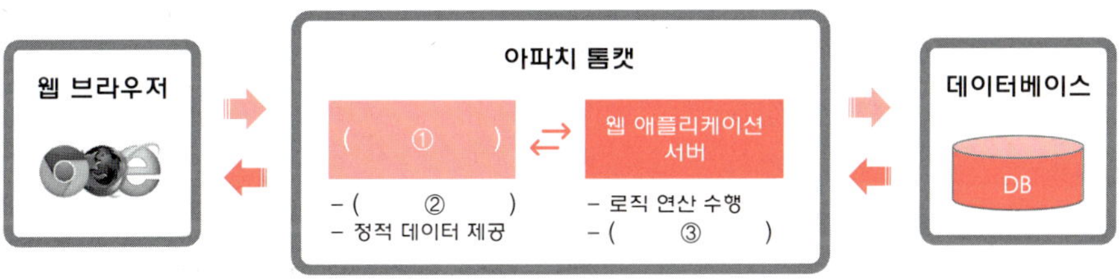

① (   )

② (   )

③ (   )

03 아파치 톰캣을 구성하는 폴더의 용도를 보고 해당하는 폴더명을 기술하시오.

폴더명	용도
①	아파치 톰캣을 실행하거나 종료하는 스크립트 파일 존재 startup.bat : 아파치 톰캣을 새로운 명령 프롬프트인 독립 프로세스로 시작하는 명령 shutdown.bat : 실행 중인 아파치 톰캣을 종료하는 명령 catalina.bat : 아파치 톰캣을 시작하거나 종료하는 명령
conf	아파치 톰캣 환경 설정 파일 존재
lib	아파치 톰캣을 실행할 때 필요한 라이브러리 파일이 존재
②	아파치 톰캣에 접속한 로그 파일 기록이 존재
temp	아파치 톰캣을 실행하는 동안 발생하는 임시 파일 존재
webapps	웹 애플리케이션의 기본적인 사용은 이 폴더에 배포되며 다른 폴더로 변경하려면 메모장 또는 에디터로 server.xml 파일을 열어 기본으로 설정된 폴더의 경로를 변경해야 함
③	아파치 톰캣이 구동되는 동안 사용되는 작업 파일 존재

① (   )

② (   )

③ (   )

04 포트 번호를 변경하는 주된 이유를 간략하게 설명하시오.

05 아파치 톰캣에서 포트 번호를 변경하는 방법을 순서대로 기술하시오.

CHAPTER 03
JSP 프로젝트 작성

▶ Preview

JSP와 서블릿을 연동하는 방법과 생성한 JSP 프로젝트의 실행 결과를 확인하기 위한 과정을 수행합니다. JSP 프로젝트를 실행하는 과정에서 발생할 수 있는 포트 충돌 문제에 대한 발생 원인을 분석하고 이를 해결 할 수 있는 방법을 제시합니다. JSP 기본 문법과 HTML 구조를 살펴보고 하이퍼링크 설정과 테이블 태그에 대해 실습합니다.

01 JSP와 서블릿 연동

1 서블릿의 역할

서블릿Servlet이란 네트워크 환경에서 클라이언트가 서버에게 서비스를 요청하고 서버는 요청받은 서비스를 클라이언트에게 제공하는 과정을 처리하기 위해 웹 서버에서 실행되는 작은 프로그램의 단위인 Java 객체를 의미합니다. 서블릿 컨테이너는 서버와 클라이언트의 요청과 응답을 수행하며 서블릿 클래스에 대한 생명주기 관리, 멀티스레딩 관리, 보안 관리, JSP 지원 등의 역할을 수행합니다.

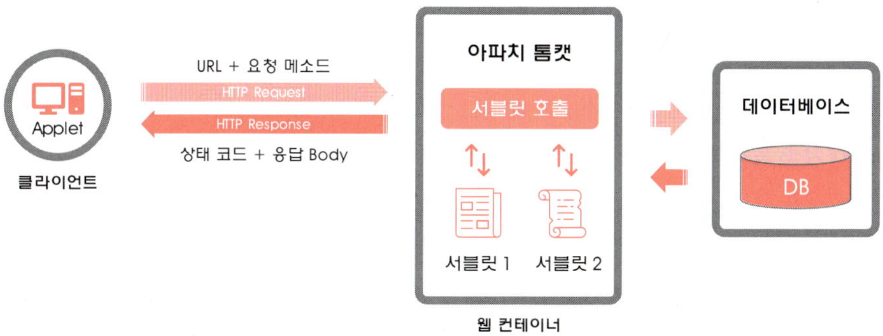

그림 3-1 웹 컨테이너와 서블릿의 역할

✓ **Check Point_ 애플릿과 서블릿의 차이점**

애플릿은 실행을 위해 HTML 코드에 내장된 작은 Java 프로그램으로 클라이언트 환경에서 실행됩니다. 그리고 서블릿은 플랫폼의 종속적인 CGI 프로그램의 성능 문제로 인해 도입되었습니다. 서블릿의 플랫폼은 독립적이며 주요 목적은 클라이언트로부터 요청을 수집하고 해당 요청에 대해 웹페이지를 동적으로 생성하여 클라이언트에게 다시 보내주기 위해 사용됩니다. 간단하게 요약하면 애플릿은 클라이언트 측에서 실행되는 반면 서블릿은 서버 측에서 실행되는 프로그램입니다.

2 이클립스와 아파치 톰캣 연동

이클립스에서 웹 프로젝트를 실행하려면 서블릿 컨테이너인 아파치 톰캣과 연동되어 있어야 합니다. 이클립스와 아파치 톰캣을 연동하기 위해 다음 예제를 수행합니다.

예제 03 - 01 이클립스와 아파치 톰캣 연동하기

- **Step 01** | **Server 프로젝트 생성하기** : 이클립스에서 [File]–[New]–[Other...]를 선택합니다.

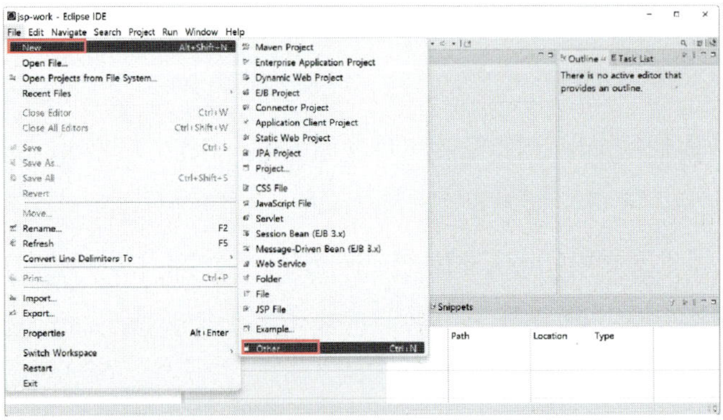

그림 3-2 Server 프로젝트 생성 메뉴 선택

- **Step 02** | **아파치 톰캣 서버 선택하기** : [Server]–[Server]을 선택하고 〈Next〉를 누른 다음 이클립스에 연동할 아파치 톰캣 버전을 선택하고 〈Next〉를 누릅니다.

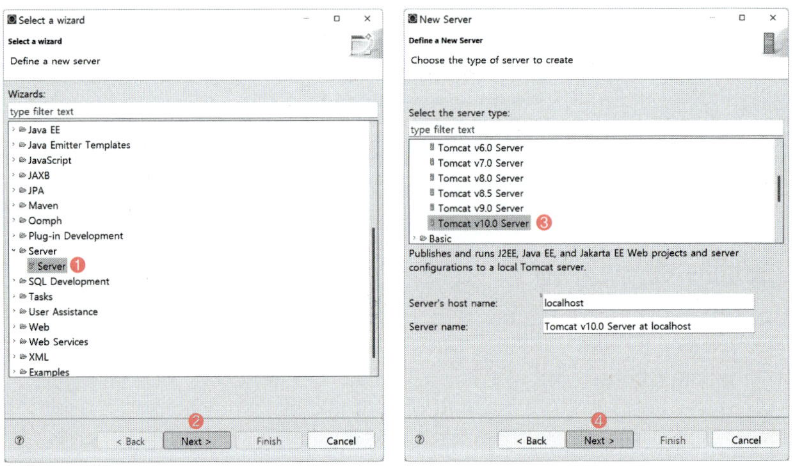

그림 3-3 아파치 톰캣 서버 선택

- **Step 03 | 아파치 웹 서버 위치와 JRE 설정하기** : 아파치 톰캣이 설치된 C:₩Program Files₩Apache Software Foundation₩Tomcat 10.0 경로를 웹 서버의 위치로 지정하고 JRE: 항목은 jdk-17을 선택한 다음 〈Finish〉를 누릅니다.

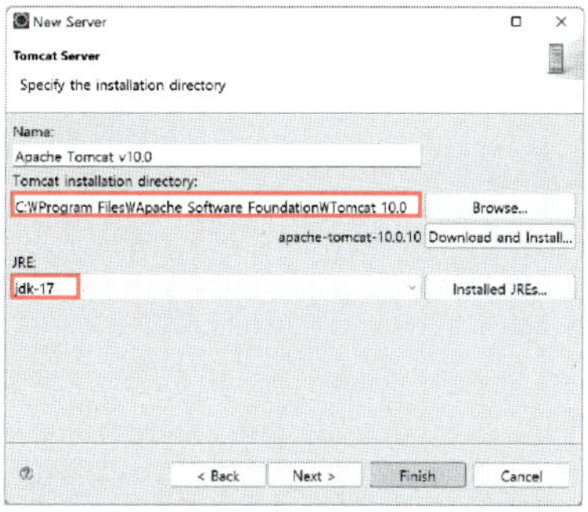

그림 3-4 톰캣 서버 위치와 JRE 설정

- **Step 04 | 이클립스와 웹 서버 연동 확인하기** : 이클립스와 톰캣 서버가 연동되면 Project Explorer 뷰에 Servers 프로젝트 항목이 나타나고 아래쪽 [Servers] 탭의 콘솔 창에는 연동된 웹 서버에 대한 정보가 표시됩니다.

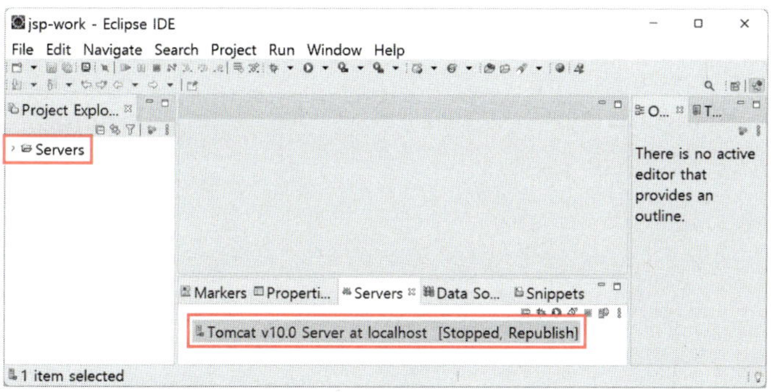

그림 3-5 이클립스와 톰캣 서버 연동 결과

• **Step 05 | 등록된 웹 서버 목록 확인하기** : 이클립스에서 [Window]-[Preferences]를 선택합니다. [Preperences] 창에서 [Server]-[Runtime Environments]를 선택하면 이클립스에 등록된 웹 서버 목록을 확인할 수 있습니다.

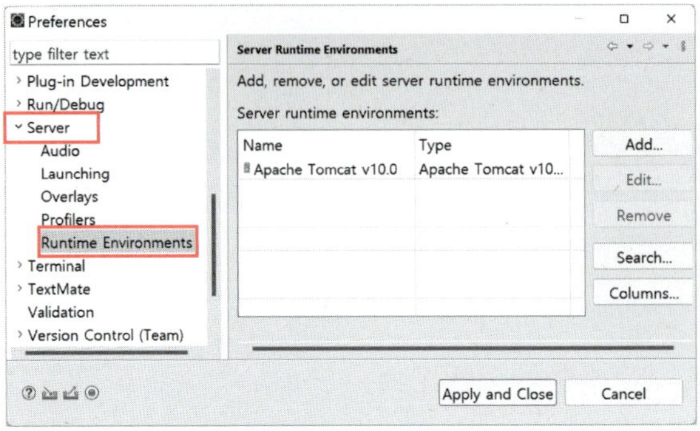

그림 3-6 이클립스에 등록된 웹 서버 목록

02 JSP 프로젝트 생성

1 프로젝트 생성하기

JSP 웹 애플리케이션 개발은 프로젝트를 생성한 다음 생성된 프로젝트에 JSP 웹페이지를 작성하고 프로젝트를 실행하여 그 결과를 확인하는 과정을 거치게 됩니다. 통합 개발 도구인 이클립스에서 JSP 웹 애플리케이션을 개발하는 과정에 대해 쉽게 이해할 수 있도록 다음 그림과 같이 나타냈습니다.

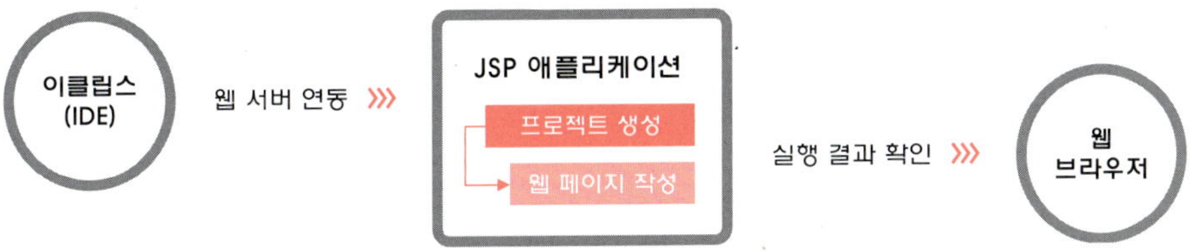

그림 3-7 JSP 웹 애플리케이션 개발 과정

이클립스와 아파치 톰캣 서버가 연동되었음이 확인되었으므로 JSP 프로젝트를 생성하기 위해 다음 예제를 수행합니다.

예제 03 – 02 이클립스에서 JSP 프로젝트 생성하기

- **Step 01 | 웹 프로젝트 생성하기** : 이클립스에서 [File]-[New]-[Dynamic Web Project]를 선택합니다.

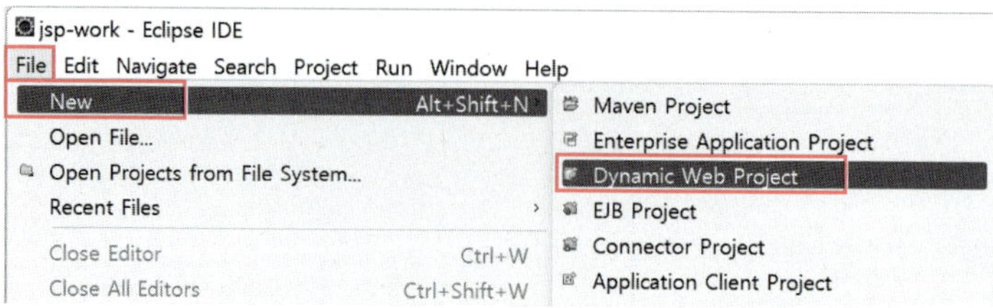

그림 3-8 프로젝트 생성 메뉴 선택

- **Step 02 | 프로젝트명 설정하기** : 프로젝트명은 'JSPStudy'로 입력하고 아파치 톰캣 버전을 확인 후 〈Finish〉를 누릅니다. 이클립스의 Project Explorer 뷰에 JSPStudy 프로젝트 구성 목록이 생성된 것을 확인할 수 있습니다.

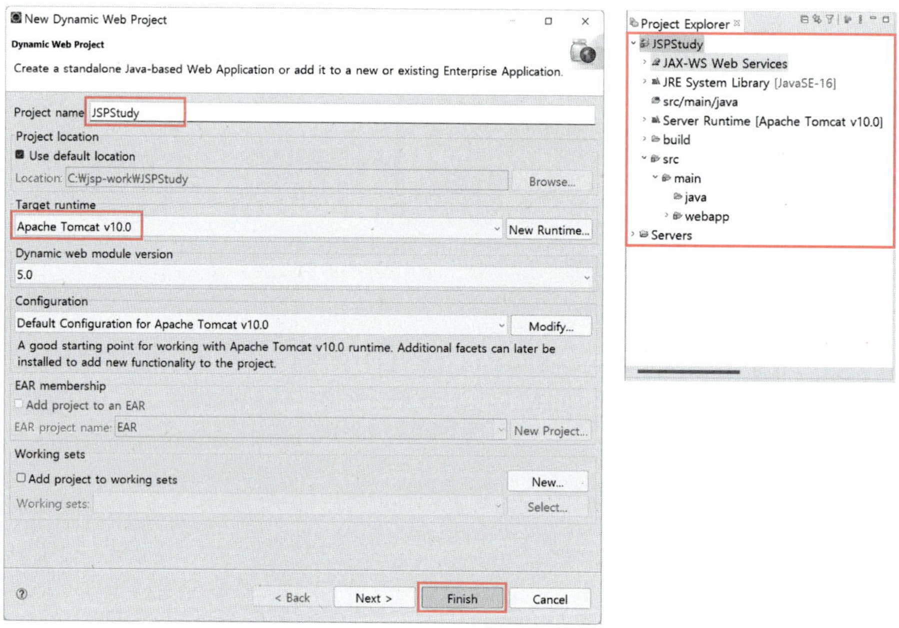

그림 3-9 프로젝트명 입력과 웹 서버 선택

• **Step 03 | JSP 파일 생성하기** : JSPStudy 프로젝트에서 마우스 오른쪽 버튼을 클릭하고 [New]-[JSP File]을 선택합니다.

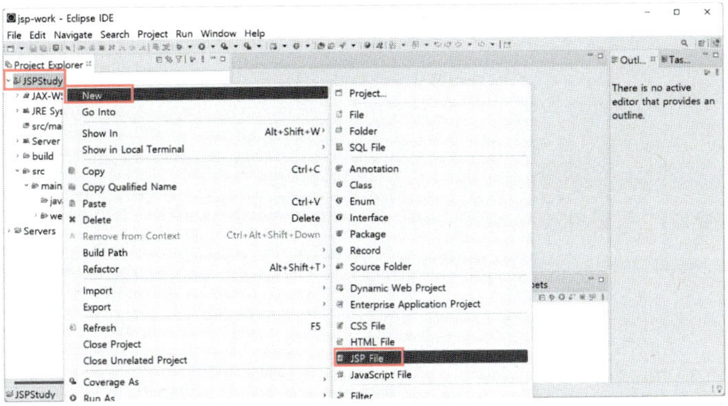

그림 3-10 JSP 파일 생성 메뉴 선택

• **Step 04 | 파일명 입력하기** : 파일이 저장될 경로명을 확인하고 파일 이름은 'welcome.jsp'로 입력 후 〈Finish〉를 누릅니다.

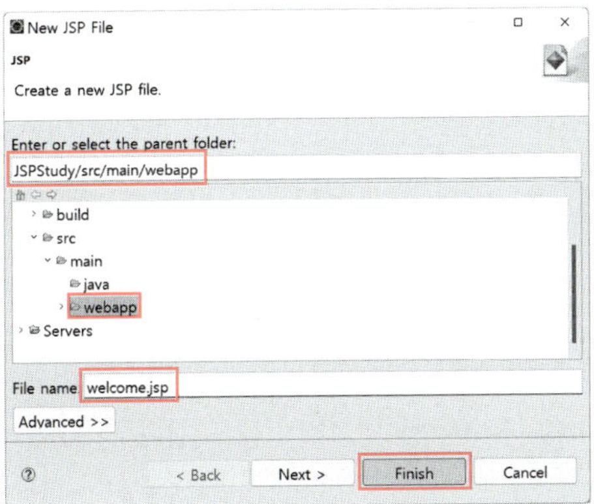

그림 3-11 경로명 확인 및 파일명 입력

• **Step 05 | JSP 웹페이지 작성하기** : 간단한 인사말을 〈body〉...〈/body〉 태그 안에 작성하고 소스 코드를 저장합니다.

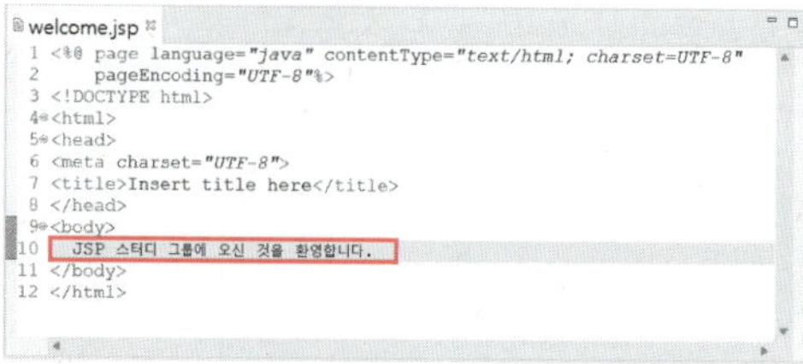

그림 3-12 소스 코드 작성

- **Step 06 | 톰캣 서버에 프로젝트 등록하기** : JSPStudy 프로젝트를 실행하려면 아파치 톰캣 서버도 실행해야 합니다. 아래쪽 [Servers] 탭의 콘솔 창에는 연동된 웹 서버에 대한 정보가 표시된 Tomcat v10.0 Server at localhost 웹 서버 위에서 마우스 오른쪽 버튼을 클릭한 다음 [Add and Remove...]를 선택합니다.

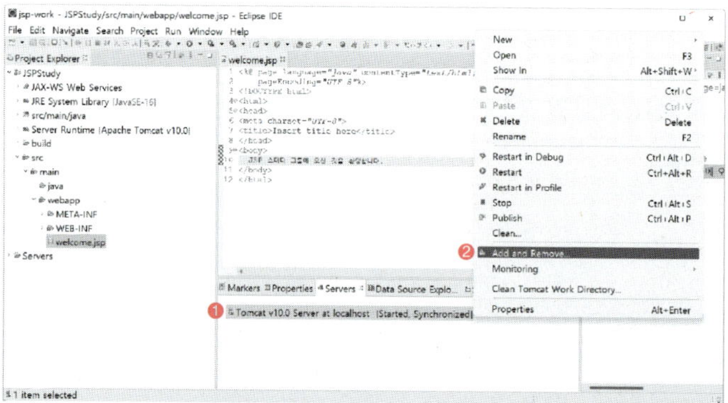

그림 3-13 웹 서버 등록 메뉴 선택

- **Step 07 | 톰캣 서버에 프로젝트 추가하기** : 왼쪽 목록에 있는 JSPStudy 프로젝트를 선택하고 〈Add〉를 클릭하여 오른쪽 목록에 추가합니다. 〈Add〉를 더블클릭해도 됩니다.

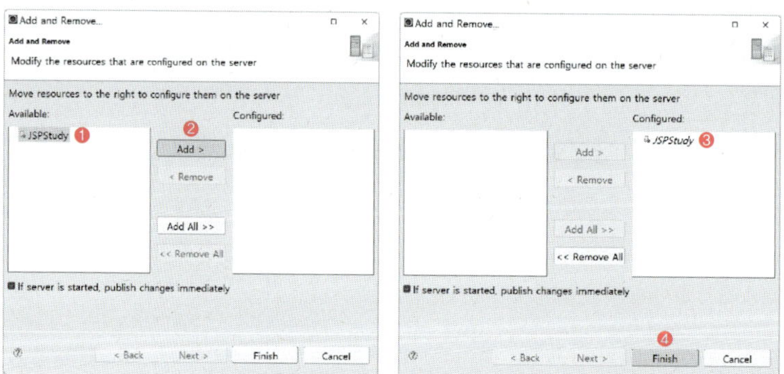

그림 3-14 톰캣 서버에 프로젝트 항목 추가

• **Step 08** | **톰캣 서버 구동하기** : 아래쪽 [Servers] 탭의 콘솔 창에서 웹 서버 앞에 있는 삼각형[▸] 모양을 클릭하면 톰캣 서버 하위에 JSPStudy 항목이 추가된 것을 확인할 수 있습니다. 콘솔 창의 오른쪽 상단에 아이콘[▶]을 눌러 아파치 톰캣 서버를 구동합니다.

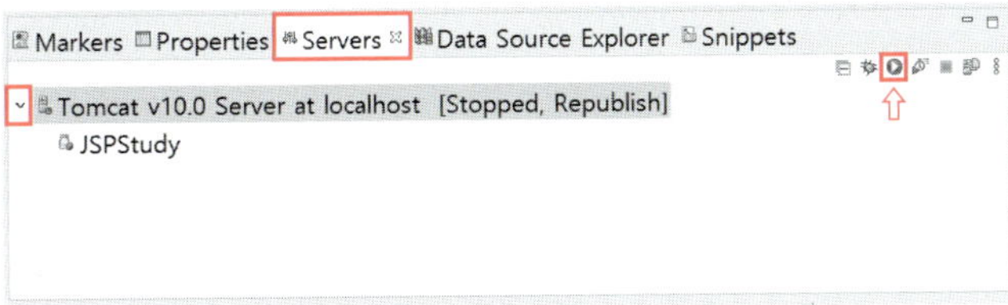

그림 3-15 콘솔 창에서 톰캣 서버 구동

2 프로젝트 실행하기

JSP 프로젝트를 생성하고 웹 컨테이너인 아파치 톰캣과 연동을 완료하였습니다. 작성한 프로젝트의 실행 결과를 확인하는 과정에 대해 살펴보도록 하겠습니다.

• **Step 09** | **프로젝트 실행 메뉴 선택하기** : Project Explorer 뷰에서 welcome.jsp 파일을 선택 후 Run 아이콘[▶ ▾]을 눌러 [Run As]–[Run on Server]를 선택합니다.

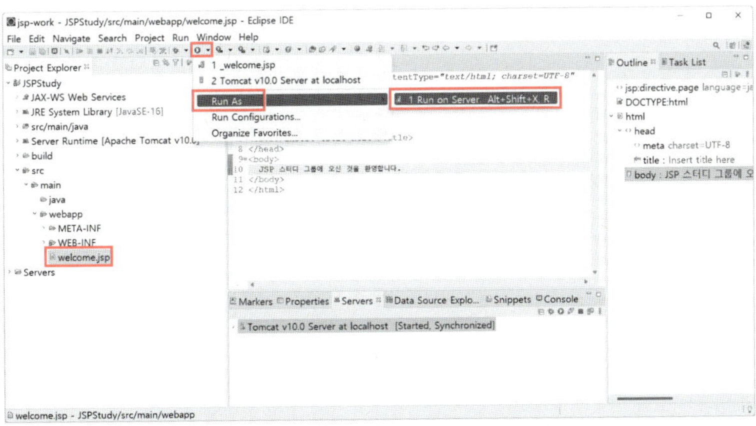

그림 3-16 프로젝트 실행 메뉴 선택

• **Step 10 | 연동된 웹 서버 확인** : 프로젝트에 연동된 서버를 확인 후 〈Finish〉를 누릅니다.

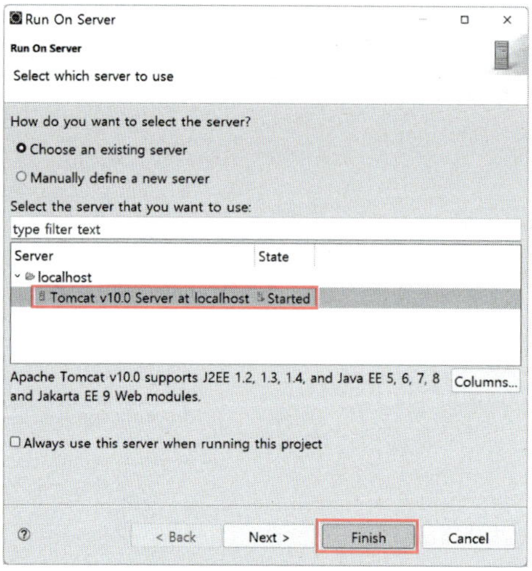

그림 3-17 연동된 웹 서버 확인

• **Step 11 | 실행 결과 확인하기** : 이클립스에 등록된 웹 브라우저 화면을 통해 JSP 프로젝트 실행 결과를 확인할 수 있습니다.

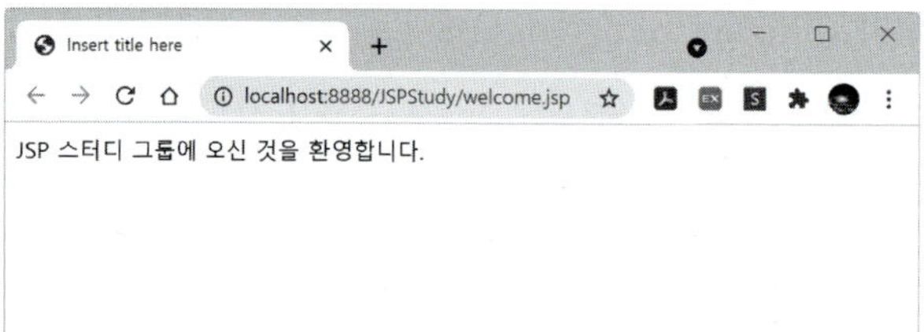

그림 3-18 프로젝트 실행 결과

03 포트 충돌 문제

이클립스에서 JSP 프로젝트를 실행할 때 발생할 수 있는 포트 충돌 문제의 발생 원인과 해결 방법에 대해 살펴보도록 하겠습니다. 이 과정은 JSP 프로젝트를 실행하면서 포트 충돌 문제가 발생하였을 경우만 활용하기 바랍니다.

1 포트 충돌

이클립스에서 JSP 프로젝트를 실행할 때 의도하지 않게 포트 충돌 문제가 발생하게 되면 다음 그림과 같은 에러 메시지 창이 나타납니다. 포트 충돌 문제는 크게 두 가지 증상으로 파악할 수 있습니다. 첫째, 이클립스 외부와 내부에서 동시에 웹 서버를 사용하고자 하는 경우와 둘째, 각 패키지에 설정한 포트 번호가 동일한 포트 번호로 중복되어 설정된 경우 포트 충돌 문제가 발생하게 됩니다.

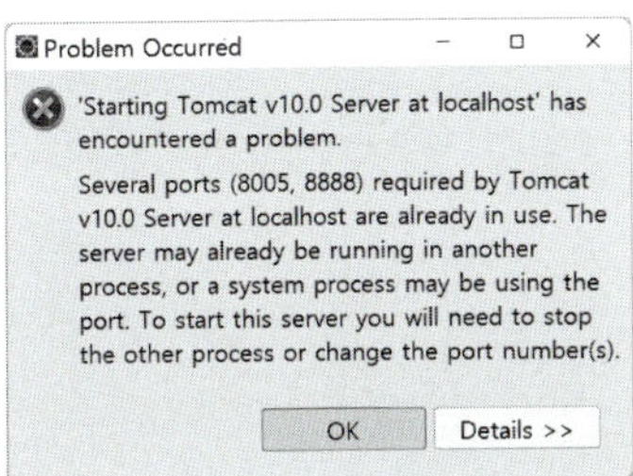

그림 3-19 포트 충돌 에러 메시지

✓ Check Point_ 포트 충돌 문제 해결

Tomcat admin port 번호 8005를 8015 등으로 변경하면 됩니다.

이와 같은 포트 충돌 문제 해결 방법은 현재 구동 중인 아파치 톰캣을 강제로 중지시키는 방법과 이클립스에서 포트 번호를 변경하는 방법으로 해결하는 과정에 대해 각각 살펴보도록 하겠습니다.

2 톰캣 서버 구동 중지하기

앞에서 아파치 톰캣을 설치하고 웹 브라우저에서 아파치 웹 서버 설치가 잘 되었는지를 확인하였다면 아파치 톰캣은 현재 구동 상태이기 때문에 포트 충돌 문제가 발생한 것입니다. 이러한 문제를 해결하기 위해 다음 예제를 수행합니다.

예제 03 – 03 아파치 톰캣 강제 중지로 포트 충돌 문제 해결하기

- **Step 01 | 아파치 톰캣 서버 강제로 중지시키기** : [Configure Tomcat] 프로그램을 실행하고 [General] 탭의 Service Status:에서 〈Stop〉을 클릭 후 〈확인〉을 눌러 현재 동작 중인 아파치 톰캣 서버를 강제로 중지시킵니다. 그러면 이클립스에 설정된 톰캣 서버의 포트 충돌 문제가 해결됩니다.

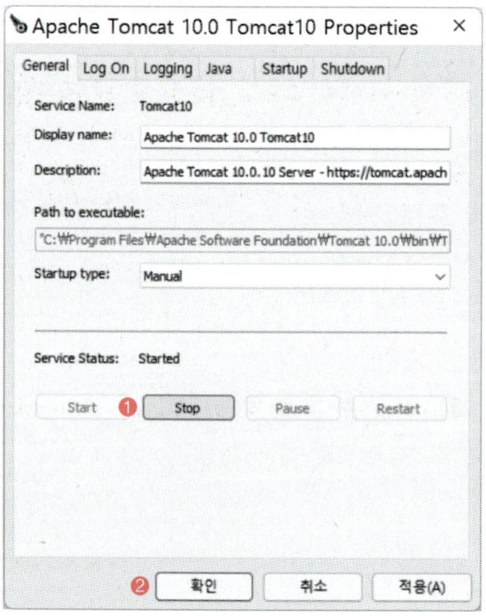

그림 3-20 톰캣 서버 강제 중지

- **Step 02 | 관리자 권한으로 명령 프롬프트 실행하기** : 이클립스와 아파치 톰캣 서버가 동시에 프로세스를 요청함에 따라 발생한 포트 충돌 문제를 해결하기 위해 관리자 권한(필수)으로 명령 프롬프트를 실행합니다.

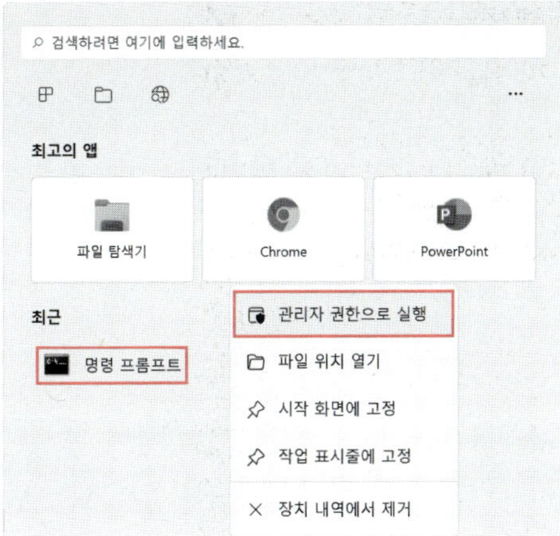

그림 3-21 관리자 권한으로 명령 프롬프트 실행

• **Step 03 | 충돌하는 PID 번호 확인 후 삭제하기** : 이클립스와 아파치 톰캣 서버에서 동시에 요청한 프로세스(PID)를 조회 후 삭제하기 위해 명령 프롬프트 창에서 다음과 같이 명령을 수행합니다. 여기서 확인한 PID 번호는 13420입니다. PID 번호는 시스템 환경에 따라 다르게 확인됨을 참고 바랍니다.

```
C:₩WINDOWS₩system32>  netstat -p tcp -ano  Enter↵
현재 수행 중인 PID 번호 확인
C:₩WINDOWS₩system32>  taskkill /f /pid 13420  Enter↵
```

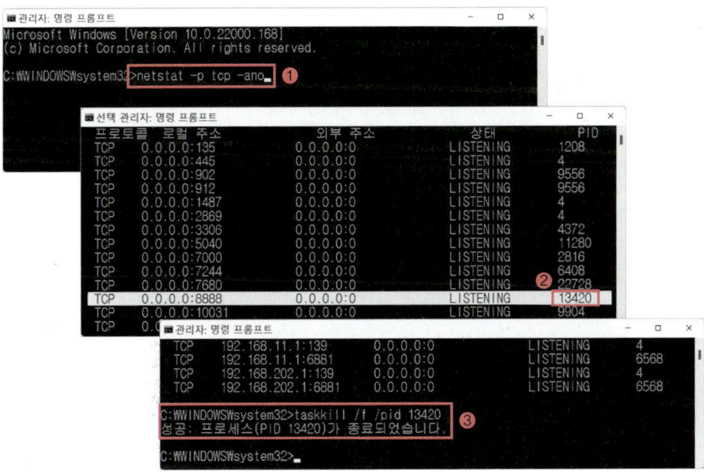

그림 3-22 충돌하는 PID 확인 후 삭제

3 포트 번호 변경하기

이클립스 외부에서 아파치 톰캣을 강제로 중지시켰음에도 포트 충돌 문제가 해결되지 않는 경우도 있습니다. 미해결된 포트 충돌 문제를 해결하기 위한 다른 방법으로 이클립스에서 직접 포트 번호를 변경하기 위해 다음 예제를 수행합니다.

예제 03 - 04 이클립스에서 포트 번호 변경하기

- **Step 01 | 이클립스에서 포트 번호 확인하기** : 아래쪽 [Servers] 탭의 콘솔 창에 표시된 Tomcat v10.0 Server at localhost 웹 서버를 더블클릭하여 현재 설정되어 있는 포트 번호를 확인합니다.

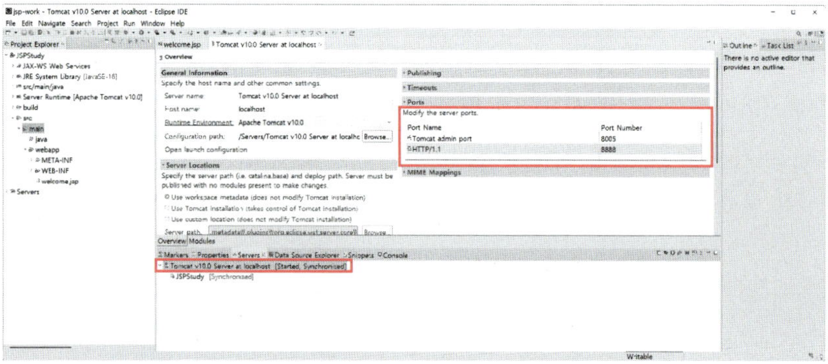

그림 3-23 이클립스에서 포트 번호 확인

- **Step 02 | 포트 번호 강제로 변경하기** : 충돌이 발생하는 포트 번호가 표기된 부분을 더블클릭하여 다른 포트 번호로 입력하고 Ctrl+S를 눌러 저장합니다. 포트 번호를 변경하게 되면 이클립스와 아파치 톰캣의 포트 충돌 문제를 해결할 수 있습니다.

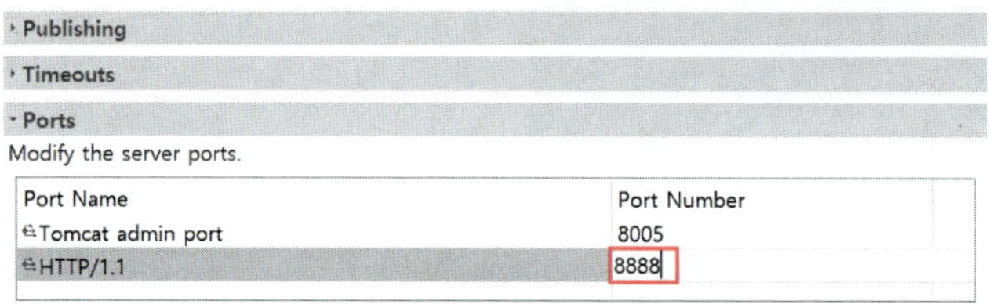

그림 3-24 포트 번호 변경 후 저장

✓ Check Point_ **변경된 포트 번호는 반드시 저장**

이클립스에서 포트 번호를 변경할 경우 반드시 Ctrl+S를 눌러 변경된 내용을 저장해야 합니다. 만약 포트 번호는 변경하고 Ctrl+S를 눌러 변경된 내용을 저장하지 않게 되면 변경된 포트 번호는 인식되지 않으므로 주의해야 합니다.

4 포트 충돌 예방하기

JSP 프로젝트를 수행하는 과정에서 포트 충돌 문제가 발생하는 경우를 살펴봤습니다. 앞에서 살펴본 바와 같이 포트 충돌 문제가 발생하는 요인 중 가장 커다란 원인은 이클립스 외부에서 아파치 톰캣이 구동 중을 발생하는 포트 충돌 문제와 아파치 톰캣에게 부여했던 포트 번호가 다른 패키지(DBMS 등)와 동일하게 설정되어 포트 번호가 충돌하는 경우가 대부분입니다.

그림 3-25 일방통행에서의 충돌 사고

컴퓨터에 설치된 환경에 따라 JSP 프로젝트를 수행하는 과정에서 포트 충돌 문제가 발생할 수도 있고 발생하지 않을 수도 있습니다. 그렇다면 이와 같은 포트 충돌 문제를 사전 예방하려면 앞에서 언급한 포트 충돌 문제의 유형과 원인을 파악하는 것이 무엇보다 중요합니다. 이클립스 외부와 내부에서 발생할 수 있는 포트 충돌 문제가 발생하지 않도록 관리하기 쉬운 방법에 대해 다음 그림과 같이 나타냈습니다.

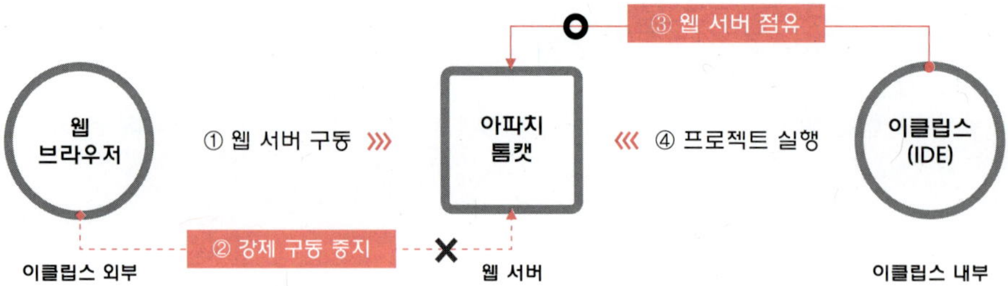

그림 3-26 포트 충돌 문제 예방 방법

04 JSP 기본 문법

1 웹페이지 살펴보기

이클립스에서 JSP 웹페이지를 생성할 때 메뉴에서 [JSP File]을 선택하게 되면 JSP 기본 문법 형식을 갖춘 소스 코드 창이 나타납니다. 앞에서 실습한 welcome.jsp 웹페이지에 코딩된 소스 코드에 대한 의미와 문법 구조에 대해 살펴보도록 하겠습니다.

JSPStudy/welcome.jsp

```
<%@ page language="java" contentType="text/html; charset=UTF-8"
  pageEncoding="UTF-8" %>
<!DOCTYPE html>
<html>
<head>
<meta charset="UTF-8">
<title>Insert title here</title>
</head>
<body>
  JSP를 배우는 모든 분들을 환영합니다.
</body>
</html>
```

2 스크립트 태그

스크립트 태그Script Tag는 JSP 웹페이지를 어떻게 처리할 것인지에 대한 페이지의 정보를 설정하여 웹 컨테이너인 아파치 톰캣에게 보낼 때 선언합니다. JSP 스크립트 태그는 용도에 따라 5가지 유형으로 구분되며 모두 〈% … %〉를 사용합니다. JSP 스크립트 태그의 종류는 다음 표와 같습니다.

표 3-1 JSP 스크립트 태그

스크립트 태그	형식	의미
스크립틀릿(scriptlet)	〈% … %〉	문법의 논리적인 흐름을 위한 Java 로직 코드를 작성할 때 사용합니다.
주석문(Comment)	〈%-- … --%〉	소스 코드에 대한 설명하는 글을 게재할 때 사용합니다.
지시문(Directive)	〈%@… %〉	웹페이지에 대한 변환정보를 웹 서버에게 전달할 때 사용합니다.
선언문(Declaration)	〈%! … %〉	메소드를 정의하거나 Java 변수를 선언할 때 사용합니다.
표현문(Expression)	〈%= … %〉	메소드나 계산식, 변수 등의 호출 결과를 문자열 형태로 출력할 때 사용합니다.

3 page 디렉티브

디렉티브Directive란 JSP 웹페이지에 대한 파일의 속성을 기술하는 지시문으로 JSP 컨테이너에게 해당 웹페이지를 어떻게 처리해야 할 것인지를 전달하는 명령문을 의미합니다. 디렉티브의 선언 위치는 일반적으로 JSP 웹페이지의 가장 상단에 선언합니다. page 디렉티브는 JSP 페이지와 관련된 속성을 정의할 때 사용하는 태그입니다.

3.1 page 디렉티브 선언

앞에서 작성한 welcome.jsp 소스 코드를 대상으로 웹페이지에서 선언한 page 디렉티브의 구성 요소에 대한 의미에 대해 살펴보도록 하겠습니다. page 디렉티브 태그를 선언할 때는 〈%@ … %〉를 사용하며 '〈%'와 '@' 사이에 공백이 존재하면 안 됩니다.

```
<%@ page language="java" contentType="text/html; charset=UTF-8"
    pageEncoding="UTF-8" %>
```

- **language** : 현재 페이지에서 사용할 스크립트 언어를 지정하는 속성입니다. 여기서는 java 언어를 지정하였으나 다른 언어로 지정 또한 가능합니다. 만약 사용할 스크립트 언어를 생략하게 되면 java 언어가 기본으로 적용됩니다.
- **contentType** : 현재 페이지의 파일 형식을 지정하는 속성입니다. 클라이언트로부터 요

청은 서비스에 대해 서버가 서비스를 응답할 때 전달하는 웹페이지의 파일 형식으로 HTTP 헤더 정보를 전달합니다.

- **charset** : 문자 인코딩 방식을 지정하는 속성입니다. UTF-8은 전 세계의 문자와 기호를 원활하게 인코딩(문자, 기호, 숫자 데이터를 부호화)하는 방식입니다.
- **pageEncoding** : 웹 컨테이너인 아파치 톰캣에서 JSP 파일을 처리할 때 사용하는 캐릭터 인코딩을 지정하는 속성으로 출력할 데이터의 문자 집합을 지정합니다. 이 속성을 생략하게 되면 contentType에 설정된 값이 적용됩니다. 웹 브라우저에서 한글이 깨져서 보이지 않도록 지정하려면 'UTF-8'로 지정해야 합니다.

✓ Check Point_ UTF-8 인코딩 방식을 선언하는 이유

문자나 기호, 숫자 데이터를 부호화하는 것을 인코딩이라고 합니다. 그리고 부호화된 문자나 기호, 숫자 데이터를 부호화되기 이전으로 되돌리는 것을 디코딩이라고 합니다. 예전에는 영어 문자만을 위한 ASCII 코드가 사용되었으나 ANSI, ISO-8859-1로 발전하게 되어 현재는 전 세계 문자와 기호를 인코딩할 때 UTF-8을 주로 사용합니다.

3.2 page 디렉티브 속성

page 디렉티브 태그에 선언할 수 있는 속성의 종류와 기본값, 속성에 대한 의미는 다음 표와 같습니다.

표 3-2 page 디렉티브 태그의 속성

속성	기본값	의미
language	java	웹페이지에서 사용할 프로그래밍 언어의 속성을 지정합니다.
contesxtType	test/html	웹페이지가 생성할 문서의 컨텐츠 유형의 속성을 지정합니다.
pageEncoding	ISO-8859-1	웹페이지의 문자 인코딩 유형의 속성을 지정합니다.
import		웹페이지가 사용할 Java 클래스를 지정하기 위한 속성을 지정합니다.
session	true	웹페이지의 세션 사용 여/부에 대한 속성을 지정합니다.
buffer	8KB	웹페이지의 출력 버퍼 크기를 설정하기 위한 속성을 지정합니다.
autoFlush	true	출력 버퍼의 동작 제어 여/부에 대한 속성을 지정합니다.
isThreadSafe	true	웹페이지의 멀티스레드 허용 여/부에 대한 속성을 지정합니다.
errorPage		웹페이지의 오류 발생 시 보여줄 오류 페이지에 대한 속성을 지정합니다.

isErrorPage	false	웹페이지의 오류 페이지 판별 여/부에 대한 속성을 지정합니다.
isELIgnored	false	웹페이지의 표현 언어(EL)의 지원 여/부에 대한 속성을 지정합니다.
isScriptingEnabled		웹페이지의 스크립트 태그를 사용 여/부에 대한 속성을 지정합니다.

4 DOCTYPE html

DOCTYPE html이란 JSP 웹페이지가 어떤 버전의 HTML 언어로 작성되었는지를 결정하는 기능입니다. DTDDocument Type Declaration를 통해서 현재의 웹페이지가 어떤 버전의 HTML 기술로 작성되었는지를 웹 브라우저에게 전달합니다. !DOCTYPE html 태그를 선언한다는 것은 HTML5 버전으로 작성된 웹페이지를 의미합니다.

```
<!DOCTYPE html>
```

5 HTML 기본 구조

HTMLHyper Text Markup Language은 웹페이지에서 다른 웹페이지로 이동할 수 있도록 링크 문서인 하이퍼텍스트를 가진 언어를 의미합니다. HTML은 웹페이지 구조를 설계할 때 사용하는 언어로 하이퍼 링크Hyper Link 시스템을 가지고 있으며 웹페이지를 위한 마크업 언어로 사용합니다.

```
<!DOCTYPE html>
<html>
<head>
<meta charset="UTF-8">
<title>Insert title here</title>
</head>
<body>
    JSP를 배우는 모든 분들을 환영합니다.
</body>
</html>
```

HTML 태그는 일반적으로 시작 태그와 종료 태그로 구성되어 있으며 예외적인 태그들도 존재합니다. HTML 태그 안에는 크게 〈head〉 태그와 〈body〉 태그로 나누어져 있습니다. 각 태그에서 수행하는 역할에 대해 자세히 살펴보도록 하겠습니다.

- **〈head〉 … 〈/head〉** : 〈head〉 태그 안에는 컨텐츠를 표현하기 위한 내용을 포함합니다. 〈mata〉 태그는 문서 자체를 설명하는 정보를 의미하며 웹페이지의 정보를 브라우저와 검색 엔진에게 이 문서가 어떤 정보를 보유하고 있는지를 알려주는 내용을 명시합니다. 위 코드의 메타 정보는 실제 문서가 다루고 있는 언어를 UTF-8로 정의한 것입니다.
- **〈title〉 … 〈/title〉** : 〈title〉 태그는 문서의 정보를 웹 브라우저에 표시해 줍니다. 이 태그 안에 내용을 넣어주게 되면 웹 브라우저의 타이틀 바에 나타나게 됩니다.
- **〈body〉 … 〈/body〉** : 〈body〉 태그는 웹페이지의 본문 영역을 의미합니다. 이 태그 안에 컨텐츠를 작성하게 되면 웹페이지에 표현됩니다.

05 JSP 파일 작성

1 이미지 삽입하기

HTML 태그를 사용하여 JSP 웹페이지에 이미지를 삽입하려면 〈img〉 태그를 사용합니다. 〈img〉 태그의 가장 기본적인 속성은 이미지 경로를 지정하는 src 속성입니다. 이미지 파일과 JSP 파일이 같은 폴더 내에 있다면 그냥 이미지 파일명만 입력해 주면 되고 이미지 파일이 다른 폴더에 존재할 경우 경로명을 함께 선언해 주면 됩니다.

```
<img src="이미지 경로/파일명.확장자">
```

웹페이지에 보여주는 이미지의 너비와 높이를 지정하려면 width 속성과 height 속성을 사용합니다. 이 속성을 사용하지 않으면 기본적으로 이미지 크기가 그대로 적용되어 삽입됩니다. border 속성은 이미지의 테두리 선을 픽셀 단위로 표시할 때 사용합니다.

```
<img src="이미지 경로/파일명.확장자" width="100" height="200" border="2">
```

JSP 웹페이지에 이미지를 삽입하기 위해 본인이 좋아하는 이미지를 따로 준비해도 좋습니다. 준비된 이미지가 없다면 자료실에서 제공하는 이미지를 사용하면 됩니다. 자료실의 image 폴더에 저장되어 있는 'table_clock.jpg' 이미지를 웹페이지에 삽입하는 과정을 살펴보기 위해 다음 예제를 수행합니다.

예제 03 – 05 JSP 웹페이지에 이미지 삽입하기

• **Step 01 | JSP 파일 생성하기** : JSPStudy 프로젝트에서 마우스 오른쪽 버튼을 클릭하고 [New]-[JSP File]을 선택합니다.

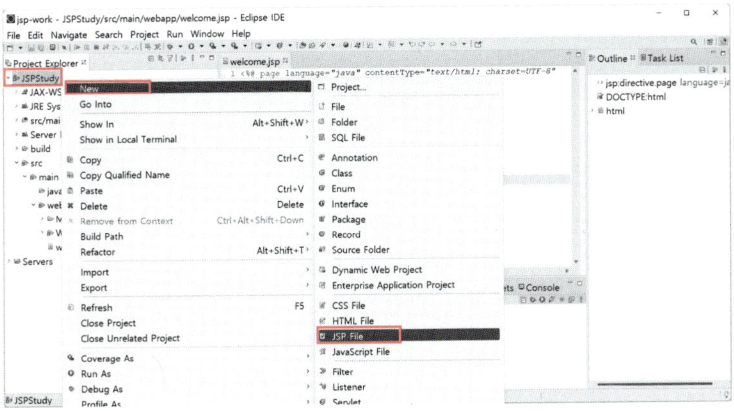

그림 3-28 JSP 파일 생성 메뉴 선택

• **Step 02 | JSP 웹페이지 작성하기** : 파일이 저장될 경로명을 확인하고 파일 이름은 insert_image.jsp로 입력 후 다음과 같이 소스 코드를 작성합니다.

JSPStudy/insert_image.jsp

```
<%@ page language="java" contentType="text/html; charset=UTF-8"
  pageEncoding="UTF-8" %>
<!DOCTYPE html>
<html>
<head>
  <meta charset="UTF-8">
  <title> 이미지 삽입 </title>
</head>
<body>
  <hr>
  <img src="image/table_clock.jpg" width="150" height="70"><br>
  <img src="image/table_clock.jpg" width="200" height="100" border="2">
</body>
</html>
```

01~02행 : 웹 컨테이너인 아파치 톰캣에게 전달하기 위한 웹페이지 처리 방식의 속성을 지정합니다.
06행 : 웹페이지에서 실제 문서가 다루고 있는 언어인 메타 정보를 UTF-8로1 정의합니다.
10행 : 웹 브라우저 화면에 수평선을 그려줍니다.
06행~07행 : 이미지 파일을 불러와 이미지의 크기와 테두리 선의 두께를 각각 픽셀 단위로 지정합니다.

- **Step 03 | image 폴더 생성하기** : Project Explorer 뷰의 webapp 폴더 위에서 마우스 오른쪽 버튼을 클릭 후 [New]-[Folder]를 선택하여 안에 image 폴더를 생성합니다.

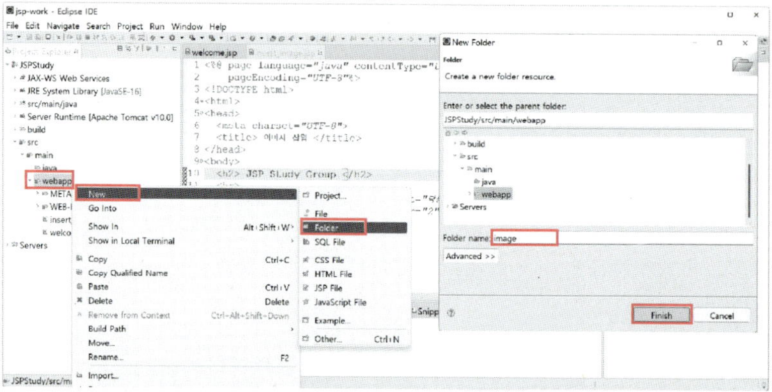

그림 3-29 [image] 폴더 생성

- **Step 04 | 폴더에 이미지 파일 넣기** : 웹페이지에 삽입하려는 이미지를 드래그하여 새로 생성한 image 폴더에 넣어줍니다.

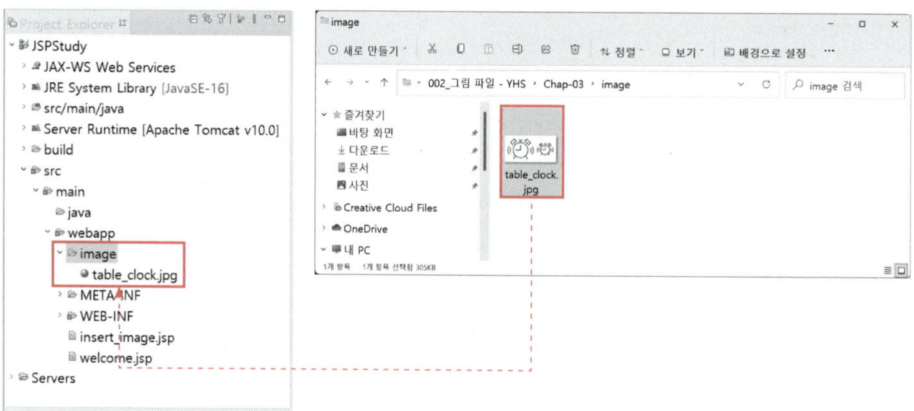

그림 3-30 폴더에 이미지 파일 넣기

- **Step 05 | 실행 결과 확인하기** : 이클립스에서 단축키 Ctrl+F11을 눌러 실행 결과를 확인합니다. 웹 브라우저의 타이틀 바에는 '이미지 삽입'이라는 문자열이 나타납니다. 이 부분은 〈title〉 … 〈/title〉 태그에서 선언한 내용이 출력된 것입니다.

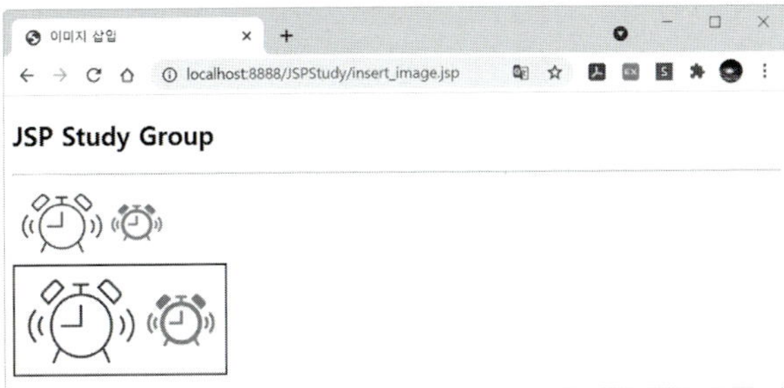

그림 3-31 실행 결과 화면

2 하이퍼링크 설정하기

HTML 태그를 사용하여 현재 위치한 웹페이지에서 다른 웹페이지로 이동하거나 특정 사이트로 이동하려면 하이퍼링크를 설정하면 됩니다. 텍스트와 이미지에 하이퍼링크를 설정하는 방법에 대해 살펴보도록 하겠습니다.

2.1 텍스트에 설정하기

HTML 태그를 사용하여 웹페이지에 있는 텍스트에 하이퍼링크를 설정할 때는 a href 태그를 사용합니다. a href 태그를 사용하여 다른 웹페이지와 연결하여 파일의 내용을 열어 볼 수 있도록 하이퍼링크를 설정할 수 있습니다.

또한 특정 사이트의 URL 주소를 넣어주게 되면 해당 사이트로 손쉽게 이동할 수 있습니다. 이 태그에 target="_blank" 속성을 선언하게 되면 현재 웹 브라우저의 창이 아닌 새로운 창을 열어 실행 결과를 보여줍니다.

```
<a href="파일명.확장자 또는 웹 사이트 주소" target="_blank"> 설정할 텍스트 </a>
```

웹페이지에서 a href 태그를 사용하여 텍스트에 하이퍼링크를 설정하기 위해 다음 예제를 수행합니다.

예제 03 – 06 텍스트에 하이퍼링크 설정하기

• **Step 01 | JSP 웹페이지 작성하기** : JSPStudy 프로젝트에 hyperlink_text.jsp 파일을 생성하고 하이퍼링크를 설정하기 위해 다음과 같이 소스 코드를 작성합니다.

JSPStudy/hyperlink_text.jsp

```
01 <%@ page language="java" contentType="text/html; charset=UTF-8"
02   pageEncoding="UTF-8"%>
03 <!DOCTYPE html>
04 <html>
05 <head>
06   <meta charset="UTF-8">
07   <title> 텍스트에 하이퍼링크 설정하기 </title>
08 </head>
09 <body>
10   <h3> JSP 프로젝트 개발 패키지 </h3>
11   <hr>
12   ~~ <a href="insert_image.jsp"> 이미지 삽입된 페이지 확인하기 </a> ~~ <br><br>
13   1. JDK 다운로드 사이트 :
14     <a href="https://www.oracle.com/java/ technologies/javase-downloads">
15       [ 바로 가기 ]
16     </a><br>
17   2. 아파치 톰캣 다운로드 사이트 :
18     <a href="http://tomcat.apache.org/download-10.cgi">
19       [ 바로 가기 ]
20     </a><br>
21   3. 이클립스 다운로드 사이트 :
22     <a href="http://www.eclipse.org/downloads" target="_blank">
23       [ 바로 가기 ]
24     </a><br>
25 </body>
26 </body>
27 </html>
```

10행 : 웹페이지에 출력될 제목의 크기를 지정합니다. h 태그의 유효범위는 6단계(1~6)의 크기로 지정할 수 있으며 숫자가 1일 때 가장 크고, 6일 때 가장 작게 적용됩니다.

12행 : 텍스트에 하이퍼링크가 설정된 부분을 클릭하게 되면 insert_image.jsp 파일을 불러와 웹 브라우저에 파일 내용을 보여줍니다.

13행~24행 : 텍스트에 이동하려는 사이트의 URL 주소를 대상으로 하이퍼링크를 설정합니다.

- **Step 02** | **실행 결과 확인하기** : 이클립스에서 단축키 Ctrl+F11을 눌러 실행 결과를 확인합니다. 텍스트에 하이퍼링크가 설정되면 텍스트의 하단에 밑줄이 표시됩니다.

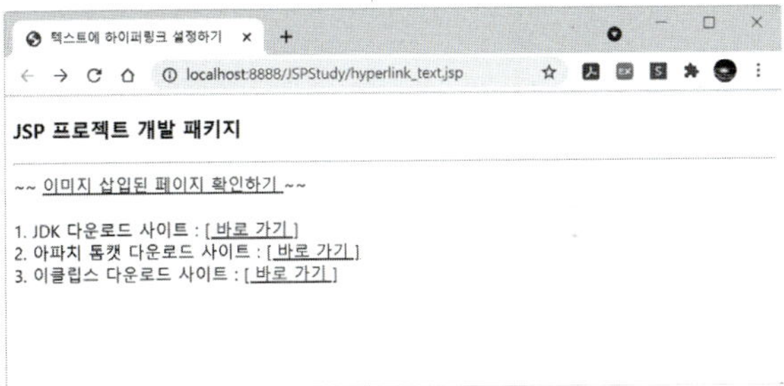

그림 3-32 실행 결과 화면

- **Step 03** | **이미지 페이지 불러오기** : 하이퍼링크가 설정된 부분 중 '이미지 삽입된 페이지 확인하기'를 누르게 되면 insert_image.jsp 파일의 내용을 불러와 웹 브라우저 화면에 보여줍니다.

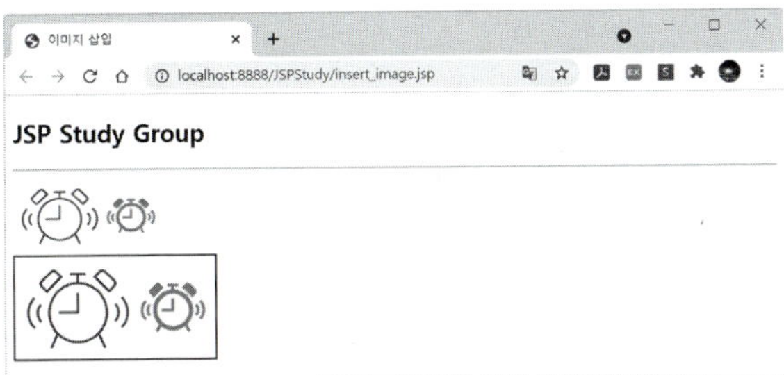

그림 3-33 insert_image.jsp 파일 내용을 불러옴

- **Step 04** | **JDK 관련 사이트로 이동하기** : 하이퍼링크가 설정된 부분 중 JDK의 [바로 가기]를 누르게 되면 해당 사이트로 이동하게 됩니다.

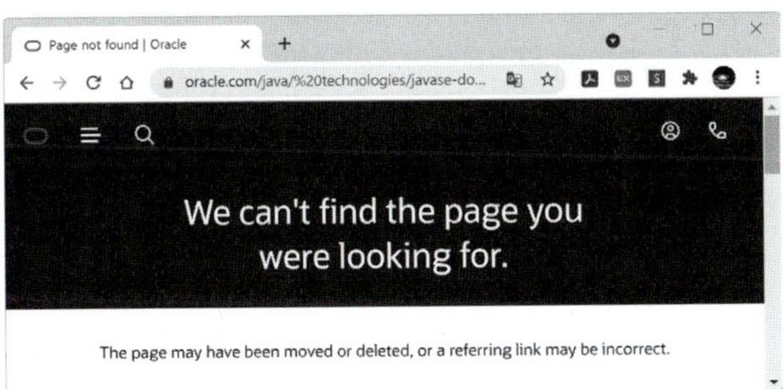

그림 3-34 JDK 다운로드 사이트로 이동

- **Step 05 | 아파치 톰캣 사이트로 이동하기** : 하이퍼링크가 설정된 부분 중 아파치 톰캣의 [바로 가기]를 누르게 되면 해당 사이트로 이동하게 됩니다.

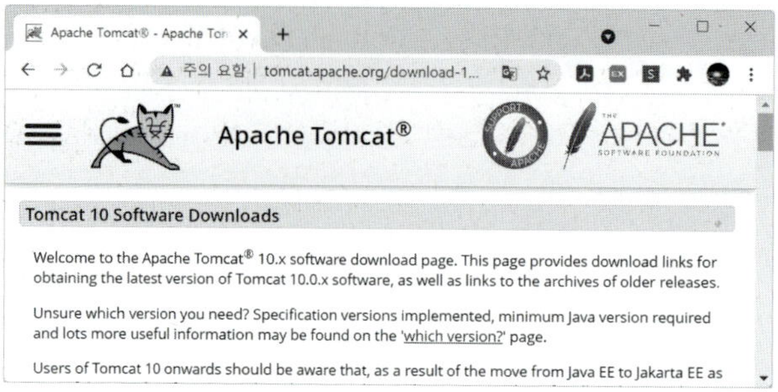

그림 3-35 아파치 톰캣 다운로드 사이트로 이동

- **Step 06 | 이클립스 사이트로 이동하기** : 하이퍼링크가 설정된 부분 중 이클립스의 [바로 가기]를 누르게 되면 웹 브라우저의 새 창이 열리면서 해당 사이트로 이동하게 됩니다.

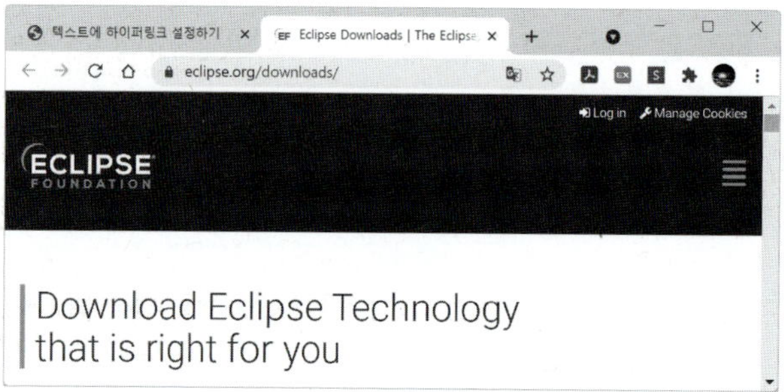

그림 3-36 새 창에서 열린 이클립스 다운로드 사이트

2.2 이미지에 설정하기

HTML 태그를 사용하여 웹페이지에 있는 이미지에 하이퍼링크를 설정하려면 〈a href〉 태그와 〈img〉 태그를 같이 사용합니다. 이미지에 하이퍼링크를 설정하는 방법은 텍스트에 하이퍼링크 설정하는 방법과 유사합니다.

다른 부분이 있다면 텍스트 대신 〈img〉 태그를 사용하는 부분입니다. 마찬가지로 target="_blank" 속성을 선언하게 되면 현재 웹 브라우저의 창이 아닌 새로운 창을 열어 실행 결과를 보여줍니다.

```
<a href="파일명.확장자 또는 웹 사이트 주소" target="_blank">
  <img src="이미지 경로/파일명.확장자" width="100" height="200" border="2">
</a>
```

예제를 수행하기 전에 Project Explorer 뷰의 image 폴더에 기상청 로고가 그려진 kma.jpg 이미지 파일을 넣어줍니다. 웹페이지에서 〈a href〉 태그와 〈img〉 태그를 사용하여 이미지에 하이퍼링크를 설정하기 위해 다음 예제를 수행합니다.

예제 03 – 07 이미지에 하이퍼링크 설정하기

- **Step 01 | JSP 웹페이지 작성하기** : JSPStudy 프로젝트에 hyperlink_image.jsp 파일을 생성하고 하이퍼링크를 설정하기 위해 다음과 같이 소스 코드를 작성합니다.

JSPStudy/hyperlink_image.jsp

```
01 <%@ page language="java" contentType="text/html; charset=UTF-8"
02   pageEncoding="UTF-8" %>
03 <!DOCTYPE html>
04 <html>
05 <head>
06   <meta charset="UTF-8">
07   <title> 이미지에 하이퍼링크 설정하기 </title>
08 </head>
09 <body>
10   <h3> 오늘의 날씨 살펴보기 </h3>
11   <hr>
12     <a href="https://www.kma.go.kr/kma/" target="_blank">
13       <img src="image/kma.jpg">
14     </a><br>
15 </body>
16 </html>
```

12행~13행 : 이미지에 이동하려는 웹 사이트의 URL 주소를 대상으로 하이퍼링크를 설정합니다.

✓ Check Point_ URL 주소의 명확성이 필요한 이유

기상청에 대한 URL 주소는 https://www.kma.go.kr/kma/ 입니다. URL 주소의 맨 끝에 '/'도 포함해야 합니다. 만약 https://www.kma.go.kr/kma 와 같이 맨 끝에 '/'를 선언하지 않으면 해당 웹 사이트를 찾지 못하게 됩니다. 모든 웹 사이트에 접속할 때 반드시 URL 주소 맨 끝에 '/'를 반드시 선언해야 된다는 것은 아닙니다. 선별적으로 URL 주소에 따라 '/'를 절대적으로 선언해야 하는 웹 사이트 URL 주소인 경우만 선언해 주면 됩니다.

- **Step 02 | 실행 결과 확인하기** : 이클립스에서 단축키 Ctrl+F11을 눌러 실행 결과를 확인합니다. 이미지에 하이퍼링크가 설정될 경우 이미지 위로 마우스 커서를 가져가면 커서의 모양은 화살표가 아닌 손 모양[ ]으로 표시됩니다.

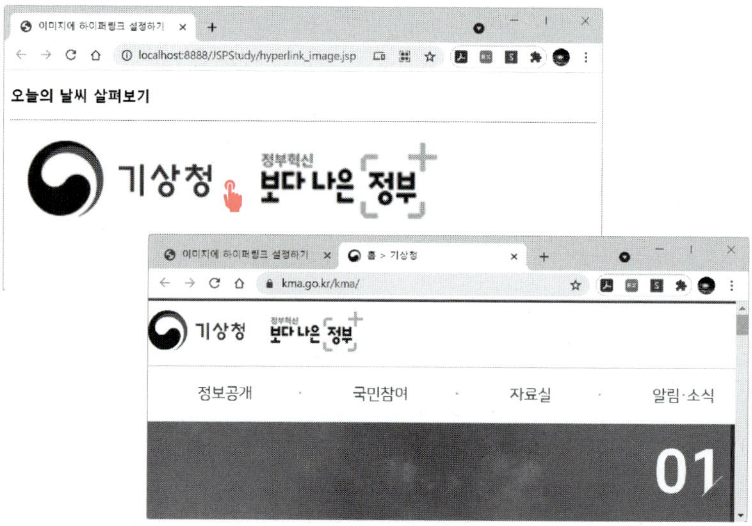

그림 3-37 실행 결과 화면

3 테이블 작성하기

테이블 태그Table Tag는 웹페이지 작성자가 데이터를 쉽게 볼 수 있도록 테이블로 구성하여 데이터를 행과 열의 형태를 갖춰 시인성을 높이고자 할 때 주로 사용합니다.

```
<table border="선 두께 설정", width="테이블의 너비 설정">
    <th> 1행 생성
        <td> 1열 생성 (1행 1열) </td>
        <td> 2열 생성 (1행 2열) </td>
    </th>
    <tr> 2행 생성
        <td> 1열 생성 (2행 1열) </td>
        <td> 2열 생성 (2행 2열) </td>
    </tr>
</table>
```

〈table〉 태그 안에는 크게 〈th〉, 〈tr〉, 〈td〉 태그로 나누어져 있습니다. 〈table〉 태그 안에 선언하는 border 속성은 테이블의 선 두께를 지정하고 width 속성은 테이블의 너비를 지정합니다. 너비 설정은 width="50"(픽셀 단위)으로 설정하거나 width="80%"(웹 브라우저 화면 대비 테이블이 차지하는 비율)로 설정할 수 있습니다.

- **〈table〉 … 〈/table〉** : 〈table〉 태그는 웹페이지에 데이터를 나타낼 때 행과 열의 형식을 갖춘 표의 형태로 보여주기 위해 사용합니다.
- **〈tr〉 … 〈/tr〉** : 〈tr〉 태그는 table row의 약어로 표 안에 행을 생성할 때 사용합니다. 기본값은 보통 글씨체이며 왼쪽으로 정렬되어 있습니다. 〈tr〉 … 〈/tr〉 태그를 선언하는 개수에 따라 행의 개수가 결정됩니다.
- **〈th〉 … 〈/th〉** : 〈th〉 태그는 table head의 약어로 표 안에 열의 제목을 선언할 때 사용합니다. 기본값은 굵은 글씨체이며 중앙으로 정렬되어 있습니다. 〈th〉 … 〈/th〉 태그를 선언하는 개수에 따라 열의 개수가 결정됩니다. 열의 너비는 width 속성(픽셀 또는 %)으로 설정하고 셀 안의 정렬은 align 속성(left, center, right)을 사용합니다.
- **〈td〉 … 〈/td〉** : 〈td〉 태그는 table data의 약어로 표 안에 열을 생성할 때 사용합니다. 기본값은 보통 글씨체이며 왼쪽으로 정렬되어 있습니다. 〈td〉 … 〈/td〉 태그를 선언하는 개수에 따라 열의 개수가 결정됩니다. 열의 너비는 width 속성(픽셀 또는 %)으로 설정하고 셀 안의 정렬은 align 속성(left, center, right)을 사용합니다.

3.1 기본 테이블 작성하기

웹페이지에서 table 태그를 사용하여 2행 2열의 형태를 갖춘 테이블을 출력하기 위해 다음 예제를 수행합니다.

예제 03 – 08 웹페이지에 기본 테이블 작성하기

- **Step 01 | JSP 웹페이지 작성하기** : JSPStudy 프로젝트에 table_default.jsp 파일을 생성하고 기본 테이블을 작성하기 위해 다음과 같이 소스 코드를 작성합니다.

JSPStudy/table_default.jsp

```
01 <%@ page language="java" contentType="text/html; charset=UTF-8"
02   pageEncoding="UTF-8" %>
03 <!DOCTYPE html>
04 <html>
05 <head>
06   <meta charset="UTF-8">
07   <title> 기본 테이블 생성하기 </title>
08 </head>
09 <body>
10   <h3> 2행 2열의 기본 테이블 </h3>
11   <hr>
12   <table border="1">
13     <tr>
14       <th> 아이디 </th> <th> 비밀번호 </th>
15     </tr>
16     <tr>
17       <td> spacezone </td> <td> #123@456 </td>
18     </tr>
19   </table>
20 </body>
21 </html>
```

12행 : 선의 두께를 1로 설정하여 테이블을 생성합니다.
13행~15행 : 테이블에 첫 번째 행을 생성하고 생성된 행에 2개의 열을 추가한 다음 열 제목은 아이디와 비밀번호를 지정합니다.
16행~18행 : 테이블에 두 번째 행을 생성하고 생성된 행에 2개의 열을 추가하여 데이터를 각각 입력합니다.

- **Step 02 | 실행 결과 확인하기** : 이클립스에서 단축키 Ctrl+F11을 눌러 웹페이지에 2행 2열의 테이블이 생성된 것을 확인합니다.

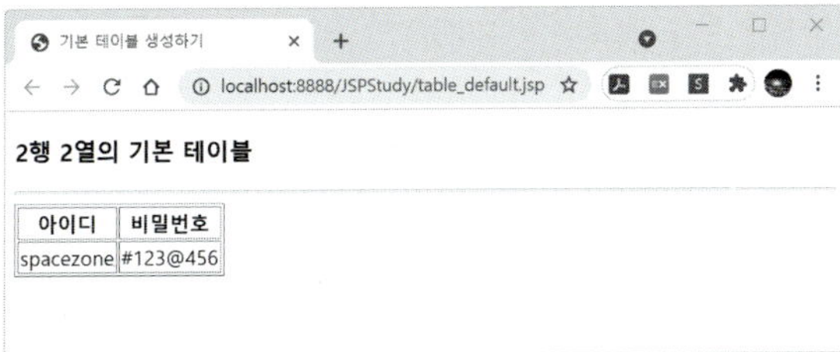

그림 3-38 실행 결과 화면

3.2 속성을 적용한 테이블 작성하기

앞에서 작성한 2행 2열의 테이블을 대상으로 〈table〉 태그의 속성을 지정하기 위해 다음 예제를 수행합니다.

예제 03 – 09 테이블 속성 지정하기

• **Step 01** | **JSP 웹페이지 작성하기** : JSPStudy 프로젝트에 table_option.jsp 파일을 생성하고 속성이 추가된 테이블을 작성하기 위해 다음과 같이 소스 코드를 작성합니다.

JSPStudy/table_option.jsp

```
<%@ page language="java" contentType="text/html; charset=UTF-8"
  pageEncoding="UTF-8" %>
<!DOCTYPE html>
<html>
<head>
  <meta charset="UTF-8">
  <title> 테이블 옵션 설정하기 </title>
</head>
<body>
  <h3> 옵션이 적용된 테이블 </h3>
  <hr>
  <table border="3" width="80%" bgcolor="yellow">
    <tr>
      <th width="30%"> 아이디 </th> <th> 비밀번호 </th>
    </tr>
    <tr>
      <td> spacezone </td> <td> #123@456 </td>
    </tr>
  </table>
</body>
</html>
```

12행 : 테이블의 선 두께는 3, 너비는 웹 브라우저의 80% 비중, 배경 색상은 yellow로 속성을 지정하여 테이블을 생성합니다. 테이블의 노란색(yellow) 배경 색상을 RGB 16진수 색상 코드 #FFFF00 또는 #ffff00으로 지정해도 됩니다. RGB 색상은 R(Read), G(Green), B(Blue)의 색상은 R(FF), G(FF), B(00)와 같이 빨강, 녹색, 파랑의 색상 농도를 차별하여 설정할 수 있도록 2자리씩 지정되어 있습니다.
14행 : 지정한 열(아이디)의 너비를 테이블의 30% 비중의 너비로 설정합니다.

• **Step 02 | 실행 결과 확인하기** : 이클립스에서 단축키 Ctrl+F11을 눌러 실행 결과를 확인합니다. 웹 브라우저의 화면을 키우게 되면 테이블의 크기도 속성에서 주어진 비율만큼 비례하여 늘어나게 됩니다.

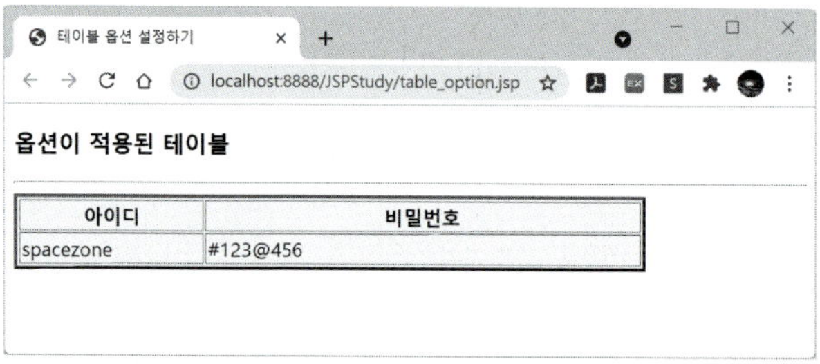

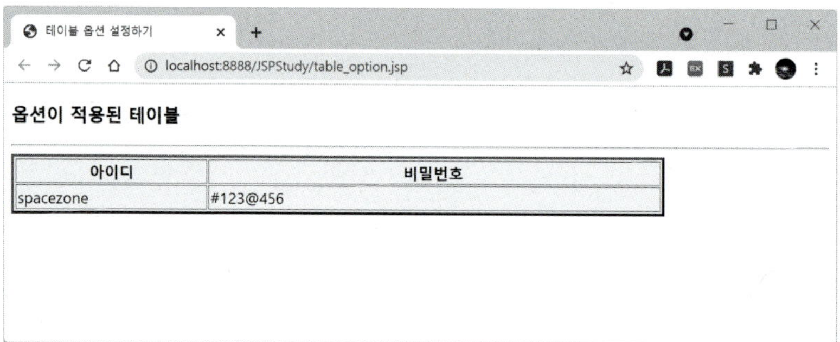

그림 3-39 실행 결과 화면

핵심 요약

01 서블릿에 대한 이해

- 서블릿이란 네트워크 환경에서 클라이언트가 서버에게 서비스를 요청하고 서버는 요청받은 서비스를 클라이언트에게 제공하는 과정을 처리하기 위해 웹 서버에서 실행되는 작은 프로그램의 단위인 Java 객체를 의미합니다.

02 서블릿 컨테이너의 역할

- 서블릿 컨테이너는 서버와 클라이언트의 요청과 응답을 수행하며 서블릿 클래스에 대한 생명주기 관리, 멀티스레딩 관리, 보안 관리, JSP 지원 등의 역할을 수행합니다.

03 JSP 웹 애플리케이션 개발 절차

- JSP 웹 애플리케이션 개발은 프로젝트를 생성한 다음 생성된 프로젝트에 JSP 웹페이지를 작성하고 프로젝트를 실행하여 그 결과를 확인하는 과정을 거치게 됩니다.

04 포트 충돌 문제 발생 원인

- 포트 충돌 문제는 크게 두 가지 증상으로 파악할 수 있습니다. 첫째, 이클립스 외부와 내부에서 동시에 웹 서버를 사용하고자 하는 경우와 둘째, 각 패키지에 설정한 포트 번호가 동일한 포트 번호로 중복되어 설정된 경우 포트 충돌 문제가 발생하게 됩니다.

05 포트 충돌 문제 해결 방법

- 첫째, 이클립스 외부에서 구동 중인 웹 서버를 강제로 중단시킨 다음 관리자 권한으로 명령 프롬프트 창에서 프로세스 PID 번호를 조회 후 충돌하는 PID를 삭제하여 포트 충돌 문제를 해결합니다.
- 둘째, 이클립스에서 포트 번호를 직접 변경하여 포트 충돌 문제를 해결합니다.

06 스크립트 태그 이해

- 스크립트 태그는 JSP 웹페이지를 어떻게 처리할 것인지에 대한 페이지의 정보를 〈% … %〉 안에 선언하여 웹 컨테이너인 아파치 톰캣에게 보냅니다.

07 디렉티브에 대한 이해

- 디렉티브란 JSP 웹페이지에 대한 파일의 속성을 기술하는 요소로 JSP 컨테이너에게 해당 웹페이지를 어떻게 처리해야 할 것인지를 전달하는 명령문을 의미합니다.
- page 디렉티브 태그를 선언할 때는 〈%@ ... %〉를 사용하며 '〈%'와 '@' 사이에 공백이 존재하면 안 됩니다.

```
<%@ page language="java" contentType="text/html; charset=UTF-8"
    pageEncoding="UTF-8" %>
```

08 HTML 버전 확인

- DOCTYPE html이란 JSP 웹페이지가 어떤 버전의 HTML 언어로 작성되었는지를 결정하는 기능입니다.
- DTD를 통해서 현재의 웹페이지가 어떤 버전의 HTML 기술로 작성되었는지를 웹 브라우저에게 전달합니다.
- !DOCTYPE html 태그를 선언한 것은 HTML5 버전으로 작성된 웹페이지를 의미합니다.

```
<!DOCTYPE html>
```

09 HTML 기본 구조

- HTML은 웹페이지에서 다른 페이지로 이동할 수 있도록 링크 문서인 하이퍼텍스트를 가진 언어를 의미합니다.
- HTML은 웹페이지 구조를 설계할 때 사용하는 언어로 하이퍼 링크 시스템을 가지고 있으며 웹페이지를 위한 마크업 언어로 사용합니다.
- HTML 태그 안에는 크게 〈head〉 태그와 〈body〉 태그로 나누어져 있습니다.

10 웹페이지에 이미지 삽입하기

- HTML 태그로 웹페이지에 이미지를 삽입하려면 〈img〉 태그와 src 속성을 사용합니다.
- 이미지의 너비와 높이를 지정하려면 width와 height 속성을 사용합니다. 속성을 사용하지 않으면 이미지 크기는 원본 그대로의 크기로 적용되어 삽입됩니다.
- border 속성은 이미지의 테두리 선을 픽셀 단위로 표시할 때 사용합니다.

```
<img src="이미지 경로/파일명.확장자" width="100" height="200" border="2">
```

11 하이퍼링크 설정하기

- 웹페이지에 있는 텍스트에 하이퍼링크를 설정하려면 〈a href〉 태그를 사용합니다. 이 태그와 함께 target="_blank" 속성을 같이 선언하게 되면 실행 결과를 웹 브라우저의 새 창에서 보여줍니다.

```
<a href="웹페이지 또는 웹 사이트 주소" target="_blank">
```

- 웹페이지에 있는 이미지에 하이퍼링크를 설정하려면 〈a href〉 태그와 〈img〉 태그를 함께 사용합니다.

```
<a href="웹페이지 또는 웹 사이트 주소" target="_blank">
  <img src="이미지 경로/파일명.확장자" width="100" height="200" border="2">
</a>
```

12 테이블 태그를 사용하는 이유

- 〈table〉 태그는 웹페이지 작성자가 데이터를 쉽게 볼 수 있도록 테이블로 구성하여 데이터를 행과 열의 형태를 갖춰 시인성을 높이고자 할 때 주로 사용합니다.
- 〈table〉 태그 안에 선언하는 〈tr〉 태그는 행을 생성하고 〈th〉와 〈td〉 태그는 열을 생성합니다.
- 〈th〉 태그는 테이블 안에서 열의 제목을 설정할 때 사용하고 〈td〉 태그는 셀 안에 데이터를 입력할 때 사용합니다.

연습 문제

01 다음 글을 읽고 빈 괄호에 들어갈 단어를 입력하시오.

(1) 서블릿이란 네트워크 환경에서 클라이언트가 서버에게 서비스를 요청하고 서버는 요청받은 서비스를 클라이언트에게 제공하는 과정을 처리하기 위해 (　　　　)에서 실행되는 작은 프로그램의 단위인 (　　　　)를 의미합니다.

(2) 서블릿 컨테이너는 서버와 클라이언트의 (　　　　)과 (　　　　)을 수행하며 서블릿 클래스에 대한 생명주기 관리, 멀티스레딩 관리, 보안 관리, JSP 지원 등의 역할을 수행합니다.

(3) 디렉티브란 JSP 웹페이지에 대한 (　　　　)을 기술하는 요소로 JSP 컨테이너에게 해당 (　　　　)를 어떻게 처리해야 할 것인지를 전달하는 명령문을 의미합니다.

02 웹 컨테이너와 서블릿의 역할을 표현한 다음 그림을 보고 빈 괄호를 채우시오.

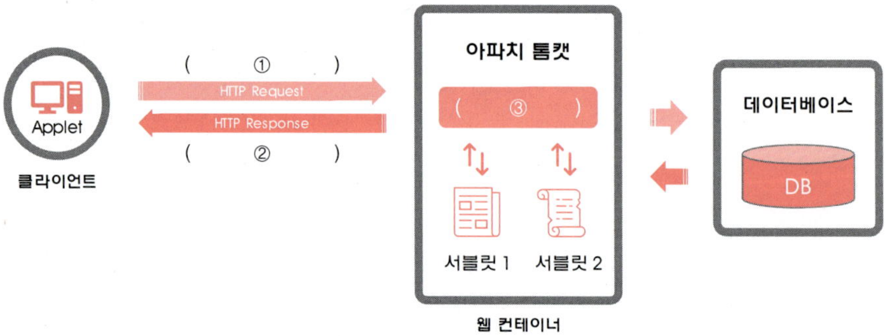

① (　　　　　　　　)

② (　　　　　　　　)

③ (　　　　　　　　)

03 JSP 웹 애플리케이션 개발 과정을 표현한 다음 그림을 보고 빈 괄호를 채우시오.

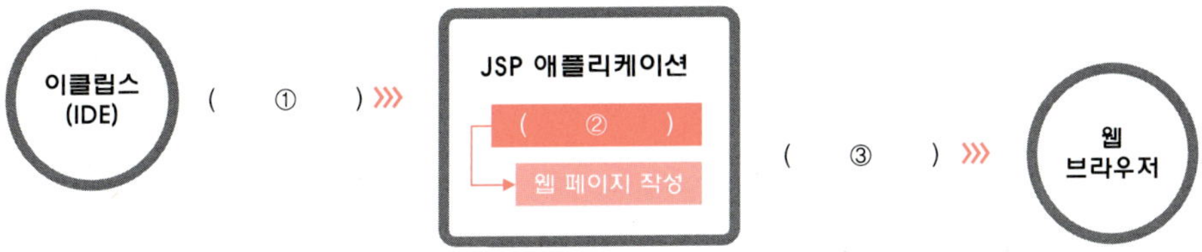

① (   )

② (   )

③ (   )

04 명령 프롬프트 창에서 프로세스 PID 번호를 조회 후 삭제하는 명령을 기술하시오.

05 page 디렉티브의 구성 요소를 보고 빈칸을 채우시오.

```
<%@ page [        ] ="java" [        ] ="text/html; charset=UTF-8"
    [        ] ="UTF-8"%>
```

06 HTML 태그를 사용하여 다음 조건에 맞게 JSP 애플리케이션을 만들고 실행 결과를 확인하시오.

(1) 프로젝트명 : JSPStudy

(2) 파일 생성 : test03_06.jsp

(3) 이미지 파일 넣기 : img_daum.jpg, img_naver.jpg (그림파일 각자 생성)

- 테두리선 두께 : border="1"
- 이미지의 크기 : width="150", height="70"

(4) 이미지에 하이퍼링크 설정

- img_daum.jpg : https://www.daum.net
- img_naver.jpg : https://www.naver.com

(5) 기타 사항 : 실행 결과 화면 참조

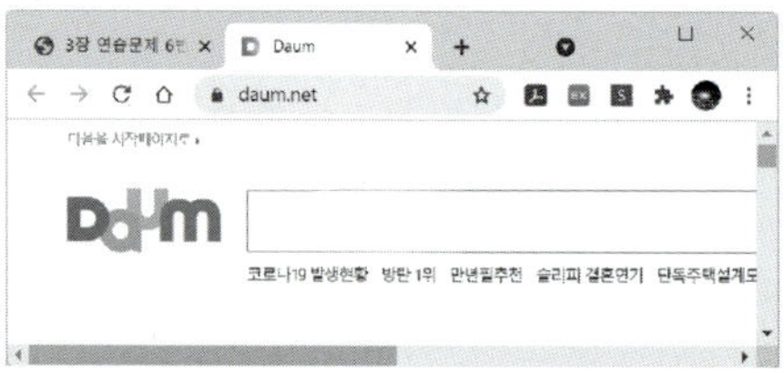

07 HTML 태그를 사용하여 다음 조건에 맞는 JSP 애플리케이션을 만들고 실행 결과를 확인하시오.

(1) 프로젝트명 : JSPStudy

(2) 파일 생성 : test03_07.jsp

(3) 작성할 테이블

학번	성명	학과	국적
203512345	신영웅	데이터사이언스학과	대한민국
208853217	강산애	바이오생명공학과	미국

- 선의 두께 : border="3"
- 테이블의 너비 : width="75%"
- 열 제목 배경 색상 : bgcolor="pink"
- 열 너비 : 기본값 적용

(4) 기타 사항 : 실행 결과 화면 참조

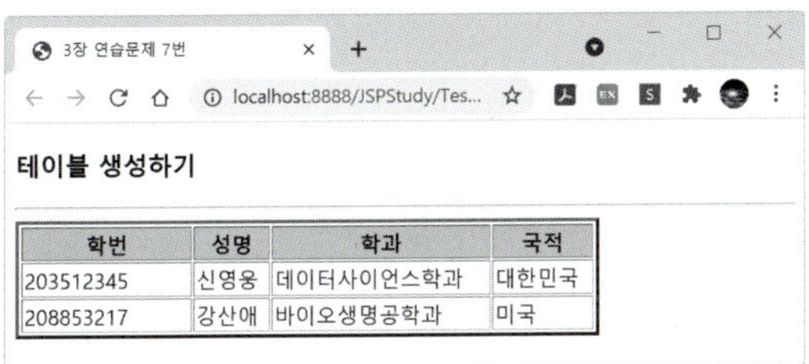

08 HTML 태그를 사용하여 다음 조건에 맞는 JSP 애플리케이션을 만들고 실행 결과를 확인하시오.

(1) 프로젝트명 : JSPStudy

(2) 파일 생성 : test03_08.jsp

(3) 작성할 테이블

수강 신청 과목	신청 학과	신청 인원
데이터베이스	소프트웨어학과	123
	기상정보예측학과	38

- 선의 두께 : border="3"
- 테이블의 너비 : width="80%"
- 열 제목 배경 색상 : bgcolor="#CCFFAA"
- '수강 신청과목' 열 너비 : width="30%"
- 행 합치기 : rowspan="2"
- 셀 데이터 가운데 정렬 : align="center"

(4) 기타 사항 : 실행 결과 화면 참조

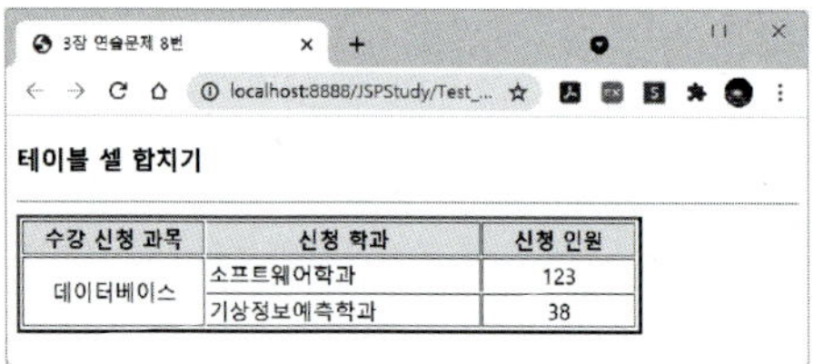

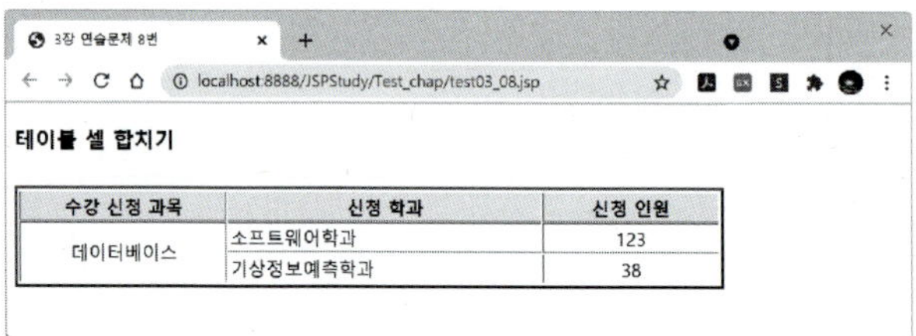

CHAPTER 04
폼 태그 활용

▶ Preview

폼 태그의 동작 원리에 대해 알아보고 폼 화면을 구현하기 위해 많이 사용되는 〈input〉, 〈select〉, 〈textarea〉 태그의 기능과 속성에 대해 살펴봅니다. 〈form〉 태그를 사용하여 다양한 폼 화면을 제작하고 폼 데이터를 처리하기 위한 파라미터 전송 과정을 실습합니다.

01 폼 태그의 개요

1 폼 태그의 동작 원리

폼 태그Form Tag는 웹 애플리케이션을 개발하는 과정에서 많이 사용됩니다. 폼 양식을 통해 클라이언트에서 입력된 데이터는 한꺼번에 웹 서버로 전송되고 웹 서버는 JSP 웹 컨테이너에게 전달하여 처리를 의뢰합니다. 웹 컨테이너가 처리한 결과는 웹 서버에게 다시 전달되어 웹페이지의 형태로 클라이언트에게 결과를 전송해 줍니다. 이와 같은 폼 태그의 동작 원리를 좀 더 쉽게 이해할 수 있도록 다음 그림과 같이 나타냈습니다.

그림 4-1 폼 태그의 동작 원리

2 폼 태그의 속성

폼 태그는 사용자(클라이언트)가 웹 브라우저 화면에서 다양한 정보를 입력하고 웹 서버에게 전달하기 위해 사용하는 태그입니다. 폼 태그는 다양한 데이터를 입력하기 위해서 단독으로 사용되지 않고 사용자가 입력한 데이터를 전송하게 되면 받아주는 웹페이지도 필요합니다. 폼 태그의 속성은 필요에 따라 선택적으로 다음과 같이 사용하면 됩니다.

```
<form action="파일 또는 URL" method="get 또는 post" ... >
    <input 속성1="값1" 속성2="값2" ... >
    <select> ... </select>
    <textarea> ... </textarea>
</form>
```

<form> 태그에서는 다양한 속성을 선언하여 폼 양식을 사용자 취향에 맞도록 작성할 수 있습니다. <form> 태그에서 주로 사용하는 속성은 다음 표와 같습니다.

표 4-1 form 태그의 속성

속성	의미
action	폼 데이터를 전송할 서버 쪽 스크립트 파일 또는 URL을 지정합니다.
method	폼 데이터가 전송되는 HTTP 방식(GET 또는 POST)을 지정합니다.
name	폼을 식별하기 위한 이름을 지정합니다.
target	action 속성에서 지정한 스크립트 파일을 현재 창이 아닌 다른 위치에서 열도록 지정합니다.
enctype	폼을 전송하는 컨텐츠의 인터넷 표준 포맷인 MIME 유형을 지정합니다.
accept-charset	폼 전송에 사용할 문자 인코딩을 지정합니다.

<form> 태그를 사용하면 다음 그림과 같은 폼 양식을 작성할 수 있습니다.

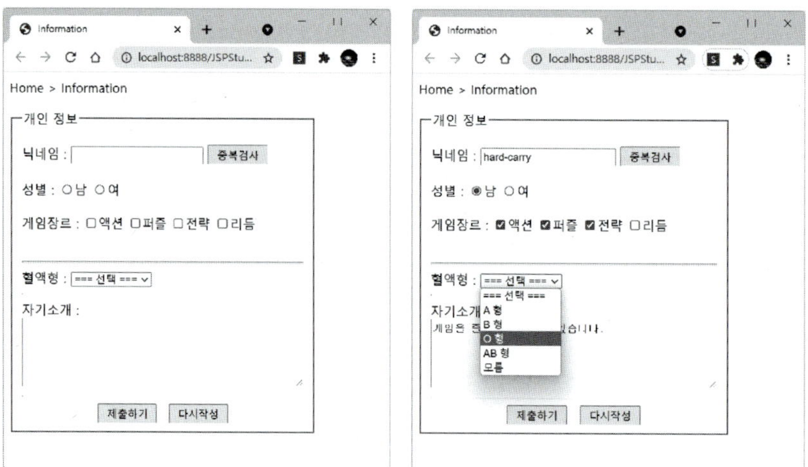

그림 4-2 폼 태그 사용 예

02 input 태그

1 input 태그의 개요

〈input〉 태그는 사용자가 웹 브라우저 화면에서 텍스트를 입력하거나 성별 등을 선택할 수 있도록 다양한 입력 인터페이스를 만들 때 사용합니다. 〈input〉 태그는 종료 태그 없이 단독으로 사용하며 형식은 다음과 같습니다.

```
<input type="속성값" name="이름" … >
```

〈input〉 태그는 type 속성의 값에 따라 여러 기능을 수행합니다. 속성값을 text로 설정하게 되면 텍스트를 입력하는 인터페이스가 되고 속성값을 password로 설정하게 되면 비밀번호를 입력할 수 있는 인터페이스를 생성할 수 있습니다.

✓ Check Point_ 〈input〉 태그에서 name 속성의 중요성

<input> 태그를 사용하여 데이터를 입력할 수 있는 여러 개의 입력 인터페이스를 구성할 때 각각의 인터페이스는 독립된 name을 가지고 있어야 합니다. 그 이유는 <input> 태그를 통해 입력된 데이터가 웹 서버로 한꺼번에 전송될 때 전달되는 파라미터는 독립적으로 명확히 구분되어야 하기 때문입니다. 폼 화면을 통해 작성된 여러 개의 파라미터는 동시에 서버로 전송되므로 각 파라미터에서 전달되는 데이터는 name으로 구분되어 처리됩니다.

2 input 태그의 속성

〈input〉 태그의 속성에는 type, readonly, maxlength 등 여러 가지 속성이 있습니다. 기본적으로 〈input〉 태그에서 사용할 수 있는 속성과 HTML5에서 새롭게 추가된 속성은 다음 표와 같습니다.

표 4-2 input 태그의 속성

속성	속성값	의미
type	text	기본 한 줄로 텍스트를 입력할 때 사용합니다.
	radio	라디오 버튼으로 열거된 항목 중 하나만 선택할 때 사용합니다.
	checkbox	체크 박스로 열거된 항목 중 다중 선택할 때 사용합니다.
	password	입력한 암호를 보안을 위해 대체 문자로 보여줄 때 사용합니다.
	hidden	화면에는 보이지 않게 숨겨서 값을 전송할 때 사용합니다.
	file	파일 업로드를 위해 파일을 선택할 때 사용합니다.
	button	버튼을 출력할 때 사용합니다.
	submit	폼에 입력된 값을 한 번에 웹 서버로 전송할 때 사용합니다.
	reset	폼에 입력된 값을 모두 초기화할 때 사용합니다.
name	텍스트	입력 양식을 식별하기 위해 이름을 설정합니다.
value	텍스트	입력 양식의 초기값을 설정합니다.
readonly		입력 양식 폼을 읽기 전용으로 처리할 때 사용합니다.
maxlength	숫자	입력 양식의 최대 글자 수를 설정합니다. (type="text"인 경우만 적용)
size	숫자	입력 양식의 너비를 설정합니다. (type="text"인 경우만 적용)
disabled		모든 폼 구성 태그에서 해당 입력 양식을 비활성화 상태로 설정합니다.
checked		type="checkbox" 또는 type="ridio"인 경우 기본 선택 값으로 설정합니다.
required		필수 입력 항목으로 설정합니다.
autofocus		웹페이지가 로딩되는 즉시 이 속성에서 지정한 태그로 포커스가 이동합니다.
placeholder		입력 필드에 사용자가 적절한 값을 입력할 수 있도록 도움말을 명시합니다.
pattern		정규 표현식을 사용하여 특정 범위 내의 유효한 값을 입력받을 때 사용합니다.

3 텍스트 박스

JSP 웹페이지에 <form> 태그와 <input> 태그를 사용하여 텍스트 박스에 아이디와 비밀번호를 입력받을 수 있도록 로그인 폼을 작성합니다. 아이디는 일반 텍스트를 입력받도록 속성을 설정하고 비밀번호는 암호 형식의 속성을 설정하여 입력된 비밀번호가 대체 문자로 표기되도록 다음 예제를 수행합니다.

예제 04 – 01 폼 태그로 로그인 화면 작성하기

• **Step 01 | 프로젝트 생성하기** : 프로젝트는 3장에서 생성한 JSPStudy 프로젝트를 사용합니다.

• **Step 02 | 실습 폴더 생성하기** : Project Explorer 뷰의 webapp 폴더 위에서 마우스 오른쪽 버튼을 클릭한 다음 [New]–[Folder]을 선택하고 새로운 ch04 폴더를 생성합니다.

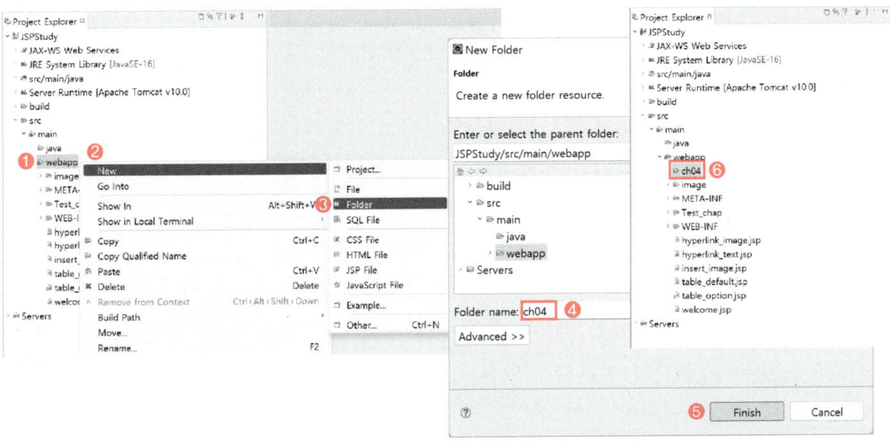

그림 4-3 새로운 ch04 폴더 생성

• **Step 03 | JSP 웹페이지 작성하기** : Project Explorer 뷰의 ch04 폴더 위치에 form_login.jsp 파일을 생성하고 다음과 같이 소스 코드를 입력합니다.

JSPStudy/ch04/form_login.jsp

```
<%@ page language="java" contentType="text/html; charset=UTF-8"
  pageEncoding="UTF-8" %>
<!DOCTYPE html>
<html>
<head>
  <meta charset="UTF-8">
  <title> 로그인 화면 </title>
</head>
<body>
  Home > Login
  <hr>
  <form action="#" method="get">
```

```
13        ID : <br>
14        <input type="text" name="id"><br><br>
15        PASSWORD : <br>
16        <input type="password" name="passwd"><br><br>
17          <input type="submit" value=" Login ">  
18        <input type="reset" value=" Cancel ">
19      </form>
20    </body>
21    </html>
```

12행 : action="#"에서 #으로 지정한 의미는 아직 전송할 스크립트 파일을 정하지 않았음을 의미합니다. 전송할 스크립트 파일을 action="welcome.jsp"와 같이 지정할 수 있습니다. method="get"은 스크립트 파일을 전송하는 방식을 의미합니다.

17행 :   태그는 공백을 추가하기 위해 선언한 태그로 선언한 개수만큼 공백이 적용됩니다.

- **Step 04 | 실행 결과 확인하기** : 이클립스에서 단축키 Ctrl+F11을 눌러 실행 결과를 확인합니다. 아이디에 텍스트를 입력하면 입력한 문자가 그대로 보이지만 비밀번호는 암호 형식으로 속성이 설정되어 있으므로 입력한 암호를 대체하는 문자로 표시됩니다.

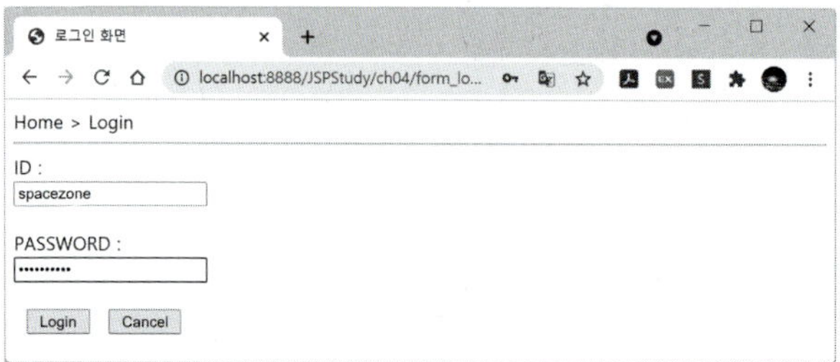

그림 4-4 실행 결과 화면

4 라디오 버튼과 체크 박스

JSP 웹페이지에 〈form〉 태그와 〈input〉 태그를 사용하여 개인 정보를 입력할 수 있는 웹페이지를 작성합니다. 개인 정보는 이름, 사원 코드, 성별, 취미 항목을 입력합니다. 성별은 독립적 선택 요소인 라디오 버튼으로 속성을 지정하고 취미는 복수 개의 항목을 선택할 수 있도록 체크 박스로 속성을 지정하여 개인 정보 입력 폼을 작성하기 위해 다음 예제를 수행합니다.

예제 04 – 02 폼 태그로 개인 정보 입력 화면 작성하기

• **Step 01** | JSP 웹페이지 작성하기 : form_input.jsp 파일을 생성하고 다음과 같이 소스 코드를 입력합니다.

JSPStudy/ch04/form_input.jsp

```
01 <%@ page language="java" contentType="text/html; charset=UTF-8"
02   pageEncoding="UTF-8" %>
03 <!DOCTYPE html>
04 <html>
05 <head>
06   <meta charset="UTF-8">
07   <title> 개인 정보 입력 </title>
08 </head>
09 <body>
10   Home > Person Information
11   <hr>
12   <form action="#" name="person_info" method="get">
13     이름 :
14     <input type="text" name="p_name" size="10"><br><br>
15
16     사원코드 :
17     <input type="text" name="e_code" size="10"><br><br>
18
19     성별 :
20     <input type="radio" name="gender">남
21     <input type="radio" name="gender">여 <br><br>
22
23     취미 :
24     <input type="checkbox" name="hobby1">운동
25     <input type="checkbox" name="hobby2">독서
26     <input type="checkbox" name="hobby3">음악감상 <br>
27     <hr>  
28
29     <input type="submit" value=" 가입하기 ">   
30     <input type="reset" value=" 다시작성 ">
31   </form>
32 </body>
33 </html>
```

31~32행 : submit는 폼 양식에서 입력한 데이터를 모두 서버로 전송하기 위한 역할을 수행하고 reset은 다시 작

성하기 위해 폼에 입력된 내용을 모두 지워주는 역할을 수행합니다. 아직은 연결할 스크립트 파일을 지정해 주지 않았기 때문에 submit 기능은 수행되지 않고 버튼 모양으로만 웹페이지에 보여줍니다.

- **Step 02** | 실행 결과 확인하기 : 이클립스에서 단축키 Ctrl+F11을 눌러 실행한 다음 폼 화면에서 데이터 입력과 항목을 선택합니다.

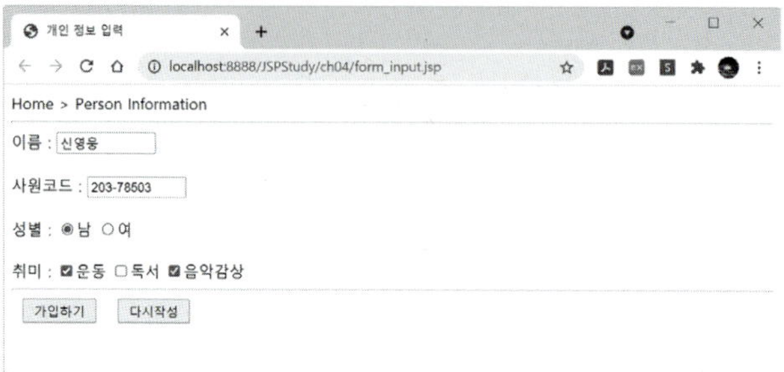

그림 4-5 실행 결과 화면

5 폼 엘리먼트 그룹

〈form〉 태그 안에서 〈fieldset〉 태그와 〈legend〉 태그를 사용하여 그룹화한 폼 엘리먼트를 사용 목적에 맞게 그룹명을 지정합니다. 폼 엘리먼트의 너비의 크기 지정은 CSS를 활용하여 'width:180px'와 같이 픽셀 단위로 다음과 같이 선언합니다.

```
<fieldset style="width:180px" ... >
    <legend> 그룹명 </legend>
        <input> ... </input>
    <textarea> ... </textarea>
</fieldset>
```

〈form〉 태그 안에서 학번과 지원학과에 대한 폼 엘리먼트를 '학과 선택' 그룹명으로 지정하기 위해 다음 예제를 수행합니다.

예제 04 – 03 폼 태그 안에 엘리먼트 그룹 생성하기

- **Step 01 | JSP 웹페이지 작성하기** : form_element.jsp 파일을 생성하고 다음과 같이 소스 코드를 입력합니다.

JSPStudy/ch04/form_element.jsp

```
01  <%@ page language="java" contentType="text/html; charset=UTF-8"
02    pageEncoding="UTF-8" %>
03  <!DOCTYPE html>
04  <html>
05  <head>
06    <meta charset="UTF-8">
07    <title> Department Choice </title>
08  </head>
09  <body>
10    Home > Department
11    <hr>
12    <form action="#" method="get">
13      <fieldset style="width:180px">
14        <legend> 학과 선택 </legend><p>
15          학번 : <br>
16          <input type="text" name="id"><br><br>
17          지원학과 :
18          <hr>
19          <input type="radio" name="dept">인공지능학과 <br>
20          <input type="radio" name="dept">바이오의료학과 <br>
21          <input type="radio" name="dept">데이터사이언스학과
22          <hr>
23        <div align="center">
24          <input type="submit" value=" Finish ">  
25          <input type="reset" value=" Cancel ">
26        </div>
27      </fieldset>
28    </form>
29  </body>
30  </html>
```

13행 : 〈fieldset〉 태그는 폼 엘리먼트를 그룹화할 때 사용하며 width:180px와 같이 CSS를 활용하여 픽셀 단위로 폼 엘리먼트 그룹의 너비를 지정합니다.

14행 : 〈legend〉 태그는 폼 엘리먼트의 그룹명을 지정합니다.

23~26행 : 〈div〉 태그를 사용하여 24행과 25행의 코드에 대해 가운데 정렬을 수행합니다.

✓ Check Point_ div 태그와 span 태그의 기능

<div> 태그는 division의 약어로 웹 브라우저 화면의 경계를 분할하거나 영역을 구분할 때 사용하는 태그입니다. <div> 태그는 완벽한 하나의 독립된 영역을 확보해 주므로 블록 형태로 공간을 확보하고자 할 때 많이 사용됩니다. <div> 태그를 선언하게 되면 행으로 블록을 설정해 줍니다. <span> 태그는 inline 형식으로 한 줄 안에 항목들을 차례로 위치하도록 공간을 분할 해 줍니다. 화면을 행으로 블록을 설정하려면 <div> 태그를 사용하고 한 행을 기준으로 화면을 열로 분할하려면 <span> 태그를 사용합니다.

- <div> 태그 : 2회 선언
- 태그의 기본 속성
  - style : 다른 속성의 스타일 적용
  - width : 가로 크기 지정
  - height : 세로 크기 지정
  - background-color : 배경색 지정(rgb)
  - color : 글자색 지정(rgb(0,0,255))
  - float : 좌, 우만 정렬(중앙 정렬 안 됨)
  - margin : 외부 공백 크기 설정
  - border : 테두리 설정(큰 숫자 굵게)

- <span> 태그 : 6회 선언
- 태그의 기본 속성
  - display : 디스플레이 요소 변경
  - width : 가로 크기 지정
  - height : 세로 크기 지정
  - background-color : 배경색 지정(rgb)
  - color : 글자색 지정(rgb(255,0,255))
  - font-style : 글자 폰트 설정
  - margin : 외부 공백 크기 설정
  - padding 내부 공백 크기 설정
  - border : 테두리 설정

• **Step 02** | **실행 결과 확인하기** : 이클립스에서 단축키 Ctrl+F11을 눌러 실행 결과를 확인합니다.

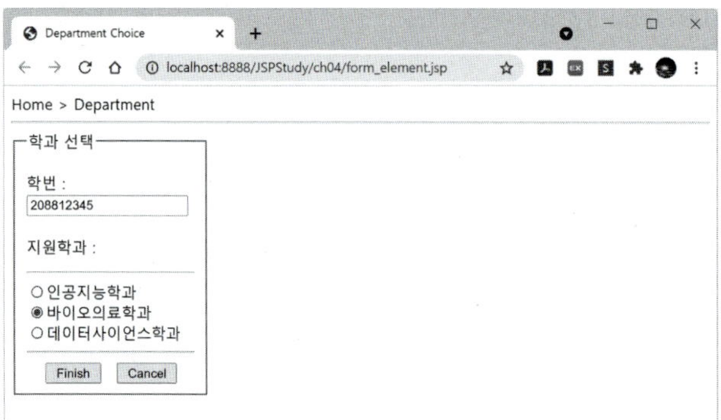

그림 4-6 실행 결과 화면

03 select 태그

1 select 태그의 개요

〈form〉 태그 안에서 사용되는 〈select〉 태그는 여러 개의 항목이 나타나는 콤보 박스를 만들 때 사용합니다. 〈select〉 태그 안에서 〈option〉 태그로 선택할 값들을 지정해 줍니다. 특정 항목을 기본값으로 지정하려면 〈option〉 태그 안에 'selected'를 선언해 주면 됩니다. 〈select〉 태그 안에 〈option〉 태그를 포함하는 형식은 다음과 같습니다.

```
<select name="이름" ... >
    <option value="값" ... > 항목1 </option>
    <option value="값" selected> 항목2 </option>
</select>
```

2 select 태그의 속성

〈select〉 태그와 〈option〉 태그의 속성은 다음 표와 같습니다.

표 4-3 select 태그와 option 태그의 속성

태그	속성	속성값	의미
select	name	텍스트	콤보 박스의 이름을 설정합니다.
	size	숫자	한 번에 표시할 항목의 개수를 설정합니다.
	multiple		Ctrl키를 눌러 다중 항목을 선택할 수 있도록 설정합니다.
option	value	텍스트	항목의 값을 설정합니다.
	selected		여러 항목 중 기본값으로 지정하려는 항목을 설정합니다.
	disabled		해당 항목을 비활성화 상태로 설정합니다.

3 콤보 박스 활용

〈select〉 태그와 〈option〉 태그를 사용하여 콤보 박스를 작성하기 위해 다음 예제를 수행합니다.

예제 04 – 04 콤보 박스 작성하기

- **Step 01 | JSP 웹페이지 작성하기 :** form_select.jsp 파일을 생성하고 다음과 같이 소스 코드를 입력합니다.

JSPStudy/ch04/form_select.jsp

```
01  <%@ page language="java" contentType="text/html; charset=UTF-8"
02    pageEncoding="UTF-8" %>
03  <!DOCTYPE html>
04  <html>
05  <head>
06    <meta charset="UTF-8">
07    <title> Language Choice </title>
08  </head>
09  <body>
10    Home > Language
11    <hr>
12    <form action="#" method="get">
13      <fieldset style="width:150px">
14        <legend> 언어 선택 </legend><p>
15          <select name="language">
16            <option value="choice"> === 선택 === </option>
17            <option value="korean"> 한국어 </option>
18            <option value="english"> 영어 </option>
19            <option value="chinese"> 중국어 </option>
20            <option value="japanese"> 일본어 </option>
21            <option value="spanish"> 스페인어 </option>
22          </select>
23      </fieldset>
24    </form>
25  </body>
26  </html>
```

18행 : 콤보 박스에 '영어' 항목이 기본값으로 나타나게 하려면 selected 속성을 지정하여 〈option value="english" selected〉와 같이 선언해 주면 됩니다.

• **Step 02** | **실행 결과 확인하기** : 이클립스에서 단축키 Ctrl+F11을 눌러 실행 결과를 확인합니다.

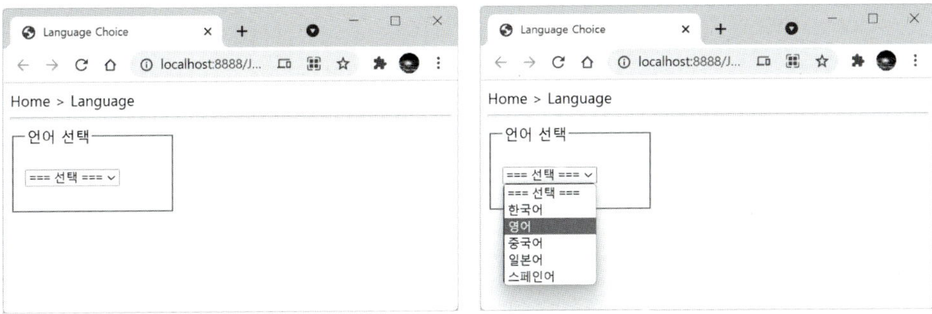

그림 4-7 실행 결과 화면

4 옵션 그룹화

<select> 태그 안에 <optgroup> 태그를 사용하면 콤보 박스에서 보여주는 항목들에 대해 그룹화로 구분되도록 표기할 수 있습니다. 그룹명은 <optgroup> 태그로 선언하고 그룹의 하위 항목은 label 속성을 선언하여 다음과 같이 지정해 주면 됩니다.

```
<optgroup label="소속 국가" disabled="disabled">
    <option value="Korea"> 대한민국 </option>
    <option value="USA"> 미국 </option>
    <option value="France"> 프랑스 </option>
</optgroup>
```

<select> 태그 안에 <optgroup> 태그를 사용하여 콤보 박스의 항목에 대한 옵션 그룹화를 진행하기 위해 다음 예제를 수행합니다.

예제 04 - 05 콤보 박스의 옵션 그룹화 수행하기

• **Step 01** | **JSP 웹페이지 작성하기** : form_optgroup.jsp 파일을 생성하고 다음과 같이 소스 코드를 입력합니다.

JSPStudy/ch04/form_optgroup.jsp

```
01 <%@ page language="java" contentType="text/html; charset=UTF-8"
02   pageEncoding="UTF-8" %>
03 <!DOCTYPE html>
04 <html>
05 <head>
06   <meta charset="UTF-8">
07   <title> Option Group </title>
08 </head>
09 <body>
10   Home > Country
11   <hr>
12   <form action="#" method="get">
13     <fieldset style="width:150px">
14       <legend> 소속 국가 </legend><p>
15         <select name="country">
16           <option value="choice"> === 선택 === </option>
17           <optgroup label="본인 국적">
18             <option value="korean"> 대한민국 </option>
19             <option value="USA"> 미국 </option>
20             <option value="France"> 프랑스 </option>
21           </optgroup>
22         </select>
23     </fieldset>
24   </form>
25 </body>
26 </html>
```

17~21행 : '본인 국적'을 그룹명으로 지정하고 '대한민국', '미국', '프랑스'를 부속되는 항목들로 설정합니다.

• **Step 02 | 실행 결과 확인하기** : 이클립스에서 단축키 Ctrl+F11을 눌러 실행 결과를 확인합니다.

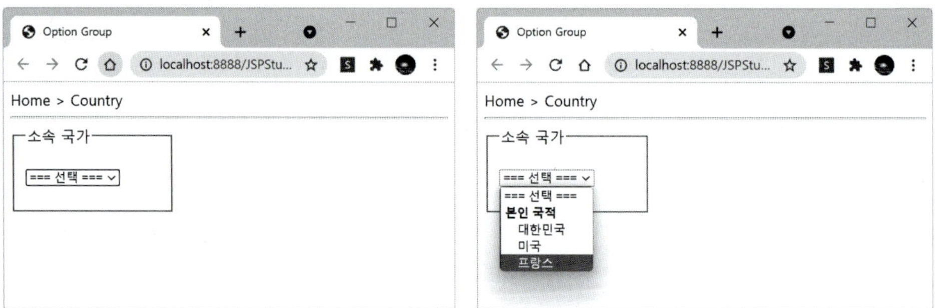

그림 4-8 실행 결과 화면

04 textarea 태그

1 textarea 태그의 개요

<textarea> 태그는 여러 줄의 텍스트를 입력할 수 있는 폼을 생성하여 주로 상품평이나 자유게시판 등을 수행하기 위해 사용합니다. 텍스트 영역은 <textarea> 태그에서 속성을 지정하여 설정합니다.

텍스트 영역의 너비는 cols, 높이는 rows 속성으로 지정하며 텍스트 영역에서 사용된 태그와 띄어쓰기 등의 옵션은 모두 그대로 적용됩니다. 기본적인 <textarea> 태그의 사용 형식은 다음과 같습니다.

```
<textarea cols="너비값" cols="높이값">
</textarea>
```

2 textarea 태그의 속성

기본적으로 <textarea> 태그에서 사용할 수 있는 속성과 HTML5에서 새롭게 추가된 속성은 다음 표와 같습니다.

표 4-4 textarea 태그의 속성

속성	속성값	의미
autofocus	autofocus	페이지가 로드될 때 자동으로 포커스가 textarea로 위치하도록 설정합니다.
cols	숫자	텍스트 입력 영역의 너비(열 크기)를 설정합니다.
dirname	textareaname.dir	폼 데이터가 서버로 제출될 때 서버로 보낼 텍스트 입력 영역의 텍스트 방향을 저장할 이름을 명시하며 이름 뒤에는 반드시 '.dir'을 추가해 설정합니다.
disabled	disabled	해당 텍스트 영역이 비활성화되도록 설정합니다.
form	form id	해당 textarea 요소가 포함될 하나 이상의 form 요소를 명시하기 위해 설정합니다.
maxlength	숫자	텍스트 영역에 허용되는 최대 문자 수를 지정합니다.
name	텍스트	텍스트 영역의 이름을 명시하기 위해 설정합니다.
placeholder	텍스트	텍스트 영역에 입력될 값에 대한 짧은 힌트를 명시하기 위해 설정합니다.
readonly	readonly	텍스트 영역을 읽기 전용으로 설정합니다.
required	required	폼 데이터가 서버로 제출하기 전 텍스트 영역은 반드시 채워져 있어야 함을 명시하기 위해 설정합니다.
row	숫자	텍스트 입력 영역의 높이(행 크기)를 설정합니다.
wrap	off	텍스트 영역에 입력한 문장에 대해 줄 바꿈을 수행하지 않고 옆으로 계속 문장이 입력되도록 설정합니다.
	soft	텍스트 라인 끝에서 Enter↵를 누르지 않아도 자동으로 행이 바뀌도록 설정합니다.
	hard	실제 내용을 서버에 전송할 때 캐리지 리턴 문자를 전달하도록 설정합니다.

3 텍스트 영역 설정

〈select〉 태그 안에 〈textarea〉 태그를 사용하여 웹페이지에 텍스트 영역을 설정하기 위해 다음 예제를 수행합니다.

예제 04 – 06 폼 태그로 텍스트 영역 설정하기

- **Step 01 | JSP 웹페이지 작성하기** : form_textarea.jsp 파일을 생성하고 다음과 같이 소스 코드를 입력합니다.

JSPStudy/ch04/form_textarea.jsp

```
01 <%@ page language="java" contentType="text/html; charset=UTF-8"
02   pageEncoding="UTF-8" %>
03 <!DOCTYPE html>
04 <html>
05 <head>
06   <meta charset="UTF-8">
07   <title> Free Board </title>
08 </head>
09 <body>
10   Home > Free Board
11   <hr>
12   <form action="#" method="get">
13     <fieldset style="width:200px">
14       <legend> 자유게시판 </legend><p>
15         <textarea class="message_area" cols="30" rows="3">
16         </textarea>
17       <div align="center">
18         <input type="submit" value=" 전송 ">  
19         <input type="reset" value=" 취소 ">
20       </div>
21     </fieldset>
22   </form>
23 </body>
24 </html>
```

15~16행 : 텍스트 영역을 너비 30, 높이 3으로 설정합니다.
17~20행 : 〈div〉 태그를 사용하여 화면을 행 단위로 블록을 구분하여 정의합니다.

• **Step 02** | **실행 결과 확인하기** : 이클립스에서 단축키 Ctrl+F11을 눌러 실행 결과를 확인 후 텍스트를 입력해 봅니다.

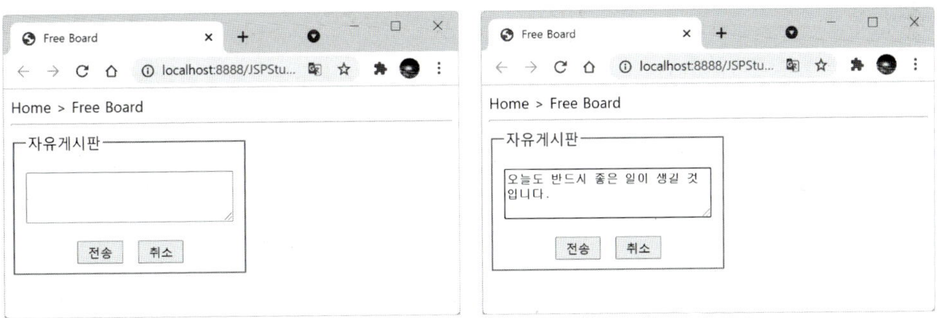

그림 4-9 실행 결과 화면

05 파라미터 전송

1 회원 가입 폼 만들기

웹 브라우저 화면에서 개인 정보를 입력 후 웹 서버로 전송하기 위한 회원 가입 폼 화면을 만들기 위해 다음 예제를 수행합니다.

예제 04 – 07 폼 태그로 회원 가입 화면 만들기

- **Step 01 | JSP 웹페이지 작성하기** : form_membership01.jsp 파일을 생성하고 다음과 같이 소스 코드를 입력합니다.

JSPStudy/ch04/form_membership01.jsp

```
<%@ page language="java" contentType="text/html; charset=UTF-8"
  pageEncoding="UTF-8" %>
<!DOCTYPE html>
<html>
<head>
  <meta charset="UTF-8">
  <title> 회원 가입 </title>
</head>
<body>
  Home > Join the Membership
  <hr>
  <form action="form_membership02.jsp" name="person_info" method="get">
    <fieldset style="width:330px">
      <legend> 개인 정보 입력 </legend><p>

      아이디 : <br>
      <input type="text" name="p_id" size="16"><br><br>

```

```
19          비밀번호 : <br>
20          <input type="password" name="p_pw" size="16"><br><br>
21
22          이름 : <br>
23          <input type="text" name="p_name" size="16"><br><br>
24
25          연락처 : <br>
26          <select name="choice" style="width:60px;height:20.5px">
27            <option value="choice"> 선택 </option>
28            <option value="KT"> KT </option>
29            <option value="SKT"> SKT </option>
30            <option value="LGU+"> LGU+ </option>
31          </select>
32          <input type="text" maxlength="3" size="3" name="phone1"> -
33          <input type="text" maxlength="4" size="4" name="phone2"> -
34          <input type="text" maxlength="4" size="4" name="phone3"><br><br>
35
36          성별 :
37          <input type="radio" name="gender" value="남성">남
38          <input type="radio" name="gender" value="여성">여 <br><br>
39
40          취미 :
41          <input type="checkbox" name="hobby" value="운동">운동
42          <input type="checkbox" name="hobby" value="독서">독서
43          <input type="checkbox" name="hobby" value="여행">여행
44          <input type="checkbox" name="hobby" value="음악감상">음악감상 <br><br>
45
46          본인 소개 : <br>
47          <textarea name="Introduction" cols="50" rows="3">
48          </textarea>
49          <hr>
50
51        <div align="center">
52          <input type="submit" value=" 가입하기 ">   
53          <input type="reset" value=" 다시작성 ">
54        </div><br>
55        </fieldset>
56      </form>
57    </body>
58    </html>
```

26행 : CSS를 활용하여 콤보 박스의 크기를 너비 60, 높이 20.5 픽셀 단위로 설정합니다.

41~44행 : 체크 박스의 name은 모두 동일하게 설정하고 value 값으로 구분하여 정의합니다.

- **Step 02 | 실행 결과 확인하기** : 이클립스에서 단축키 Ctrl+F11을 눌러 실행하게 되면 회원 가입 폼 화면이 출력됩니다. 회원 가입 폼에서 데이터를 입력 후 〈가입하기〉를 누르게 되면 HTTP 응답 상태가 정상적으로 수행되지 않았다는 메시지가 출력됩니다. 이와 같은 화면이 출력되는 이유는 폼 화면에서 전송하는 파라미터를 받아 줄 타겟 파일이 존재하지 않기 때문입니다.

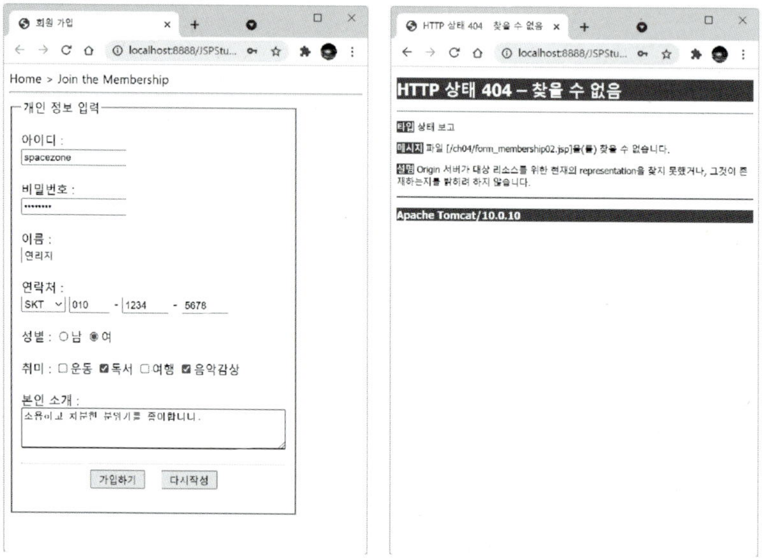

그림 4-10 실행 결과 화면

2 request 내장 객체

request 내장 객체는 사용자 요청과 관련된 기능을 제공해 줍니다. request 객체는 HTTP 요청 관련 메시지의 내용을 참조하기 위해 다양한 메소드를 다음 표와 같이 제공합니다.

표 4-5 HTTP 요청 관련 메소드의 종류

메소드 선언	반환값 타입	의미
getParameterNames( )	java.util.Enumeration	요청된 모든 파라미터의 이름과 값을 Enumeration 객체 타입으로 반환합니다.
getParameter(String name)	String	HTTP 요청에 따라 name 파라미터의 값을 반환하고 요청 파라미터의 값이 없으면 null을 반환합니다.
getParameterValues (String name)	String[ ]	파라미터 리스트에서 이름이 name인 파라미터가 여러 개일 경우 배열 형태로 전달받습니다. 요청 파라미터의 값이 없으면 null을 반환합니다.
getParamenterMap( )	Java.util.Map	모든 요청 파라미터의 이름과 값을 Map 객체 타입으로 반환합니다.

3 파라미터 전송 받기

폼 화면에서 입력한 데이터는 request 내장 객체를 사용하여 HTTP 파라미터의 값에 대한 요청을 받도록 하겠습니다. request 객체는 getParameter( ) 메소드를 사용하여 요청한 파라미터의 값을 다음과 같은 형식으로 전송받을 수 있습니다.

```
String 변수명 = request.getParameter(요청한 파라미터명);
```

폼 화면(form_membership01.jsp)에서 입력한 파라미터의 값을 전송받기 위해 다음 예제를 수행합니다.

예제 04 - 08 폼 화면에서 입력한 파라미터 전송받기

- **Step 01** | **JSP 웹페이지 작성하기** : form_membership02.jsp 파일을 생성하고 다음과 같이 소스 코드를 입력합니다.

JSPStudy/ch04/form_membership02.jsp

```
<%@ page language="java" contentType="text/html; charset=UTF-8"
  pageEncoding="UTF-8" %>
<!DOCTYPE html>
<html>
<head>
```

```
  <meta charset="UTF-8">
  <title> 입력한 개인 정보 </title>
</head>
<body>
  Home > Personal Information Inquiry
  <hr>
  <%
    request.setCharacterEncoding("UTF-8");

    String id = request.getParameter("p_id");
    String pw = request.getParameter("p_pw");
    String name = request.getParameter("p_name");

    String choice = request.getParameter("choice");
    String ph01 = request.getParameter("phone1");
    String ph02 = request.getParameter("phone2");
    String ph03 = request.getParameter("phone3");

    String sex = request.getParameter("gender");
    String[] hob = request.getParameterValues("hobby");
    String intro = request.getParameter("Introduction");
  %>
    <p> 아이디 : <%= id %>
    <p> 비밀번호 : <%= pw %>
    <p> 이름 : <%= name %>
    <p> 연락처 : <%= choice %> <%= ph01 %>-<%= ph02 %>-<%= ph03 %>
    <p> 성별 : <%= sex %>
    <p> 취미 :
      <%
        if(hob != null)
        {
          for(int count = 0; count < hob.length; count++)
            {
              out.println(" " + hob[count]);
            }
        }
      %>
    <p> 본인 소개 : <%= intro %>
</body>
</html>
```

12~27행, 34~42행 : HTML 태그 안에 스크립틀릿 <% … %>를 선언하여 Java 로직 코드를 작성합니다.

13행 : 폼 화면에서 입력한 데이터를 웹 서버로 전송할 때 한글이 깨지지 않도록 문자 인코딩 유형을 UTF-8로 설정합니다.

15~24행, 26행 : request 내장 객체의 getParameter( ) 메소드를 사용하여 전송된 파라미터를 해당 변수에 저장합니다.

25행 : 체크 박스는 2개 이상을 선택할 수 있으므로 getParameterValues( ) 메소드를 사용하여 '취미' 항목을 배열로 저장합니다.

28~43행 : 전송된 파라미터를 대상으로 데이터 처리를 위한 표현문 <%= … %>을 선언합니다.

34~42행 : 25행에서 선언한 배열의 길이만큼 반복문을 수행하여 선택된 체크 박스에 대해서만 앞에 공백 한 칸을 추가한 다음 체크 박스의 값을 출력합니다. 사용자가 선택하지 않은 체크 박스에 대해서는 null 값을 반환해 줍니다.

37행 : count < hob.length는 25행에서 선언한 배열의 개수만큼 반복 수행되도록 판별하는 조건식입니다. 반복문은 조건식이 거짓으로 판명될 때 반복 수행을 멈추게 됩니다.

39행 : out 내장 객체는 웹 브라우저에 데이터를 전송하는 출력 스트림 객체입니다. out 객체의println( ) 메소드는 괄호 안의 문자열을 웹 브라우저에 출력합니다. ₩n(줄 바꿈)은 적용되지 않으므로 줄 바꿈을 수행하려면 println( ) 메소드 안에
 태그를 선언하면 됩니다.

• **Step 02** | **실행 결과 확인하기** : 이클립스에서 form_membership01.jsp 파일을 선택하고 단축키 Ctrl+F11을 누르면 개인 정보 입력 폼 화면이 나타납니다. 데이터를 입력하고 항목을 선택한 다음 <가입하기>를 누르면 form_membership02.jsp 파일에 파라미터가 전달되어 화면에 출력됩니다.

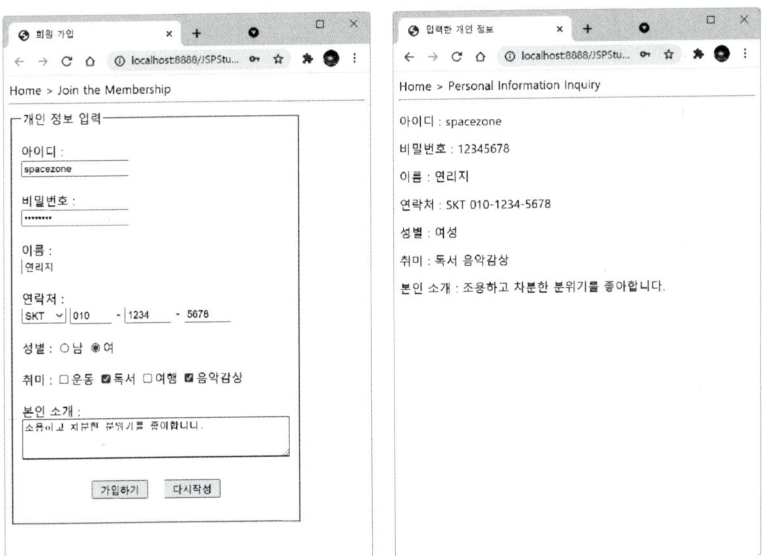

그림 4-11 실행 결과 화면

4 데이터 전송 방식

JSP 웹 애플리케이션에서 가장 많이 사용하는 기능 중 하나는 웹 브라우저를 통해 입력한 데이터를 웹 서버에게 전달하여 웹 서버가 이를 처리하기 위한 과정입니다. 웹 브라우저를 통해 웹 서버에게 데이터를 전송하는 방식은 크게 GET 방식과 POST 방식으로 구분되어 사용됩니다.

예를 들어 아이디 space와 비밀번호 1234를 입력하여 웹 서버에 접속을 요청하였을 경우 GET 방식은 입력한 아이디와 비밀번호가 URL 주소창에 그대로 노출되어 전달됩니다. 하지만 POST 방식은 HTTP 메시지를 Body에 담아서 전송하기 때문에 아이디와 비밀번호에 대한 노출 위협으로부터 안전할 수 있습니다.

그림 4-12 폼 데이터 전송 방식의 차이점

4.1 GET 전송 방식

폼 화면에서 데이터를 전송할 때 〈form〉 태그 안에 method="get" 방식으로 다음과 같이 선언합니다.

```
<form action="form_membership02.jsp" name="person_info" method="get">
```

GET 방식은 웹 서버로부터 정보를 조회하기 위해 설계된 메소드로 요청을 전송할 때 필요한 데이터를 Body에 담지 않고 Header만 쿼리스트링을 통해 전송합니다. URL의 끝에 ?와 함께 이름과 값으로 쌍을 이루는 요청 파라미터를 쿼리스트링Query String이라고 합니다. 전송 과정에서 요청 파라미터가 여러 개일 경우 &(앰퍼샌드)로 연결합니다.

예를 들어 spcezone.kr 사이트에 전달하기 위해 쿼리스트링을 포함한 URL은 다음과 같습니다. 요청 파라미터명은 name1, name2이고 각각의 파라미터는 value1, value2의 값으로 서버에 요청을 보내게 됩니다.

```
www.spacezone.kr/resources?name1=value1&name2=value2
```

✓ Check Point_ 쿼리스트링에 대한 이해

쿼리스트링이란 사용자가 입력한 데이터를 전달하는 방법으로 미리 협의된 데이터를 웹 서버에게 파라미터로 넘기는 것을 의미합니다. 데이터를 넘길 때 URL 주소의 뒤에 쿼리스트링을 덧붙여 추가적인 정보를 웹 서버에게 전달합니다. 쿼리스트링에는 클라이언트가 어떤 특정 리소스에 접근하고 싶어하는지에 대한 정보를 담습니다.

GET 방식은 불필요한 요청을 제한하기 위해 요청을 캐시Cache해 둡니다. 정적 컨텐츠(js, css, 이미지 등)는 데이터의 양이 많고 변경될 일이 적으므로 반복해서 같은 요청을 보낼 필요는 없습니다. 웹 브라우저에서는 요청을 캐시 해 두고 같은 요청이 발생할 때 서버로 요청을 보내지 않고 캐시된 데이터를 사용하여 빠른 응답을 제공합니다. GET 방식은 주로 웹페이지를 열어보거나 게시글을 읽는 행위 또는 조회하는 과정에서 주로 사용됩니다.

✓ Check Point_ 캐시가 하는 역할은?

캐시란 자주 사용하는 데이터나 값을 미리 복사해 놓는 임시장소를 가리킵니다. 캐시는 속도가 느린 기억장치와 속도가 빠른 기억장치가 있을 때 빠른 기억장치에 느린 기억장치의 내용 중 최근에 사용한 일부를 넣어 두는 것을 의미합니다. 이렇게 하면 같은 내용을 여러 번 참조할 때 다시 불러오지 않고 두 번째부터는 빠른 속도로 읽어들일 수 있다는 장점이 있습니다.

4.2 POST 전송 방식

폼 화면에서 데이터를 전송할 때 〈form〉 태그 안에 method="post" 방식으로 다음과 같이 선언합니다.

```
<form action="form_membership02.jsp" name="person_info" method="post">
```

POST 방식은 리소스를 생성하거나 변경하기 위해 설계되었으며 GET 방식과 달리 전송 대상인 데이터를 HTTP 메세지의 Body에 담아서 전송합니다. HTTP 메세지의 Body는 길이의 제한 없이 데이터를 전송할 수 있으므로 POST 방식의 요청은 GET 방식과 달리 대용량 데이터를 전송할 수 있습니다. POST 방식으로 데이터를 전송할 때는 Body 영역 데이터 타입을 Header Content-Type에 다음과 같이 명시해 줘야 합니다.

```
Content-Type:application/json; charset=UTF-8           ← Header 영역
... 생략 ...
{                                                      ← Body 영역
    "name1":"value1",
    "name2":"value2",
}
```

POST 방식은 데이터가 Body로 전송되고 내용이 눈에 보이지 않아 GET 방식보다 보안 측면에서 안전하다고 생각할 수 있습니다. 하지만 POST 방식의 요청도 크롬 개발자 도구 또는 Fiddler와 같은 툴로 요청 내용을 확인할 수 있으므로 민감한 데이터의 경우에는 반드시 암호화해 전송해야 보안 유지를 할 수 있습니다.

POST 방식으로 요청을 보낼 때는 요청 헤더의 Content-Type에 요청 데이터의 타입을 표시해야 합니다. 데이터 타입을 표시하지 않으면 서버는 내용이나 URL에 포함된 리소스의 확장자명 등으로 데이터 타입을 유추합니다. 데이터의 타입을 알 수 없는 경우에는 application/octet-stream으로 요청을 처리합니다. POST 방식은 게시글 저장 또는 삭제 등 서버의 상태나 데이터를 변경시킬 때 주로 사용됩니다.

✓ Check Point_ GET 방식과 POST 방식의 장단점

GET 방식은 Header만 이용하므로 파라미터를 전송할 때 크기에 제약이 있지만 POST 방식에 비해 메시지의 크기가 작아 전송속도가 빠르다는 장점이 있습니다. 반면 POST 방식은 Body를 통해 서버에 전송할 수 있는 데이터의 크기에 제약이 없다는 장점이 있습니다. 하지만 전송속도는 GET 방식보다 느리다는 단점 또한 존재합니다.

핵심 요약

01 폼 태그의 동작 원리

- 폼 태그는 웹 애플리케이션을 개발하는 과정에서 많이 사용되며 폼 양식을 통해 클라이언트에서 입력된 데이터는 한꺼번에 웹 서버로 전송되고 웹 서버는 JSP 웹 컨테이너에게 전달하여 처리를 의뢰합니다.
- 웹 컨테이너가 처리한 결과는 웹 서버에게 다시 전달되어 웹페이지의 형태로 클라이언트에게 결과를 전송해 줍니다.

02 input 태그에 대한 이해

- 〈input〉 태그는 사용자가 웹 브라우저 화면에서 텍스트 입력이나 성별 등을 선택할 수 있도록 다양한 입력 공간을 만들 때 사용합니다.
- 〈input〉 태그는 종료 태그가 없이 단독으로 사용할 수 있는 태그입니다.

03 라디오 버튼과 체크 박스의 차이점

- 성별은 독립적 선택 요소인 라디오 버튼으로 옵션을 지정하고 취미는 복수 개의 항목을 선택할 수 있도록 체크 박스를 옵션을 지정합니다.

04 폼 엘리먼트 그룹화 방법

- 〈form〉 태그 안에서 〈fieldset〉 태그와 〈legend〉 태그를 사용하여 그룹화한 폼 엘리먼트들을 목적에 맞게 이름을 지정할 수 있습니다.

05 select 태그에 대한 이해

- 폼 태그 안에서 사용되는 〈select〉 태그는 여러 개의 항목이 나타나는 콤보 박스를 만드는 태그입니다.
- 〈select〉 태그 안에는 〈option〉 태그를 포함시키고 선택할 값들을 〈option〉 태그 안에 지정해 줍니다.
- 콤보 박스에서 여러 개의 항목 중 특정 항목을 기본값으로 지정하려면 〈option〉 태그 안에 selected 속성을 선언해 주면 됩니다.

06 콤보 박스의 옵션 그룹화 방법

- 〈select〉 태그 안에 〈optgroup〉 태그를 사용하면 콤보 박스에서 보여주는 항목들에 대해 그룹화로 구분되도록 표기할 수 있습니다.
- 그룹명은 〈optgroup〉 태그로 선언하고 그룹의 하위 항목은 label 속성을 선언하여 지정해 주면 됩니다.

07 textarea 태그에 대한 이해

- 〈textarea〉 태그는 여러 줄의 텍스트를 입력할 수 있는 폼을 생성하여 주로 상품평이나 자유게시판 등을 수행하기 위해 사용하며 텍스트 영역은 〈textarea〉 태그에서 속성을 지정하여 설정합니다.
- 텍스트 영역의 너비는 cols 속성, 높이는 rows 속성으로 지정하며 텍스트 영역에서 사용된 태그와 띄어쓰기 등의 옵션은 모두 그대로 적용됩니다.

08 폼 데이터 전송에 대한 이해

- 웹 브라우저에서 다양한 정보를 서버로 보내는 요청에 대한 데이터를 전송받기 위해 request 내장 객체를 사용합니다.
- request 객체는 getParameter( ) 메소드를 이용하여 요청한 파라미터의 값을 다음과 같은 형식으로 받을 수 있습니다.

```
String 변수명 = request.getParameter(요청한 파라미터명);
```

09 GET 방식과 POST 방식의 차이점

- GET 방식은 Header만 이용하므로 파라미터를 전송할 때 크기에 제약이 있지만 POST 방식에 비해 메시지의 크기가 작아 전송속도가 빠르다는 장점이 있습니다.
- GET 방식은 주로 웹페이지를 열어보거나 게시글을 읽는 행위 또는 조회하는 과정에서 주로 사용됩니다.
- POST 방식은 Body를 통해 서버에 전송할 수 있는 데이터의 크기에 제약이 없다는 장점이 있습니다. 하지만 전송속도는 GET 방식보다 느리다는 단점 또한 존재합니다.
- POST 방식은 게시글 저장 또는 삭제 등 서버의 상태나 데이터를 변경시킬 때 주로 사용됩니다.

연습문제

01 다음 글을 읽고 빈 괄호에 들어갈 단어를 입력하시오.

(1) 폼 태그는 웹 애플리케이션을 개발하는 과정에서 많이 사용되며 폼 양식을 통해 (　　　　)에서 입력된 데이터는 한꺼번에 (　　　　)로 전송되고 웹 서버는 JSP 웹 컨테이너에게 전달하여 처리를 의뢰합니다.

(2) 성별은 독립적 선택 요소인 (　　　　)으로 옵션을 지정하고 취미는 복수 개의 항목을 선택할 수 있도록 (　　　　)를 옵션을 지정합니다.

(3) 〈select〉 태그 안에 〈optgroup〉 태그를 사용하면 콤보 박스에서 보여주는 항목들에 대해 (　　　　)로 구분되도록 표기할 수 있으며 그룹명은 〈optgroup〉 태그로 선언하고 그룹의 하위 항목은 (　　　　) 속성을 선언하여 지정해 주면 됩니다.

02 다음에 주어진 〈form〉 태그의 속성에 대한 의미를 읽고 해당하는 속성을 빈칸에 채우시오.

속성	의미
①	폼 데이터를 전송할 서버 쪽 스크립트 파일 또는 URL을 지정합니다.
method	폼 데이터가 전송되는 HTTP 방식(GET 또는 POST)을 지정합니다.
②	폼을 식별하기 위한 이름을 지정합니다.
target	action 속성에서 지정한 스크립트 파일을 현재 창이 아닌 다른 위치에서 열도로 지정합니다.
③	폼을 전송하는 컨텐츠의 인터넷 표준 포맷인 MIME 유형을 지정합니다.
accept-charset	폼 전송에 사용할 문자 인코딩을 지정합니다.

① (　　　　　　　　　　)

② (　　　　　　　　　　)

③ (　　　　　　　　　　)

03 다음에 주어진 폼 태그의 동작 원리 그림을 보고 빈 괄호를 채우시오.

① (   )

② (   )

③ (   )

04 〈form〉 태그를 다음 조건에 맞는 JSP 애플리케이션을 만들고 실행 결과를 확인하시오.

(1) 프로젝트명 : JSPStudy

(2) 파일 생성 : test04_04.jsp

(3) 폼 엘리먼트 규격 : style="width:300px"

(4) 텍스트 영역 : cols="50", rows="10"

(5) 기타 사항 : 실행 결과 화면 참조

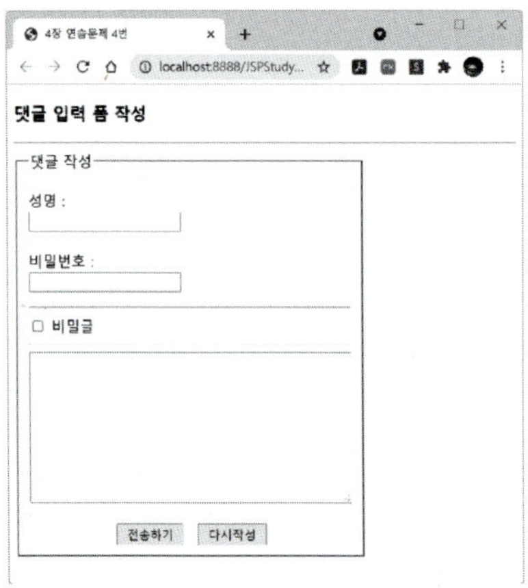

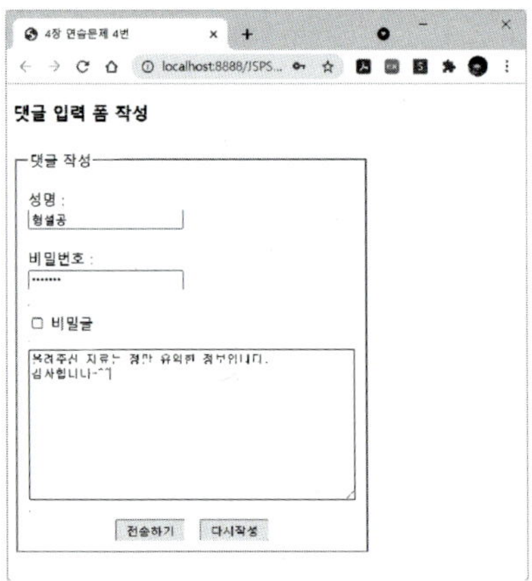

05 <form> 태그를 다음 조건에 맞는 JSP 애플리케이션을 만들고 실행 결과를 확인하시오.

(1) 프로젝트명 : JSPStudy

(2) 파일 생성 : test04_05.jsp

(3) 자기소개서 입력 폼 작성

- 폼 엘리먼트 규격 : style="width:300px"
- 닉네임 : input type="text"
- 중복검사 : input type="button"
- 성별 : input type="radio"
- 게임장르 : input type="checkbox"
- 혈액형 : select 태그와 option 태그
- 텍스트 영역 : cols="50", rows="5"
- 제출하기 : input type="submit"
- 다시작성 : input type="reset"

(4) 기타 사항 : 실행 결과 화면 참조

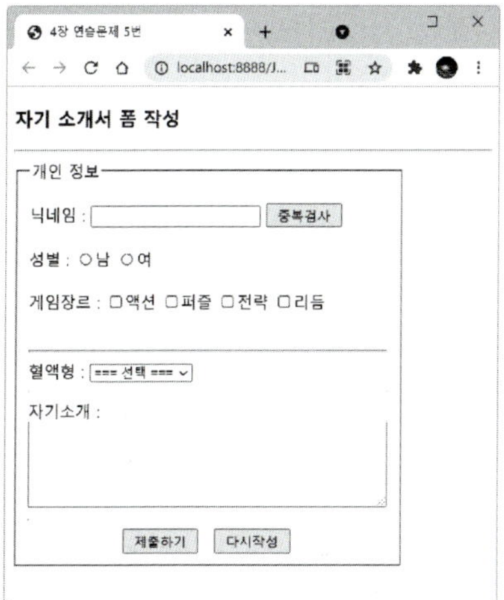

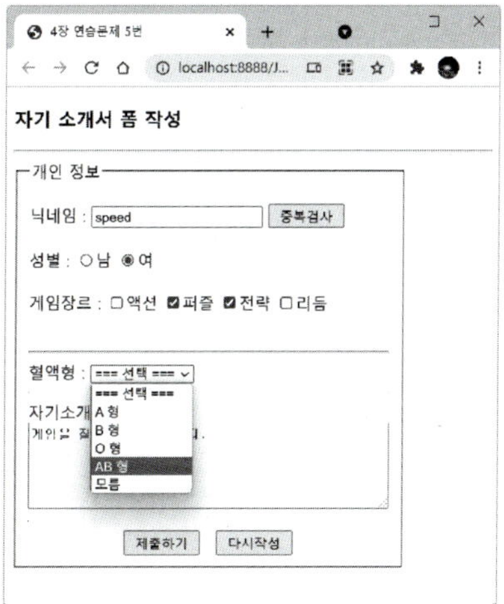

06 폼 화면에서 입력한 데이터를 웹 서버에게 파라미터로 전송하는 2개 파일을 각각 생성하고 실행 결과를 확인하시오.

(1) 프로젝트명 : JSPStudy

(2) 파일 생성 : test04_06_01.jsp, test04_06_02.jsp

(3) 폼 엘리먼트 규격 : style="width:180px"

(4) 텍스트 영역 : cols="32", rows="3"

(5) 파라미터 전송 : POST 방식

(6) 특수문자 : ★은 [ㅁ]+[한자 키]

(7) 기타 사항 : 실행 결과 화면 참조

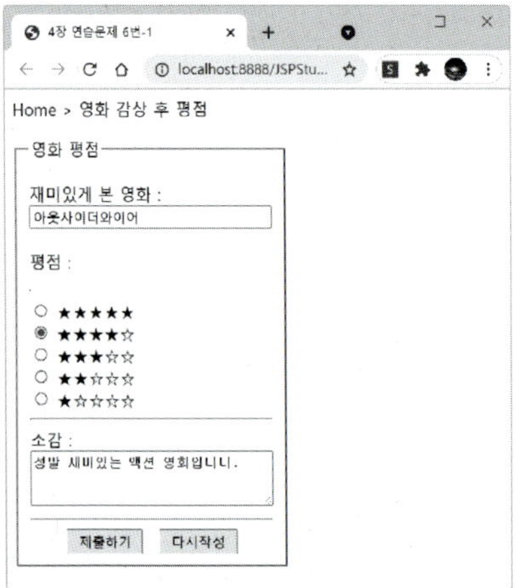

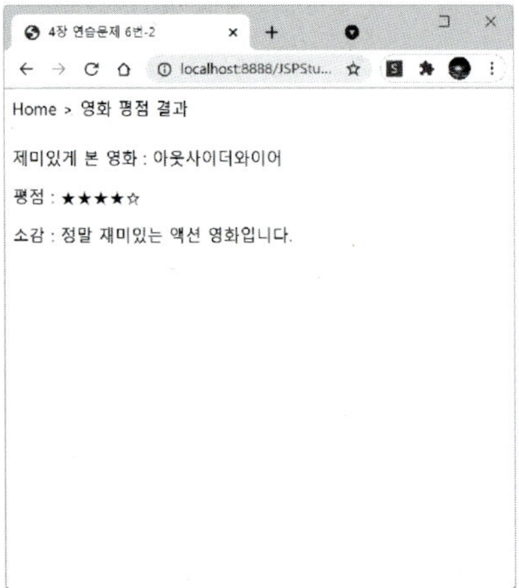

CHAPTER 05
유효성 검사

▶ **Preview**

폼 화면에서 입력되는 데이터에 대한 유효성을 검사하는 방법에 대해 살펴봅니다. 유효성 검사를 위한 핸들러 함수의 역할에 대한 이해와 핸들러 함수를 생성하고 유효성 검사를 위한 사용 방법에 대해 실습합니다.

01 유효성 검사의 개요

1 유효성 검사

사용자가 폼 화면을 통해 입력한 데이터값이 특정 규칙에 적합하게 입력되었는지를 서버에 전송하기 전에 검증하는 절차를 유효성 검사Validation라고 합니다. 유효성 검사는 폼 화면에서 사용자가 입력한 데이터가 누락되었거나 데이터의 형식에 맞지 않게 입력하였을 경우 입력과정에서 오류가 있음을 알려주기 위해 수행합니다.

✓ Check Point_ 유효성 검사 항목

유효성 검사 목적은 폼 화면에서 데이터를 입력할 때 데이터의 유효성을 검사함으로써 입력과정에서 의도하지 않는 오류를 사전 예방하는 차원에서 수행합니다. 유효성 검사는 주로 다음과 같은 상황에서 수행합니다.

- 누락된 입력 데이터가 존재하는지에 대한 유효성 검사
- 숫자와 문자에 대한 입력 오류에 대한 유효성 검사
- 날짜 또는 주민등록번호 형식에 맞는지에 대한 유효성 검사
- 회원 가입 시 신청한 아이디의 중복 여부에 대한 유효성 검사
- 로그인 과정에서 입력한 아이디와 비밀번호가 일치하는지에 대한 유효성 검사

2 핸들러 함수

핸들러 함수Handler Function란 폼 화면에서 〈submit〉를 누르는 이벤트가 발생하였을 경우 유효성 검사를 위해 맵핑Mapping하는 메소드를 의미합니다. 핸들러 함수는 사용자가 폼 화면에서 입력한 데이터값이 유효성 검사를 통과하게 되면 웹 서버로 전송하고 그렇지 않으면 오류 메시지를 보여주는 역할을 수행합니다.

유효성 검사를 위한 핸들러 함수의 생성과 호출 과정은 다음과 같습니다.

```
<script type="text/javascript">
    function 핸들러 함수명( )
    {
        var 객체명 = document.폼 이름.입력항목 이름.value;
    }
</script>

<form name="폼 이름">
... 생략 ...
    <input type="submit" onclick="핸들러 함수명( )">
</form>
```

❶ 〈script〉 … 〈/script〉 안에서 function 명령으로 핸들러 함수를 생성합니다. 〈script〉 태그의 선언 위치는 무관합니다.

❷ 핸들러 함수 안에는 '폼_이름.입력항목_이름'의 속성을 지닌 객체를 생성합니다.

❸ 〈form〉 태그 안에 name="폼 이름" 속성을 설정합니다.

❹ 폼 태그 안에서 〈submit〉를 누르는 이벤트가 발생하게 되면 onclick 속성을 이용하여 생성한 핸들러 함수를 호출합니다.

폼 화면에서 입력한 작성자와 평점을 전송하기 전 유효성 검사를 위한 핸들러 함수를 생성과 호출하는 과정을 살펴보기 위해 다음 예제를 수행합니다.

예제 05 – 01 폼 화면의 입력 파라미터 출력하기

- **Step 01 | 프로젝트 생성하기** : 프로젝트는 3장에서 생성한 JSPStudy 프로젝트를 사용하고 Project Explorer 뷰에서 새로운 ch05 폴더를 생성합니다.

- **Step 02 | JSP 웹페이지 작성하기** : Project Explorer 뷰의 ch05 폴더 위치에 handlerFunction.jsp 파일을 생성하고 다음과 같이 소스 코드를 입력합니다.

JSPStudy/ch05/handlerFunction.jsp

```
01 <%@ page language="java" contentType="text/html; charset=UTF-8"
02   pageEncoding="UTF-8" %>
03 <!DOCTYPE html>
04 <html>
05 <head>
06   <meta charset="UTF-8">
07   <title> 핸들러 함수 </title>
08   <script type="text/javascript">
09     function checkFun()
10     {
11       alert("추천 도서 : " + document.gradeForm.book.value + "\n" +
12             "평점 : " + document.gradeForm.grade.value);
13     }
14   </script>
15 </head>
16 <body>
17   Home > 추천 도서 평점
18   <hr>
19   <form name="gradeForm">
20     추천 도서 : <br>
21     <input type="text" name="book" size="30"><br><br>
22     평점 :
23     <hr>
24     <input type="radio" name="grade" value="♥♥♥♥♥"> ♥♥♥♥♥ <br>
25     <input type="radio" name="grade" value="♥♥♥♥♡"> ♥♥♥♥♡ <br>
26     <input type="radio" name="grade" value="♥♥♥♡♡"> ♥♥♥♡♡ <br>
27     <input type="radio" name="grade" value="♥♥♡♡♡"> ♥♥♡♡♡ <br>
28     <input type="radio" name="grade" value="♥♡♡♡♡"> ♥♡♡♡♡ <br>
29     <hr>  
30     <input type="submit" value=" 추천하기 " onclick="checkFun()"> 
31     <input type="reset" value=" 다시작성 ">
32   </form>
33 </body>
34 </html>
```

08~14행 : 핸들러 함수를 〈script〉 … 〈/script〉 태그 안에 생성합니다.

09행 : 핸들러 함수명은 checkFun( )으로 설정합니다.

10~13행 : checkFun( ) 함수의 명령문 구간입니다.

11~12행 : alert 태그를 사용하여 알림창에 나타날 항목을 지정합니다. \n(또는 ₩n)은 줄을 강제로 바꿔주는 개행문자입니다.

30행 : 〈submit〉를 누르는 이벤트가 발생하게 되면 cnclick 속성에서 지정한 checkFun( ) 핸들러 함수를 호출합니다.

- **Step 03 | 실행 결과 확인하기** : 이클립스에서 단축키 Ctrl+F11을 눌러 실행합니다. 폼 화면에서 추천 도서를 입력하고 평점을 선택한 다음 〈추천하기〉를 클릭하면 핸들러 함수가 호출되어 실행된 결과를 확인할 수 있습니다.

그림 5-1 실행 결과 화면

02 데이터 유효성 검사

1 데이터 입력 여부 검사

폼 화면에서 사용자가 아이디와 비밀번호 등 필수 입력 항목을 입력하지 않은 상태로 〈전송하기〉를 누르게 되면 입력하지 않은 항목에 대한 오류 메시지가 출력되도록 입력 데이터의 여부를 검사하는 형식은 다음과 같습니다.

```
document.폼_이름. 입력_양식_이름.value==""
```

폼 화면에서 요구하는 데이터값을 사용자가 입력하였는지 아니면 누락하였는지를 확인하기 위해 다음 예제를 수행합니다. 입력된 데이터의 값이 없는 상태에서 〈submit〉 이벤트를 발생하게 되면 오류 메시지 창이 출력됩니다.

예제 05 – 02 데이터 입력 여부의 유효성 검사하기

- **Step 01 | JSP 웹페이지 작성하기** : datainputCheck.jsp 파일을 생성하고 다음과 같이 소스 코드를 입력합니다.

JSPStudy/ch05/datainputCheck.jsp

```
<%@ page language="java" contentType="text/html; charset=UTF-8"
  pageEncoding="UTF-8" %>
<!DOCTYPE html>
<html>
<head>
  <meta charset="UTF-8">
```

```
07      <title> 데이터 입력 유무 체크 </title>
08      <script type="text/javascript">
09        function checkFun()
10        {
11          if(document.deptForm.dept.value=="")
12          {
13            alert("신청할 전공 분야를 입력해 주세요.");
14            document.deptForm.dept.select();
15          }
16        }
17      </script>
18    </head>
19    <body>
20      Home > 전공분야 신청
21      <hr>
22      <form name="deptForm">
23        전공 :
24        <input type="text" name="dept" size="30">
25        <input type="submit" value=" 신청 " onclick="checkFun()">
26      </form>
27    </body>
28    </html>
```

09~16행 : 24행에서 선언한 텍스트 박스에 데이터가 입력되었는지를 체크하기 위한 checkFun( ) 핸들러 함수를 생성합니다. 핸들러 함수는 25행에서 〈submit〉를 누르는 이벤트가 발생하게 되면 사용됩니다. 함수명은 사용자가 지정하는 이름으로 정의할 수 있습니다. 여기서는 편의상 checkFun( ) 함수명으로 정의하였습니다.
11~15행 : 24행에서 선언한 텍스트 박스에 데이터가 입력되지 않았는지를 11행 if 문의 조건식으로 판별하고 조건식이 참인 경우(데이터를 입력하지 않았을 경우) 13행의 메시지를 출력합니다.

• **Step 02 | 실행 결과 확인하기** : 이클립스에서 단축키 Ctrl+F11을 눌러 실행합니다. 폼 화면에서 전공을 입력하지 않은 상태로 〈신청〉을 클릭하게 되면 오류 메시지 창이 출력됩니다. 전공을 입력하고 〈신청〉을 클릭하게 되면 오류 메시지 창은 출력되지 않습니다.

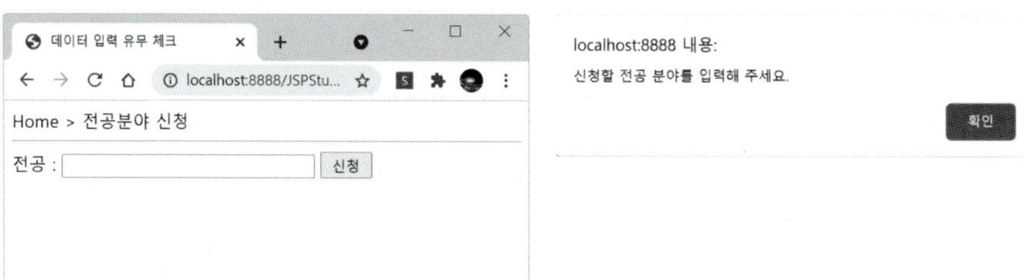

그림 5-2 실행 결과 화면

2 데이터의 길이 확인

폼 화면에서 아이디 또는 비밀번호 등을 입력할 때 데이터의 길이를 검사하기 위한 형식은 다음과 같습니다.

```
document.폼_이름. 입력_양식_이름.value.length
```

2.1 데이터 입력 폼 작성

폼 화면에서 입력한 아이디와 비밀번호에 대한 데이터의 길이를 확인하기 위해 다음 예제를 수행합니다.

예제 05 – 03 아이디와 비밀번호의 데이터 길이 검사하기

- **Step 01** | **JSP 웹페이지 작성하기** : dataLength.jsp 파일을 생성하고 다음과 같이 소스 코드를 입력합니다.

JSPStudy/ch05/dataLength.jsp

```
<%@ page language="java" contentType="text/html; charset=UTF-8"
  pageEncoding="UTF-8" %>
<!DOCTYPE html>
<html>
<head>
  <meta charset="UTF-8">
  <title> 입력 데이터의 길이 체크 </title>
  <script type="text/javascript">
    function checkFun()
    {
      var f = document.loginForm;
      if(f.id.value.length < 4 || f.id.value.length > 16)
      {
        alert("아이디는 4~16자 이내로 입력해야 합니다.");
        f.id.focus();
        return false;
      }
      else if(f.passwd.value.length < 8)
```

```
19       {
20         alert("비밀번호는 8자 이상으로 입력해야 합니다.");
21         f.passwd.focus();
22         return false;
23       }
24       else return true;
25     }
26   </script>
27 </head>
28 <body>
29   Home > 아이디와 비밀번호 입력
30   <hr>
31   <form name="loginForm" action="dataLength_success.jsp"
32     method="post" onsubmit="return checkFun()">
33     아이디 : <br>
34     <input type="text" name="id"><br><br>
35     비밀번호 : <br>
36     <input type="password" name="passwd"><br><br>
37     <input type="submit" value=" 로그인 ">
38   </form>
39 </body>
40 </html>
```

11행 : doucument.loginForm의 속성을 지닌 객체 f를 생성합니다.

12~17행 : 폼 화면에서 입력하는 아이디의 길이가 4~16자 이내인지를 if 문으로 판별하고 조건식이 참이면 아이디 입력 오류 메시지 창을 출력합니다. 즉 유효하지 않은 데이터의 길이를 의미합니다. 아이디 입력 오류 메시지 창에서 〈확인〉을 누르게 되면 15행에서 선언한 명령에 따라 커서의 위치는 아이디를 입력하는 위치로 이동합니다.

18~23행 : 폼 화면에서 입력하는 비밀번호의 길이가 8자 이상인지를 else if문으로 판별하고 조건식이 참이면 비밀번호 입력 오류 메시지 창을 출력합니다. 즉 유효하지 않은 데이터의 길이를 의미합니다. 비밀번호 입력 오류 메시지 창에서 〈확인〉을 누르게 되면 21행에서 선언한 명령에 따라 커서의 위치는 비밀번호를 입력하는 위치로 이동합니다.

24행 : 아이디와 비밀번호에 대한 데이터의 길이가 유효한 범위이면 폼 화면에서 입력한 파라미터를 전송하기 위해 true 값을 반환합니다.

31행 : 폼 화면에서 입력한 데이터를 전달하기 위해 dataLength_success.jsp 파일을 지정합니다.

32행 : onsubmit="return checkFun( )"은 37행에서 선언한 〈submit〉 버튼이 눌러지는 이벤트가 발생하게 되면 onsubmit가 실행되어 09행에서 정의한 핸들러 함수를 반환해 줍니다. onsubmit 이벤트 속성에 들어가는 함수는 반드시 전송해야 할 경우는 true를 반환하고 전송하지 말아야 할 경우는 false를 반환하는 형식을 준수해야 합니다.

• **Step 02 | 아이디 길이 확인하기 :** 이클립스에서 단축키 Ctrl+F11을 눌러 실행합니다. 폼 화면에서 아이디를 abc만 입력하고 〈로그인〉을 누르게 되면 아이디 문자 길이에 대한 오류 메시지 창이 출력됩니다.

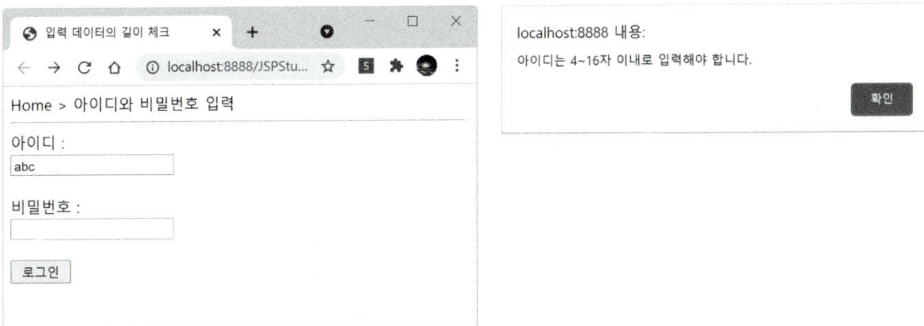

그림 5-3 아이디 3글자만 입력한 경우

• **Step 03 | 비밀번호 길이 확인하기 :** 아이디 spacezone과 비밀번호 1234를 입력한 다음 〈로그인〉을 누르게 되면 비밀번호 문자 길이에 대한 오류 메시지 창이 출력됩니다.

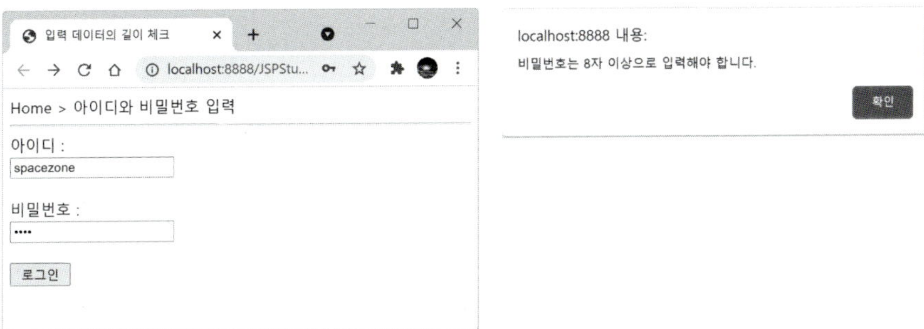

그림 5-4 비밀번호 4글자만 입력한 경우

2.2 파라미터 전송받기

폼 화면에서 입력한 파라미터(아이디와 비밀번호)를 전송받기 위해 다음 예제를 수행합니다.

예제 05 – 04 폼 화면에서 입력한 파라미터 전송받기

• **Step 01 | JSP 웹페이지 작성하기 :** dataLength_success.jsp 파일을 생성하고 다음과 같이 소스 코드를 입력합니다.

JSPStudy/ch05/dataLength_success.jsp

```
01 <%@ page language="java" contentType="text/html; charset=UTF-8"
02   pageEncoding="UTF-8" %>
03 <!DOCTYPE html>
04 <html>
05 <head>
06   <meta charset="UTF-8">
07   <title> 입력 데이터의 길이 체크 완료 </title>
08 </head>
09 <body>
10   Home > 아이디와 비밀번호 입력 성공
11   <hr>
12   <%
13     request.setCharacterEncoding("utf-8");
14     String id=request.getParameter("id");
15     String passwd=request.getParameter("passwd");
16   %>
17   <p> 아이디 : <%= id %>
18   <p> 비밀번호 : <%= passwd %>
19 </body>
20 </html>
```

13행 : 폼 화면에서 입력한 데이터를 웹 서버로 전송할 때 한글이 깨지지 않도록 문자 인코딩 유형을 utf-8로 설정합니다.
14~15행 : request 내장 객체의 getParameter( ) 메소드를 사용하여 전송된 파라미터를 해당 변수에 저장합니다.
17~18행 : 전송된 파라미터를 대상으로 데이터 처리를 위한 표현문 〈%= … %〉을 선언합니다.

- **Step 02 | 실행 결과 확인하기** : 이클립스에서 dataLength.jsp 파일을 선택하고 단축키 Ctrl+F11을 눌러 실행합니다. 폼 화면에서 아이디 spacezone과 비밀번호 12345678을 입력 후 〈로그인〉을 클릭하면 dataLength_success.jsp 파일이 실행되면서 전달받은 파라미터가 화면에 출력됩니다.

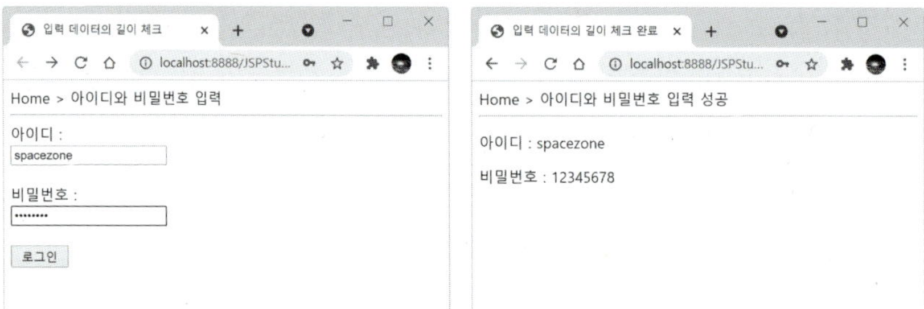

그림 5-5 실행 결과 화면

3 숫자 여부 확인

폼 화면에서 입력한 데이터가 숫자인지를 판별할 때는 isNaN( ) 함수를 사용합니다. 이 함수는 inNotaNumber의 약어이며 isNaN( ) 함수 안에 선언하는 인자를 대상으로 숫자 여부를 판별합니다. 폼 화면에서 입력한 데이터가 숫자이면 false, 숫자가 아니면 true를 반환해 줍니다.

```
isNaN(document.폼_이름. 입력_양식_이름.value)
```

3.1 데이터 입력 폼 작성

폼 화면에서 닉네임과 비밀번호를 입력할 때 닉네임은 대문자가 입력되었는지를 판별하고 비밀번호는 숫자가 입력되었는지에 대한 데이터의 유효성 검사를 위해 다음 예제를 수행합니다.

예제 05 – 05 닉네임과 비밀번호 유효성 검사하기

• **Step 01 | JSP 웹페이지 작성하기** : isNaNcheck.jsp 파일을 생성하고 다음과 같이 소스 코드를 입력합니다.

JSPStudy/ch05/isNaNcheck.jsp

```
<%@ page language="java" contentType="text/html; charset=UTF-8"
  pageEncoding="UTF-8" %>
<!DOCTYPE html>
<html>
<head>
  <meta charset="UTF-8">
  <title> 데이터 유효성 검사 </title>
  <script type="text/javascript">
    function checkFun()
    {
      var f = document.loginForm;
      for(count = 0; count < f.sname.value.length; count++)
      {
        var ch = f.sname.value.charAt(count);
```

```
15          if((ch < 'A' || ch > 'Z') && (ch > 'a' || ch < 'z')
16                  && (ch > '0' || ch < '9'))
17          {
18            alert("닉네임은 영문 대문자로만 입력해 주세요. ");
19            f.sname.focus();
20            return false;
21          }
22        }
23        if(isNaN(f.passwd.value))
24        {
25          alert("비밀번호는 숫자로만 입력해 주세요.")
26          f.passwd.focus();
27          return false;
28        }
29        else return true;
30      }
31    </script>
32  </head>
33  <body>
34    Home > 닉네임과 비밀번호 입력
35    <hr>
36    <form name="loginForm" action="isNaNcheck_success.jsp"
37          method="post" onsubmit="return checkFun()">
38      닉네임 : <br>
39      <input type="text" name="sname"><br><br>
40      비밀번호 : <br>
41      <input type="password" name="passwd"><br><br>
42      <input type="submit" value=" 신청하기 ">
43    </form>
44  </body>
45  </html>
```

12행~22행 : 폼 화면에서 입력한 닉네임의 데이터 길이만큼 for 문으로 반복하여 데이터의 유효성을 검사합니다.
14행 : charAt( ) 함수는 문자열에서 특정 인덱스에 위치하는 유니코드 단일문자를 반환해 줍니다.
15~21행 : 닉네임은 영문자 대문자로만 입력되었는지를 if 문의 조건식으로 판별합니다.
23~28행 : 폼 화면에서 입력한 비밀번호에 대해 isNaN( ) 함수를 사용하여 숫자인지를 판별합니다.

• **Step 02 | 닉네임 입력 오류 확인하기-1** : 이클립스에서 단축키 Ctrl+F11을 눌러 실행합니다. 폼 화면에서 닉네임을 asdfasdf를 입력하고 〈신청하기〉를 누르게 되면 닉네임에 대한 입력 오류 메시지 창이 출력됩니다.

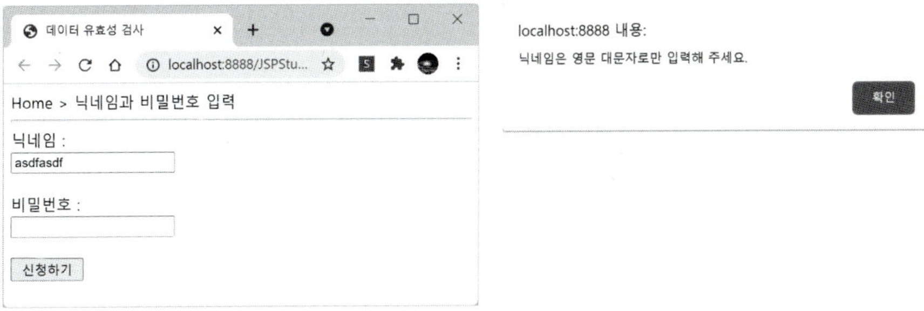

그림 5-6 닉네임 입력 오류-1

• **Step 03 | 닉네임 입력 오류 확인하기-2** : 이클립스에서 단축키 Ctrl+F11을 눌러 실행합니다. 폼 화면에서 닉네임을 SPACE0123을 입력하고 〈신청하기〉를 누르게 되면 닉네임에 대한 입력 오류 메시지 창이 출력됩니다.

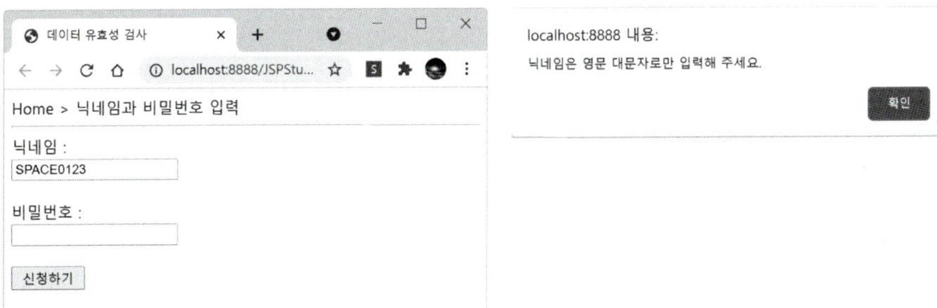

그림 5-7 닉네임 입력 오류-2

• **Step 04 | 비밀번호 입력 오류 확인하기** : 아이디 SPACEZONE과 비밀번호 ABCD를 입력한 다음 〈신청하기〉를 누르게 되면 비밀번호에 대한 입력 오류 메시지 창이 출력됩니다.

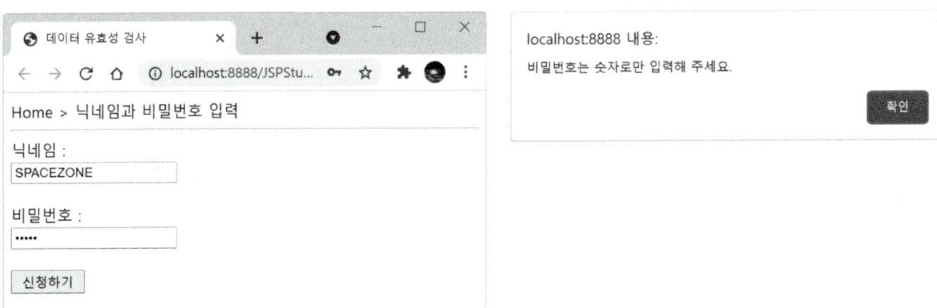

그림 5-8 비밀번호 입력 오류

3.2 파라미터 전송받기

폼 화면에서 입력한 데이터에 대한 입력 유효성 검사를 마친 파라미터(닉네임과 비밀번호)를 전송받기 위해 다음 예제를 수행합니다.

예제 05 – 06 유효성 검사를 마친 파라미터 전송받기

- **Step 01** | **JSP 웹페이지 작성하기** : isNaNcheck_success.jsp 파일을 생성하고 다음과 같이 소스 코드를 입력합니다.

JSPStudy/ch05/isNaNcheck_success.jsp

```
01 <%@ page language="java" contentType="text/html; charset=UTF-8"
02   pageEncoding="UTF-8" %>
03 <!DOCTYPE html>
04 <html>
05 <head>
06   <meta charset="UTF-8">
07   <title> 데이터 유효성 검사 완료 </title>
08 </head>
09 <body>
10   Home > 닉네임과 비밀번호 입력 성공
11   <hr>
12   <%
13     request.setCharacterEncoding("utf-8");
14     String sname=request.getParameter("sname");
15     String passwd=request.getParameter("passwd");
16   %>
17   <p> 닉네임 : <%= sname %>
18   <p> 비밀번호 : <%= passwd %>
19 </body>
20 </html>
```

13행 : 폼 화면에서 입력한 데이터를 웹 서버로 전송할 때 한글이 깨지지 않도록 문자 인코딩 유형을 utf-8로 설정합니다.
14~15행 : request 내장 객체의 getParameter( ) 메소드를 사용하여 전송된 파라미터를 해당 변수에 저장합니다.
17~18행 : 전송된 파라미터를 대상으로 데이터 처리를 위한 표현문 〈%= … %〉을 선언합니다.

• **Step 02** | **실행 결과 확인하기** : 이클립스에서 isNaNcheck.jsp 파일을 선택하고 단축키 Ctrl+F11을 눌러 실행합니다. 폼 화면에서 아이디 SPACEZONE과 비밀번호 12345678을 입력 후 〈신청하기〉를 클릭하면 isNaNcheck_success.jsp 파일이 실행되면서 전달받은 파라미터가 화면에 출력됩니다.

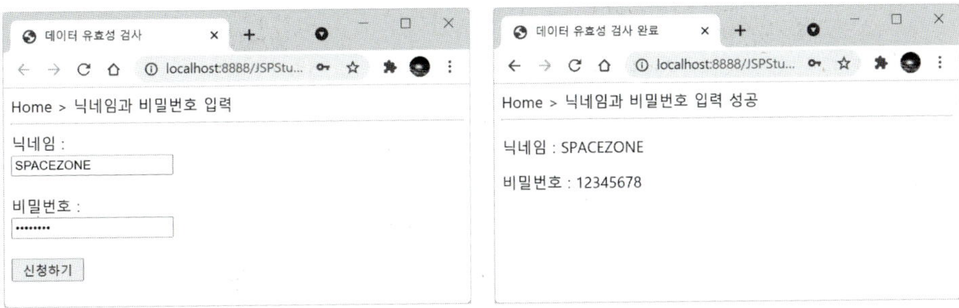

그림 5-9 실행 결과 화면

03 데이터 형식의 유효성 검사

1 정규 표현식

정규 표현식Regular Expression이란 폼 화면에서 데이터를 입력할 때 특정한 규칙을 가진 문자열의 집합을 표현하기 위해 사용하는 형식언어를 의미합니다. 정규 표현식은 주민등록번호를 입력하거나 이메일 등 특정 형식의 패턴이 일정한 데이터를 검사할 때 주로 사용합니다. 정규 표현식을 선언할 때는 슬래시(/)로 묶어줍니다.

```
var 변수명 = /정규_표현식/;   ← 정규 표현식이 변경되지 않을 때 주로 사용
```

폼 화면에서 입력한 값에 대한 데이터 형식의 유효성을 검사할 때는 test( ) 메소드를 사용합니다. 자주 사용하는 pattern 정규 표현식을 선언하는 유형은 다음 표와 같습니다.

표 5-1 pattern 정규 표현식

<table>
<tr><th>정규 표현식</th><th>의미</th></tr>
<tr><td>^s</td><td>문자열을 s로 시작합니다.</td></tr>
<tr><td>₩d* 또는 ^[0-9]*$</td><td>숫자만 허용합니다.</td></tr>
<tr><td>^[a-zA-Z]*$</td><td>영문 대/소문자만 허용하고 공백은 허용하지 않습니다.</td></tr>
<tr><td>^[a-zA-Z₩s]*$</td><td>영문 대/소문자와 띄어쓰기 및 공백도 허용합니다.</td></tr>
<tr><td>^[a-zA-Z0-9]*$</td><td>숫자와 영문 대/소문자만 허용합니다.</td></tr>
<tr><td>^|가-힣]*$</td><td>한글 형식으로만 허용합니다.</td></tr>
<tr><td>^[a-z|A-Z|ㄱ-ㅎ|ㅏ-ㅣ|가-힣]</td><td>문자 형식으로만 허용합니다.</td></tr>
</table>

^₩d{3}₩-₩d{5}	123-12345 형식으로 허용합니다.
₩d{6}₩-[1-4]₩d{6}	주민등록번호 입력 형식으로 허용합니다.
/^([₩w-]+(?:₩.[₩w-]+)*)@((?:[₩w-]+₩.)*₩w[₩w-]{0,66})₩.([a-z]{2,6}(?:₩.[a-z]{2})?)$/i	이메일 형식으로만 허용합니다. 코딩할 때 정규 표현식은 모두 한 행에 입력해야 합니다. 끝에 붙는 알파벳 i는 문자열의 알파벳 대/소문자를 구별하지 않고 검출할 때 선언합니다.
^(?=.*[A-Za-z])(?=.*₩d)(?=.*[$@$!%*#?&])[A-Za-z₩d$@$!%*#?&]{8,16}$	8자리~16자리 숫자, 영문, 특수문자 1개 이상 포함하여 허용합니다(암호 유효성 검사 유용).

2 정규 표현식을 통한 유효성 검사

폼 화면에서 입력한 데이터를 대상으로 정규 표현식을 통한 데이터 형식의 유효성을 검사하는 방법에 대해 살펴보도록 하겠습니다.

2.1 데이터 입력 폼 작성

폼 화면에서 닉네임과 비밀번호를 입력할 때 닉네임은 숫자로 시작할 수 없고 비밀번호는 숫자 입력만 허용하도록 데이터 형식의 유효성 검사를 위해 다음 예제를 수행합니다.

예제 05 – 07 정규 표현식으로 데이터 유효성 검사하기

- **Step 01 | JSP 웹페이지 작성하기** : regularExpression.jsp 파일을 생성하고 다음과 같이 소스 코드를 입력합니다.

JSPStudy/ch05/regularExpression.jsp

```
<%@ page language="java" contentType="text/html; charset=UTF-8"
  pageEncoding="UTF-8" %>
<!DOCTYPE html>
<html>
<head>
  <meta charset="UTF-8">
  <title> 데이터 형식의 유효성 검사 </title>
  <script type="text/javascript">
    function checkFun()
```

```
    {
      var f = document.loginForm;

      var name = f.sname.value;
      var regExpName = /^[a-z|A-Z|ㄱ-ㅎ|ㅏ-ㅣ|가-힣]/;

      var pw = f.passwd.value;
      var regExpPasswd = /^[0-9]*$/;

      if(!regExpName.test(name))
      {
        alert("닉네임은 숫자로 시작할 수 없습니다.");
        f.sname.focus();
        return false;
      }
      if(!regExpPasswd.test(pw))
      {
        alert("비밀번호는 숫자로만 입력해 주세요.");
        f.passwd.focus();
        return false;
      }
      else return true;
    }
  </script>
</head>
<body>
  Home > 닉네임과 비밀번호 입력
  <hr>
  <form name="loginForm" action="regularExpression_success.jsp"
        method="post" onsubmit="return checkFun()">
    닉네임 : <br>
    <input type="text" name="sname"><br><br>
    비밀번호 : <br>
    <input type="password" name="passwd"><br><br>
    <input type="submit" value=" 신청하기 ">
  </form>
</body>
</html>
```

14행 : 닉네임은 한글 또는 영문만 입력하도록 정규 표현식을 선언하여 변수에 저장합니다.
17행 : 비밀번호는 숫자만 입력하도록 정규 표현식을 선언하여 변수에 저장합니다.
19~24행 : 닉네임은 한글 또는 영문자로만 입력되었는지를 test( ) 메소드를 사용하여 if 문의 조건식으로 데이터 형식의 유효성을 판별합니다.
25~30행 : 비밀번호는 숫자로만 입력되었는지를 test( ) 메소드를 사용하여 if 문의 조건식으로 데이터 형식의 유효성을 판별합니다.

- **Step 02 | 닉네임의 데이터 형식 오류 확인하기** : 이클립스에서 단축키 Ctrl+F11을 눌러 실행합니다. 폼 화면에서 닉네임을 123abc를 입력하고 〈신청하기〉를 누르게 되면 닉네임에 대한 데이터 형식 오류 메시지 창이 출력됩니다.

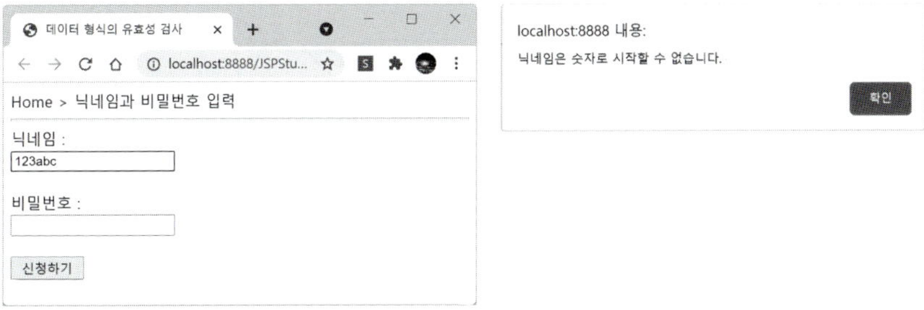

그림 5-10 닉네임의 데이터 형식 오류

- **Step 03 | 비밀번호의 데이터 형식 오류 확인하기** : 이클립스에서 단축키 Ctrl+F11을 눌러 실행합니다. 폼 화면에서 닉네임은 space, 비밀번호는 asdf를 입력하고 〈신청하기〉를 누르게 되면 비밀번호에 대한 데이터 형식 오류 메시지 창이 출력됩니다.

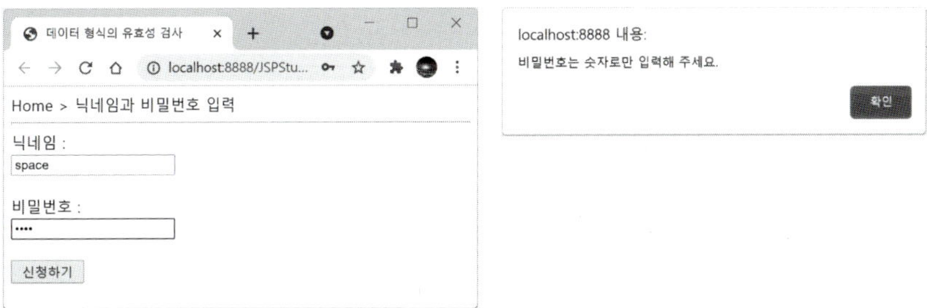

그림 5-11 비밀번호의 데이터 형식 오류

2.2 파라미터 전송받기

폼 화면에서 입력한 데이터에 대해 정규 표현식을 통한 데이터의 유효성 검사를 마친 파라미터(닉네임과 비밀번호)를 전송받기 위해 다음 예제를 수행합니다.

예제 05 – 08 정규 표현식으로 유효성 검사를 마친 파라미터 전송받기

- **Step 01 | JSP 웹페이지 작성하기 :** regularExpression_success.jsp 파일을 생성하고 다음과 같이 소스 코드를 입력합니다.

JSPStudy/ch05/regularExpression_success.jsp

```
01 <%@ page language="java" contentType="text/html; charset=UTF-8"
02   pageEncoding="UTF-8" %>
03 <!DOCTYPE html>
04 <html>
05 <head>
06   <meta charset="UTF-8">
07   <title> 데이터 형식의 유효성 검사 완료 </title>
08 </head>
09 <body>
10   Home > 데이터 형식의 유효성 검사 성공
11   <hr>
12   <%
13     request.setCharacterEncoding("utf-8");
14     String sname=request.getParameter("sname");
15     String passwd=request.getParameter("passwd");
16   %>
17   <p> 닉네임 : <%= sname %>
18   <p> 비밀번호 : <%= passwd %>
19 </body>
20 </html>
```

13행 : 폼 화면에서 입력한 데이터를 웹 서버로 전송할 때 한글이 깨지지 않도록 문자 인코딩 유형을 utf-8로 설정합니다.
14~15행 : request 내장 객체의 getParameter( ) 메소드를 사용하여 전송된 파라미터를 해당 변수에 저장합니다.
17~18행 : 전송된 파라미터를 대상으로 데이터 처리를 위한 표현문 〈%= … %〉을 선언합니다.

• **Step 02 | 실행 결과 확인하기** : 이클립스에서 regularExpression.jsp 파일을 선택하고 단축키 Ctrl+F11을 눌러 실행합니다. 폼 화면에서 아이디 space와 비밀번호 1234를 입력 후 〈신청하기〉를 클릭하면 regularExpression_success.jsp 파일이 실행되면서 전달받은 파라미터가 화면에 출력됩니다.

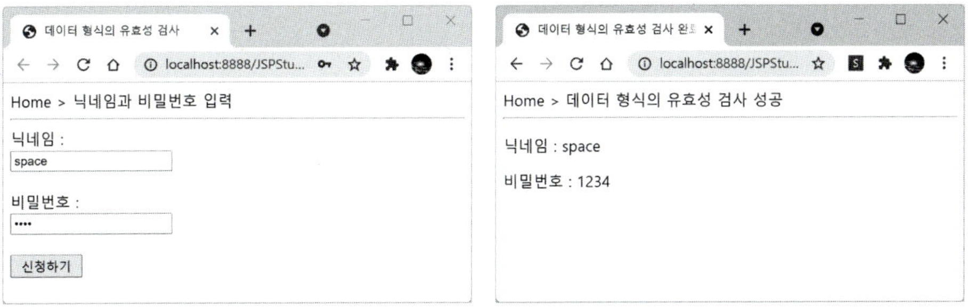

그림 5-12 실행 결과 화면

핵심 요약

01 유효성 검사의 필요성

■ 사용자가 폼 화면을 통해 입력한 데이터값이 특정 규칙에 적합하게 입력되었는지를 서버에 전송하기 전에 검증하는 절차를 유효성 검사라고 합니다.

■ 유효성 검사는 폼 화면에서 사용자가 입력한 데이터가 누락되었거나 데이터의 형식에 맞지 않게 입력하였을 경우 입력과정에서 오류가 있음을 알려주기 위해 수행합니다.

02 핸들러 함수에 대한 이해

■ 핸들러 함수란 폼 화면에서 〈submit〉를 누르는 이벤트가 발생하였을 경우 유효성 검사를 위해 매핑하는 메소드를 의미합니다.

■ 핸들러 함수는 사용자가 폼 화면에서 입력한 데이터값이 유효성 검사를 통과하게 되면 웹 서버로 전송하고 그렇지 않으면 오류 메시지를 보여주는 역할을 수행합니다.

03 데이터 입력 여부 검사

■ 폼 화면에서 사용자가 아이디와 비밀번호 등 필수 입력 항목을 입력하지 않은 상태로 〈전송하기〉를 누르게 되면 입력되지 않은 항목에 대한 오류 메시지가 출력되도록 입력 데이터의 여부를 검사하는 형식은 다음과 같습니다.

```
document.폼_이름. 입력_양식_이름.value==""
```

04 데이터의 길이 확인

■ 폼 화면에서 아이디 또는 비밀번호 등을 입력할 때 데이터의 길이를 검사하기 위한 형식은 다음과 같습니다.

```
document.폼_이름. 입력_양식_이름.value.length
```

05 숫자 여부 확인

- 폼 화면에서 입력한 데이터가 숫자인지를 판별할 때는 isNaN( ) 함수를 사용합니다. 이 함수는 inNotaNumber의 약어이며 isNaN( ) 함수 안에 선언하는 인자를 대상으로 숫자 여부를 판별합니다.
- 폼 화면에서 입력한 데이터가 숫자이면 false, 숫자가 아니면 true를 반환해 줍니다.

```
isNaN(document.폼 이름. 입력 양식 이름.value)
```

06 정규 표현식에 대한 이해

- 정규 표현식Regular Expression이란 폼 화면에서 데이터를 입력할 때 특정한 규칙을 가진 문자열의 집합을 표현하기 위해 사용하는 형식언어를 의미합니다.
- 정규 표현식은 주민등록번호를 입력하거나 이메일 등 특정 형식의 패턴이 일정한 데이터를 검사할 때 주로 사용합니다.
- 폼 화면에서 입력한 값에 대한 데이터 형식의 유효성을 검사할 때는 test( ) 메소드를 사용합니다.
- 정규 표현식을 선언할 때는 슬래시(/)로 묶어줍니다.

```
var 변수명 = /정규_표현식/;     ← 정규 표현식이 변경되지 않을 때 주로 사용
```

연습 문제

01 다음 글을 읽고 빈 괄호에 들어갈 단어를 입력하시오.

(1) 사용자가 폼 화면을 통해 입력한 (   )이 특정 규칙에 적합하게 입력되었는지를 (   )에 전송하기 전에 검증하는 절차를 유효성 검사라고 합니다.

(2) 핸들러 함수는 사용자가 폼 화면에서 입력한 데이터값이 (   ) 검사를 통과하게 되면 웹 서버로 전송하고 그렇지 않으면 (   )를 보여주는 역할을 수행합니다.

(3) 정규 표현식이란 폼 화면에서 데이터를 입력할 때 특정한 (   )을 가진 문자열의 집합을 표현하기 위해 사용하는 형식언어를 의미하며 데이터 형식의 유효성을 검사할 때는 (   ) 메소드를 사용합니다.

02 유효성 검사를 주로 하는 상황에 대해 3가지 이상을 기술하시오.

03 다음에 주어진 정규 표현식을 보고 의미를 빈칸에 서술하시오.

정규 표현식	의미
^s	문자열을 s로 시작합니다.
₩d* 또는 ^[0-9]*$	
^[a-z|A-Z|ㄱ-ㅎ|ㅏ-ㅣ|가-힣]	문자 형식으로만 허용합니다.
^₩d{3}₩-₩d{5}	

04 데이터 형식의 유효성 검사를 수행하기 위한 JSP 애플리케이션을 생성하시오.

(1) 프로젝트명 : JSPStudy

(2) 파일 생성 : test05_04.jsp

- 작성자 : 영문 또는 한글만 입력 가능
- 이메일 : 이메일 형식으로만 입력 가능
- 데이터 형식의 유효성 검사 : test( ) 메소드 사용

(3) 파라미터 전송 대상 파일명 : test05_05.jsp

(4) 기타 사항 : 실행 결과 화면 참조

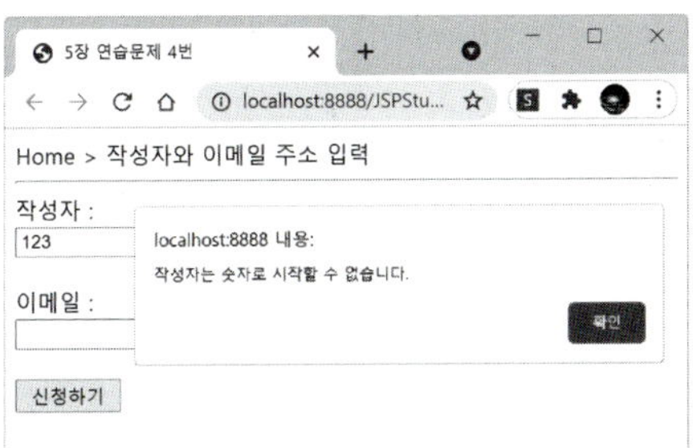

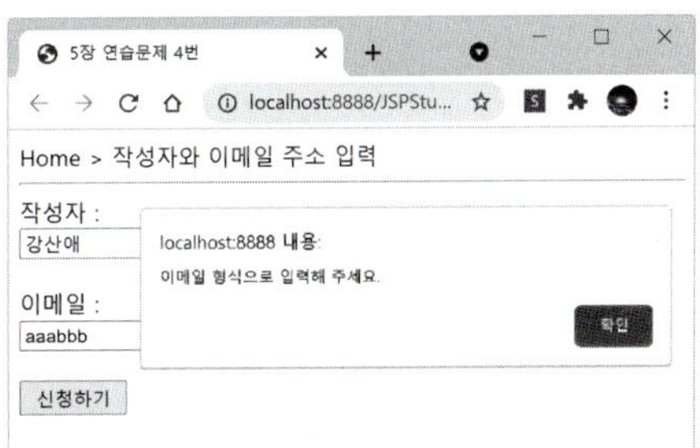

05 test05_04.jsp 파일에서 전송하는 파라미터를 전송받기 위한 JSP 애플리케이션을 생성하고 수행 결과를 확인하시오.

(1) 프로젝트명 : JSPStudy

(2) 파일 생성 : test05_05.jsp

(3) 기타 사항 : 실행 결과 화면 참조

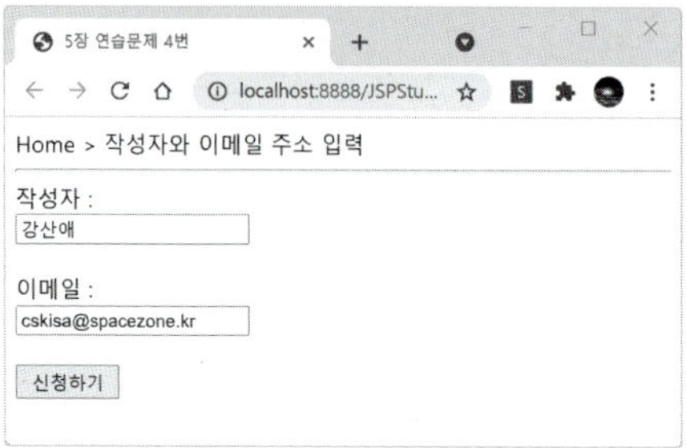

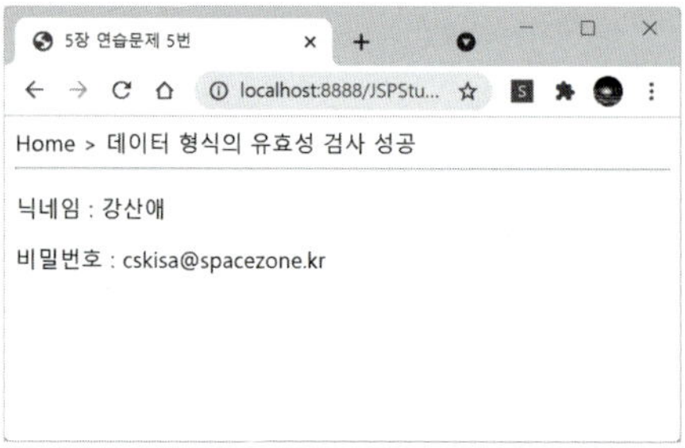

CHAPTER 06
세션

▶ Preview

세션의 기능과 역할에 대해 이해하고 session 내장 객체에서 제공하는 다양한 메소드의 활용 방법에 대해 살펴봅니다. 세션을 생성하고 생성된 세션에 대한 정보 출력, 세션 삭제, 세션의 유효시간 설정 등에 대해 실습합니다.

01 세션의 개요

1 세션이란?

세션Session이란 네트워크 환경에서 클라이언트와 웹 서버 간의 상태를 지속적으로 유지하기 위한 방법을 의미합니다. 세션은 서버 공간에 생성되므로 보안 유지에 유리하지만 데이터를 저장하기 위한 한계성에 대한 문제는 존재합니다. 세션은 클라이언트의 요청에 따라 접속된 웹 서버와 가상으로 연결된 상태를 유지하도록 해 줍니다.

2 세션의 역할

세션은 웹 서버 공간에 생성되는 객체로 웹 브라우저마다 하나씩 존재하며 웹 서버와의 접속을 통해 생성된 세션은 네트워크 환경에서 여러 사용자 중 특정인에 대한 구분자의 역할을 수행합니다. 세션을 통해 접속된 웹 브라우저를 닫기 전까지는 웹페이지를 이동하더라도 사용자에 대한 정보가 웹 서버에 객체 상태로 저장되어 있으므로 사용자 정보를 지속적으로 활용할 수 있게 됩니다.

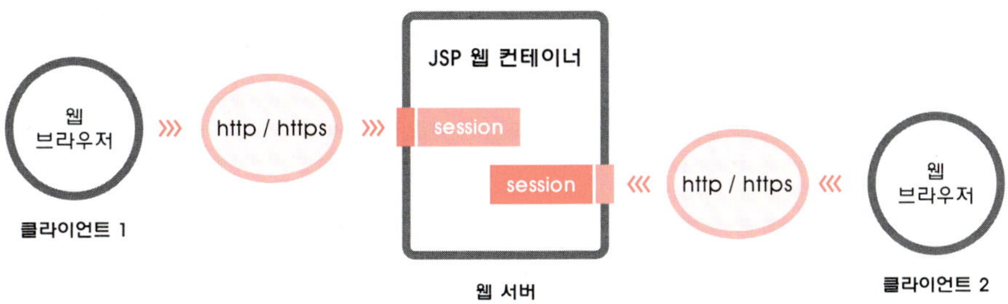

그림 6-1 세션에 의한 클라이언트 구분

02 session 내장 객체

1 session 객체의 역할

session 내장 객체는 웹 브라우저에서 웹 서버에게 서비스를 요청할 경우 요청한 웹 브라우저에 관한 정보를 저장하고 관리하는 역할을 수행합니다. session 객체는 웹 브라우저 당 1개의 세션이 할당되도록 하려면 page 디렉티브의 session 속성이 true로 설정되어 있어야 합니다.

2 메소드의 종류

session 내장 객체를 통해 웹 브라우저의 요청 시 세션을 처리하기 위한 메소드의 종류는 다음 표와 같습니다.

표 6-1 session 내장 객체 메소드

메소드 선언	의미
session.setAttribute(String name, Object value)	세션을 생성합니다.
session.getAttribute(String name)	세션의 name에 해당하는 정보를 가져옵니다.
session.setMaxInactiveInterval(int interval)	세션이 유지되는 시간을 초 단위로 설정합니다.
int interval:session.getMaxInactiveInverval( )	설정된 세션의 시간을 초 단위로 가져옵니다.
String id = session.getId( )	세션이 생성되면 자동으로 만들어지는 세션 아이디를 반환합니다.
Enumeration e = session.getAttributeNames( )	세션에 저장된 name을 java.util.Enumeration 타입으로 반환합니다.
boolean b = session.isNew( )	현재 웹 브라우저 창의 세션이 새로운 것인지를 판별합니다. (true → new, false → old)
session.invalidate( )	세션의 모든 속성값을 지웁니다.
session.removeAttrivute(java.lang.String name)	저장된 세션의 속성 중 name에 해당하는 정보를 삭제합니다.
long time = session.getLastAccessedTime( )	마지막 접속 시간을 알려줍니다.
long time = sessiongetCreationTime( )	세션이 시작된 시간을 알려줍니다.

03 세션 생성 및 정보 확인

1 세션 생성

세션을 생성할 때는 session 내장 객체의 setAttribute( ) 메소드를 사용하여 다음과 같이 생성하면 됩니다. 괄호 안에 매개변수 중 name은 세션으로 사용할 세션의 이름을 의미하고 세션에 저장된 특정 값을 찾아오기 위한 구분자의 역할을 수행합니다. value는 세션의 속성값을 나타냅니다.

```
void setAttribute(String name, Object value)
```

세션의 속성값은 Object 객체 타입만 가능하며 세션의 이름을 memberId와 memberPw, 속성값은 u_id와 u_pw로 세션을 생성하기 위해 다음 예제를 수행합니다.

```
void setAttribute("memberId", "u _ id")
void setAttribute("memberPw", "u _ pw")
```

예제 06 – 01 새로운 세션 생성하기

- **Step 01 | 프로젝트 생성하기** : 프로젝트는 3장에서 생성한 JSPStudy 프로젝트를 사용하고 Project Explorer 뷰에서 새로운 ch06 폴더를 생성합니다.
- **Step 02 | 로그인 폼 작성하기** : ch06 폴더 위치에 sessionCreate.jsp 파일을 생성하고 다음과 같이 소스 코드를 입력합니다.

JSPStudy/ch06/sessionCreate.jsp

```
01 <%@ page language="java" contentType="text/html; charset=UTF-8"
02   pageEncoding="UTF-8" %>
03 <!DOCTYPE html>
04 <html>
05 <head>
06   <meta charset="UTF-8">
07   <title> 로그인 폼 생성 </title>
08 </head>
09 <body>
10   Home > 로그인 폼 화면
11   <hr>
12   <form name="loginForm" action="sessionCreate_success.jsp"
13     method="post">
14     아이디 : <br>
15     <input type="text" name="id"><br><br>
16     비밀번호 : <br>
17     <input type="password" name="passwd"><br><br>
18     <input type="submit" value=" 로그인 ">
19   </form>
20 </body>
21 </html>
```

12행 : 〈submit〉를 누르는 이벤트가 발생하게 되면 폼 화면에서 입력한 파라미터를 전송할 파일명과 전송 방식을 설정합니다.

• **Step 02** | **세션 생성하기** : sessionCreate_success.jsp 파일을 생성하고 다음과 같이 소스 코드를 입력합니다. 아이디 space와 비밀번호 123456으로 로그인을 수행했을 경우만 세션이 생성되도록 설정합니다.

JSPStudy/ch06/sessionCreate_success.jsp

```
<%@ page language="java" contentType="text/html; charset=UTF-8"
  pageEncoding="UTF-8" %>
<!DOCTYPE html>
<html>
<head>
  <meta charset="UTF-8">
  <title> 세션 생성 </title>
</head>
```

```
09 <body>
10   Home > 세션 생성하기
11   <hr>
12   <%
13     String u_id = request.getParameter("id");
14     String u_pw = request.getParameter("passwd");
15
16     if(u_id.equals("space") && u_pw.equals("123456"))
17     {
18       session.setAttribute("memberId", u_id);
19       session.setAttribute("memberPw", u_pw);
20
21       out.println("새로운 세션 생성 성공 ! <br>");
22       out.println("[ " + u_id + " ]님이 입장하였습니다. ");
23     }
24     else
25     {
26       out.println("세션 생성 실패 ! <br>");
27       out.println("다시 시도해 보세요.");
28     }
29   %>
30 </body>
31 </html>
```

13~14행 : 폼 화면에서 입력한 데이터값을 파라미터로 변수에 저장합니다.
16~23행 : 아이디 space와 비밀번호 123456으로 로그인을 수행했을 경우만 세션이 생성되도록 if 문으로 판별합니다.
18~19행 : 사용자 아이디와 비밀번호로 세션을 생성합니다.
24~28행 : 아이디 space와 비밀번호 123456이 아닌 데이터값으로 로그인을 수행했을 경우 오류 메시지를 출력합니다.

• **Step 03 | 세션 확인하기** : 이클립스에서 sessionCreate.jsp 파일을 선택하고 단축키 Ctrl+F11을 눌러 실행합니다. 폼 화면에서 아이디 space와 비밀번호 123456을 입력 후 〈로그인〉을 클릭하면 sessionCreate_success.jsp 파일이 실행되면서 세션이 생성되고 폼 화면에서 전달받은 파라미터가 화면에 출력됩니다.

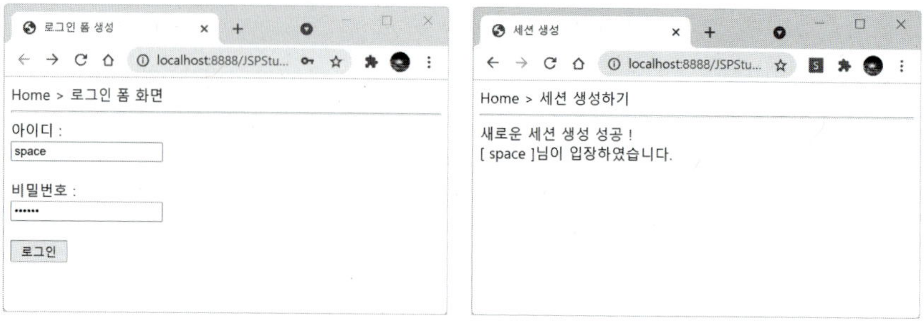

그림 6-2 세션 생성 성공

- **Step 04 | 세션 실패 확인하기** : 폼 화면에서 아이디 asdfasdf와 비밀번호 888888을 입력 후 〈로그인〉을 클릭하면 세션 생성이 실패되었다는 메시지가 화면에 출력됩니다.

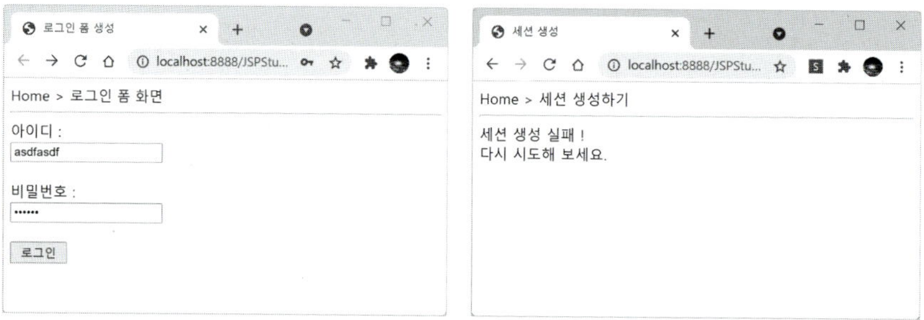

그림 6-3 세션 생성 실패

2 세션 정보 확인

생성된 세션의 정보를 확인하려면 session 내장 객체의 getAttribute( ) 메소드 또는 getAttributeNames( ) 메소드를 사용합니다. 세션 정보 확인은 단일 세션 정보와 다중 세션 정보로 구분하여 살펴보도록 하겠습니다.

2.1 단일 세션 정보

getAttribute( ) 메소드를 사용하여 세션에 저장된 하나의 세션 속성 이름에 대한 속성 값을 가져오려면 다음과 같이 선언하면 됩니다. 주의해야 할 점은 getAttribute( ) 메소드의 반환 유형은 Object 형이므로 반드시 형 변환을 수행한 다음 사용해야 합니다. 매개변수 name은 세션에 저장된 세션 속성의 이름을 의미하며 name을 선언하지 않았을 경우 null을 반환합니다.

```
Object getAttribute(String name)
```

getAttribute( ) 메소드를 사용하여 앞에서 생성한 memberId 세션의 정보를 가져오기 위해 다음 예제를 수행합니다. memberId 값이 String 형인 space라면 캐스트 연산자를 사용하여 형 변환을 수행해야 합니다. 세션에 속성 이름이 지정되어 있지 않으면 null을 반환합니다.

```
String u_id = (String) session.getAttribute("memberId")
String u_pw = (String) session.getAttribute("memberPw")
```

예제 06 – 02 세션의 속성값 출력하기

- **Step 01** | **세션 생성하기** : [예제 06–01]을 수행하여 세션을 생성합니다.
- **Step 02** | **JSP 웹페이지 작성하기** : sessionInfo_single.jsp 파일을 생성하고 다음과 같이 소스 코드를 입력합니다.

JSPStudy/ch06/sessionInfo_single.jsp

```
<%@ page language="java" contentType="text/html; charset=UTF-8"
  pageEncoding="UTF-8" %>
<!DOCTYPE html>
<html>
<head>
  <meta charset="UTF-8">
  <title> 단일 세션 정보 </title>
</head>
<body>
  Home > 단일 세션 정보 확인하기
  <hr>
  <%
```

```
13        String u_id = (String) session.getAttribute("memberId");
14        String u_pw = (String) session.getAttribute("memberPw");
15
16        out.println(" 1. 아이디 세션 속성값 : " + u_id + "<br>");
17        out.println(" 2. 비밀번호 세션 속성값 : " + u_pw + "<br>");
18    %>
19  </body>
20  </html>
```

13~14행 : 생성된 세션의 속성값을 가져오도록 캐스트 연산자 (String)을 선언하여 session 내장 객체의 getAttribute( ) 메소드에 대한 형 변환을 수행하고 변수에 저장합니다.
16~17행 : 세션의 속성값을 가져와 화면에 출력합니다.

- **Step 03 | 세션 정보 확인하기** : 이클립스에서 단축키 Ctrl+F11을 눌러 실행하게 되면 [예제 06-01]에서 생성한 세션에 대한 정보가 출력됩니다.

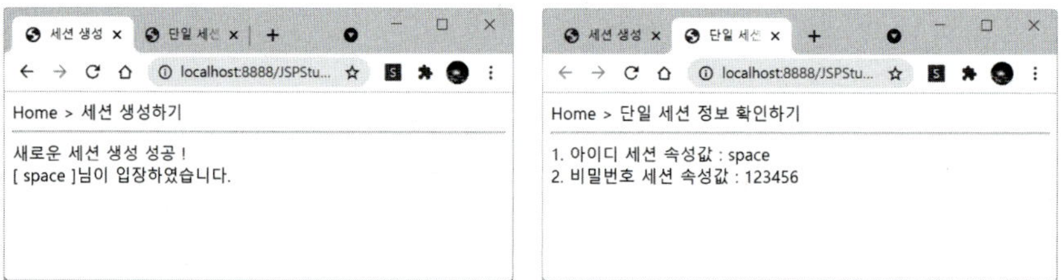

그림 6-4 단일 세션 정보 출력

2.2 다중 세션 정보

getAttributeNames( ) 메소드를 사용하여 세션에 저장된 여러 개의 세션 속성 이름에 대한 속성값을 가져오려면 다음과 같이 선언하면 됩니다. getAttributeNames( ) 메소드의 반환 유형은 Enumeration 객체 타입입니다. Enumeration 객체를 사용하려면 page 디렉티브 태그의 import 속성을 사용하여 java.util.Enumeration을 설정해야 합니다.

```
<%@ page import="java.util.Enumeration" %>
Enumeration en = session.getAttriburtNames( );
```

세션에 저장된 모든 세션 속성의 이름과 속성값을 가져오기 위해 다음 예제를 수행합니다.

예제 06 – 03 세션의 모든 속성 이름과 속성값 출력하기

- **Step 01 | 세션 생성하기 :** [예제 06-01]을 수행하여 세션을 생성합니다.
- **Step 02 | JSP 웹페이지 작성하기 :** sessionInfo_all.jsp 파일을 생성하고 다음과 같이 소스 코드를 입력합니다.

JSPStudy/ch06/sessionInfo_all.jsp

```
<%@ page language="java" contentType="text/html; charset=UTF-8"
  pageEncoding="UTF-8" %>
<%@ page import="java.util.Enumeration" %>
<!DOCTYPE html>
<html>
<head>
  <meta charset="UTF-8">
  <title> 모든 세션 정보  </title>
</head>
<body>
  Home > 모든 세션 정보 확인하기
  <hr>
  <%
    String name = "";
    String value = "";

    Enumeration en = session.getAttributeNames();

    int count=0;
    while(en.hasMoreElements())
    {
      count++;
      name = en.nextElement().toString();
      value = session.getAttribute(name).toString();

      out.println(count + ". 세션의 속성 이름 : [ " + name + " ] <br>");
      out.println(count + ". 세션의 속성값 : [ " + value + " ] <br>");
    }
  %>
</body>
</html>
```

17행 : Enumeration의 속성을 지닌 en 객체에는 세션에 대한 정보가 아이템 형태로 저장되어 있습니다. getAttributeNames( ) 메소드를 사용하여 세션의 이름을 Enumeration 형으로 반환해 줍니다.
20행 : hasMoreElements( ) 메소드는 현재 가져올 데이터가 있는지를 검사하여 true 또는 false 값으로 반환해 줍니다. 아이템이 존재할 경우 while 문안의 명령문을 수행합니다.
23행 : nextElement( ) 메소드를 사용하여 아이템을 하나씩 가져옵니다.
24행 : nextElement( ) 메소드에 의해 가져온 아이템들은 세션 객체들이므로 getAttribute(name) 메소드의 매개변수 name으로 지정하게 되면 세션에 저장되어 있는 속성값을 가져오게 됩니다.
26~27행 : 세션의 속성값들을 가져와 화면에 출력합니다.

• **Step 03 | 세션 정보 확인하기** : 이클립스에서 단축키 Ctrl+F11을 눌러 실행하게 되면 [예제 06-01]에서 생성한 세션에 대한 모든 정보가 출력됩니다.

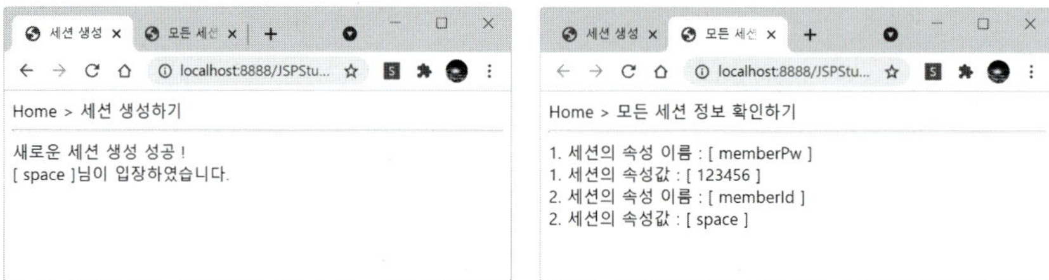

그림 6-5 세션의 모든 정보 출력

04 세션의 유효시간

1 유효시간 설정 방법

세션의 유효시간을 설정할 때는 session 내장 객체의 setMaxInactiveInterval( ) 메소드를 다음과 같이 사용하면 됩니다. 메소드의 괄호 안에 정수의 값을 선언한 매개변수로 세션의 유효시간을 설정할 수 있습니다. 세션의 유효시간은 초 단위이며 기본값은 1,800초(30분)로 설정되어 있습니다.

```
session.setMaxInactiveInterval(int interval _ time);
session.setMaxInactiveInterval(60 * 5);  ← 300초로 유효시간 설정
```

세션의 유효시간을 0 또는 음수로 설정하게 될 경우 세션의 유효시간이 없는 상태가 되므로 세션을 삭제 후에도 웹 서버에는 계속해서 남아있게 되어 메모리 부족 현상이 발생할 수 있으므로 주의해야 합니다.

2 세션의 유효시간 설정

생성된 세션의 기본 유효시간과 setMaxInactiveInterval( ) 메소드를 사용하여 세션의 유효시간을 5분(60 * 5)으로 변경된 유효시간을 비교하여 출력하기 위해 다음 예제를 수행합니다. 세션의 유효시간을 분 단위로 표기하려면 유효시간의 초 단위를 60으로 나누어 주면 됩니다.

예제 06 - 04 세션의 변경 전/후 유효시간 출력하기

- **Step 01 | 세션 생성하기 :** [예제 06-01]을 수행하여 세션을 생성합니다.
- **Step 02 | JSP 웹페이지 작성하기 :** sessionInterval.jsp 파일을 생성하고 다음과 같이 소스 코드를 입력합니다.

JSPStudy/ch06/sessionInterval.jsp

```
01 <%@ page language="java" contentType="text/html; charset=UTF-8"
02   pageEncoding="UTF-8" %>
03 <!DOCTYPE html>
04 <html>
05 <head>
06   <meta charset="UTF-8">
07   <title> 세션의 유효시간  </title>
08 </head>
09 <body>
10   Home > 세션의 유효시간 출력하기
11   <hr>
12   -- 세션 유효시간 변경 전 -- <br>
13   <%
14     int s_time = session.getMaxInactiveInterval() / 60;
15     out.println("세션의 유효시간 : [ " + s_time + " 분 ] <br><br>");
16   %>
17   -- 세션 유효시간 변경 후 -- <br>
18   <%
19     session.setMaxInactiveInterval(60 * 5);
20     s_time = session.getMaxInactiveInterval() / 60;
21     out.println("세션의 유효시간 : [ " + s_time + " 분 ]");
22   %>
23 </body>
24 </html>
```

14~15행 : 세션의 기본 유효시간을 분 단위로 환산하여 출력합니다.
19행 : 세션의 유효시간을 5분(60 * 5)으로 변경합니다.
20~21행 : 변경된 세션의 유효시간을 분 단위로 환산하여 출력합니다.

• **Step 03 | 세션 정보 확인하기** : 이클립스에서 단축키 Ctrl+F11을 눌러 실행하게 되면 [예제 06-01]에서 생성한 세션에 대한 기본 유효시간과 변경된 유효시간을 확인할 수 있습니다.

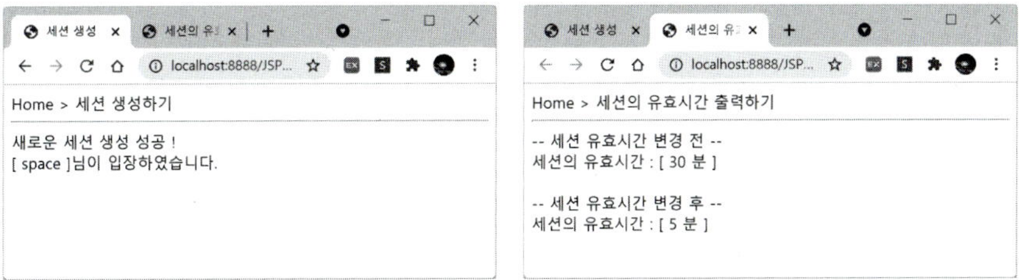

그림 6-6 세션의 유효시간 출력

3 로그인 후 세션 유지 시간

로그인을 수행하여 접속된 상태에서 세션이 유지된 시간을 확인하려면 session 내장 객체의 getId( ), getLastAccessedTime( ), getCreationTime( ) 메소드를 변수에 대입하여 다음과 같이 사용하면 됩니다.

```
session_id = session.getId( );                               ← 세션 아이디 가져오기
long last_time = session.getLastAccessedTime( );             ← 세션에 접근한 마지막 시간
long start_time = session.getCreationTime( );                ← 세션에 접근한 최초의 시간
long user_time = (last_time - start_time) / 60000;           ← 세션이 생성된 시간(분)
```

로그인 접속 후 세션이 유지된 시간을 출력하기 위해 다음 예제를 수행합니다.

예제 06 – 05 로그인 접속 후 유지된 세션 시간 출력하기

• **Step 01 | 세션 생성하기** : [예제 06-01]을 수행하여 세션을 생성합니다.

• **Step 02 | JSP 웹페이지 작성하기** : sessionKeping.jsp 파일을 생성하고 다음과 같이 소스 코드를 입력합니다.

JSPStudy/ch06/sessionKeping.jsp

```
01  <%@ page language="java" contentType="text/html; charset=UTF-8"
02    pageEncoding="UTF-8" %>
03  <!DOCTYPE html>
04  <html>
05  <head>
06    <meta charset="UTF-8">
07    <title> 로그인 접속 후 세션 유지 시간 </title>
08  </head>
09  <body>
10    Home > 로그인 접속 후 세션을 유지한 시간 출력하기
11    <hr>
12    <%
13      String session_id = session.getId();
14      long last_time = session.getLastAccessedTime();
15      long start_time = session.getCreationTime();
16      long keping_time = (last_time - start_time) / 60000;
17
18      out.println("1. 세션 아이디 : [ " + session_id + " ] <br>");
19      out.println("2. 세션이 생성된 시간 : [ " + keping_time + " 분 ] <br>");
20    %>
21  </body>
22  </html>
```

13행 : session 내장 객체의 getId( ) 메소드를 사용하여 세션의 아이디를 가져옵니다.
14행 : session 내장 객체의 getLastAccessedTime( ) 메소드를 사용하여 세션에 접근한 마지막 시간을 가져옵니다.
15행 : session 내장 객체의 getCreationTime( ) 메소드를 사용하여 세션에 최초로 접근한 시간을 가져옵니다.
16행 : 세션에 접근한 마지막 시간에서 최초 접근 시간을 차감하여 로그인 접속 후 세션을 유지한 시간을 산출하고 산출된 시간을 60000으로 나누어 분 단위로 환산합니다.
18~19행 : 세션 아이디와 로그인 접속 후 세션을 유지한 시간을 출력합니다.

- **Step 03 | 세션 정보 확인하기** : 이클립스에서 단축키 Ctrl+F11을 눌러 실행하게 되면 [예제 06-01]에서 생성한 세션으로 로그인 접속 후 세션을 유지한 시간을 확인할 수 있습니다.

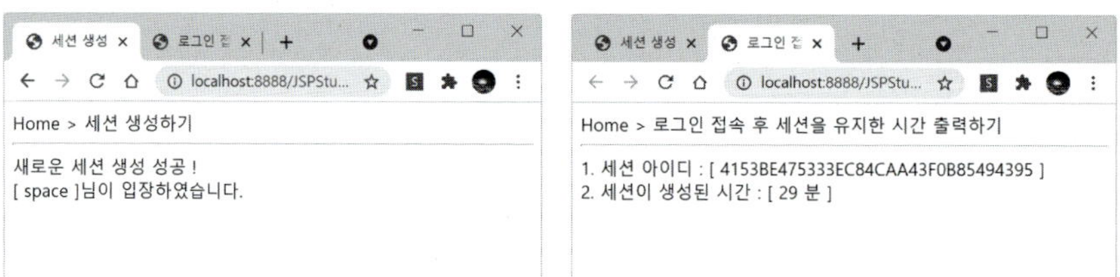

그림 6-7 로그인 접속 후 세션을 유지한 시간

05 세션 삭제

세션을 삭제할 때는 session 내장 객체의 removeAttribute( ) 메소드 또는 unvalidate( ) 메소드를 사용합니다. 세션을 삭제하게 되면 session 내장 객체에 저장된 모든 속성 또한 삭제됩니다.

1 단일 세션 삭제

removeAttribute( ) 메소드를 사용하여 단일 세션 memberId를 삭제하려면 다음과 같이 선언하면 됩니다.

```
session.removeAttribute("memberId");
```

removeAttribute( ) 메소드를 사용하여 생성된 세션에서 memberId 단일 세션의 속성을 삭제하기 위해 다음 예제를 수행합니다.

예제 06 – 06 단일 세션의 속성 삭제하기

- **Step 01 | 세션 생성하기** : [예제 06-01]을 수행하여 세션을 생성합니다.
- **Step 02 | JSP 웹페이지 작성하기** : sessionRemove.jsp 파일을 생성하고 다음과 같이 소스 코드를 입력합니다.

JSPStudy/ch06/sessionRemove.jsp

```
01 <%@ page language="java" contentType="text/html; charset=UTF-8"
02     pageEncoding="UTF-8" %>
03 <!DOCTYPE html>
04 <html>
05 <head>
06   <meta charset="UTF-8">
07   <title> 단일 세션 삭제  </title>
08 </head>
09 <body>
10   Home > 단일 세션 삭제하기
11   <hr>
12   -- 단일 세션 삭제 전 -- <br>
13   <%
14     String u_id = (String) session.getAttribute("memberId");
15     String u_pw = (String) session.getAttribute("memberPw");
16     out.println(" 1. 아이디 세션 속성값 : " + u_id + "<br>");
17     out.println(" 2. 비밀번호 세션 속성값 : " + u_pw + "<br><br>");
18
19     session.removeAttribute("memberId");
20   %>
21   -- 단일 세션 삭제 후 -- <br>
22   <%
23     u_id = (String) session.getAttribute("memberId");
24     u_pw = (String) session.getAttribute("memberPw");
25     out.println(" 1. 아이디 세션 속성값 : " + u_id + "<br>");
26     out.println(" 2. 비밀번호 세션 속성값 : " + u_pw + "<br>");
27   %>
28 </body>
29 </html>
```

19행 : session 내장 객체의 removeAttributed( ) 메소드를 사용하여 memberId 세션의 속성을 삭제합니다.

23행 : memberId 세션의 속성이 삭제된 결과를 확인하기 위해 변수에 저장 후 25행의 출력으로 삭제된 세션의 속성값을 확인합니다.

- **Step 03 | 세션 정보 확인하기** : 이클립스에서 단축키 Ctrl+F11을 눌러 실행하게 되면 [예제 06-01]에서 생성한 세션에서 memberId 속성이 삭제된 것을 확인할 수 있습니다.

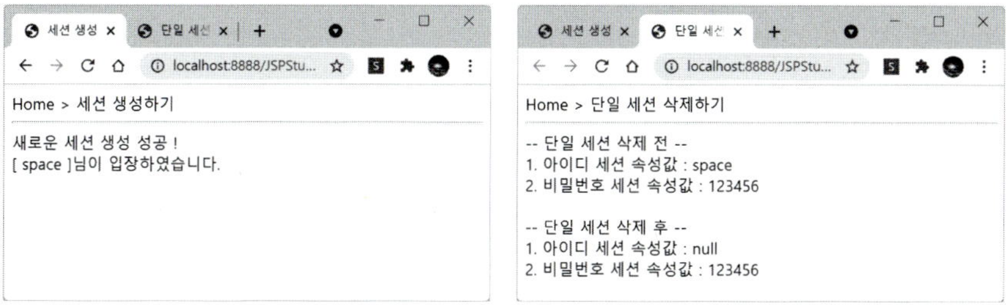

그림 6-8 단일 세션 삭제 후 실행 결과

2 다중 세션 삭제

세션을 종료하고 세션에 등록된 모든 속성을 삭제하려면 invalidate( ) 메소드를 다음과 같이 선언하면 됩니다.

```
session.invalidate( )
```

invalidate( ) 메소드를 사용하여 세션을 종료하고 세션에 등록된 모든 속성을 삭제하기 위해 다음 예제를 수행합니다.

예제 06 – 07 세션의 모든 속성 삭제하기

- **Step 01 | 세션 생성하기** : [예제 06-01]을 수행하여 세션을 생성합니다.
- **Step 02 | JSP 웹페이지 작성하기** : sessionRemove_all.jsp 파일을 생성하고 다음과 같이 소스 코드를 입력합니다.

JSPStudy/ch06/sessionRemove_all.jsp

```
<%@ page language="java" contentType="text/html; charset=UTF-8"
    pageEncoding="UTF-8" %>
<!DOCTYPE html>
<html>
<head>
  <meta charset="UTF-8">
  <title> 다중 세션 삭제 </title>
</head>
<body>
  Home > 다중 세션 삭제하기
  <hr>
  -- 다중 세션 삭제 전 -- <br>
  <%
    String u_id = (String) session.getAttribute("memberId");
    String u_pw = (String) session.getAttribute("memberPw");
    out.println(" 1. 아이디 세션 속성값 : " + u_id + "<br>");
    out.println(" 2. 비밀번호 세션 속성값 : " + u_pw + "<br>");

    if(request.isRequestedSessionIdValid() == true)
    {
      out.println(" >> 유효한 세션입니다. <br><br>");
    }
    else
    {
      out.println(" >> 유효하지 않은 세션입니다.<br><br>");
    }

    session.invalidate();
  %>
  -- 다중 세션 삭제 후 -- <br>
  <%
    if(request.isRequestedSessionIdValid() == true)
    {
      out.println(" >> 삭제 후에도 유효한 세션입니다.<br><br>");
    }
    else
    {
      out.println(" >> 삭제되어 유효하지 않은 세션입니다.");
    }
  %>
</body>
</html>
```

19~26행 : 클라이언트에서 요청한 세션의 유효성을 if~else 문으로 판별하여 해당 메시지를 출력합니다.
28행 : session 내장 객체의 invalidate( ) 메소드를 사용하여 세션에 저장된 모든 속성을 삭제합니다.
32~39행 : 세션에 저장된 모든 속성값을 삭제 후 세션의 유효성을 if~else 문으로 판별하여 해당 메시지를 출력합니다.

• **Step 03 | 세션 정보 확인하기** : 이클립스에서 단축키 Ctrl+F11을 눌러 실행하게 되면 [예제 06-01]에서 생성한 세션의 모든 속성값이 삭제된 것을 확인할 수 있습니다.

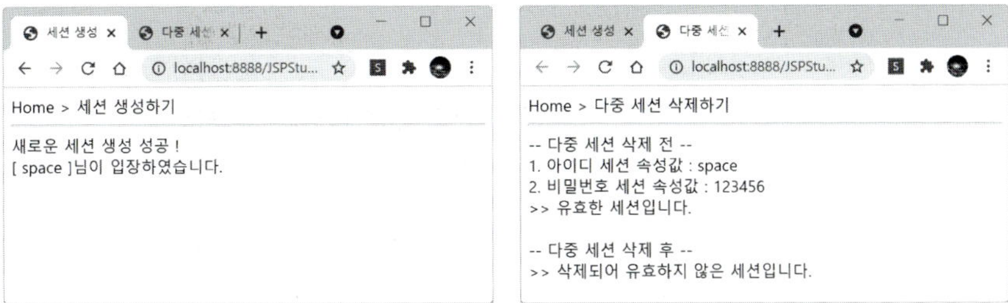

그림 6-9 다중 세션 삭제 후 실행 결과

핵심 요약

01 세션에 대한 이해

- 세션이란 네트워크 환경에서 클라이언트와 웹 서버 간의 상태를 지속적으로 유지하기 위한 방법을 의미합니다.
- 세션은 서버 공간에 생성되므로 보안 유지에 유리하지만 데이터를 저장하기 위한 한계성에 대한 문제는 존재합니다.
- 세션은 클라이언트의 요청에 따라 접속된 웹 서버와 가상으로 연결된 상태를 유지하도록 해 줍니다.

02 session 내장 객체의 역할

- session 내장 객체는 웹 브라우저에서 웹 서버에게 서비스를 요청할 경우 요청한 웹 브라우저에 관한 정보를 저장하고 관리하는 역할을 수행합니다.
- session 객체는 웹 브라우저(클라이언트)당 1개의 세션이 할당되도록 하려면 page 디렉티브의 session 속성이 true로 설정되어 있어야 합니다.

03 세션 생성

- 세션을 생성할 때는 session 내장 객체의 setAttribute( ) 메소드를 사용하여 다음과 같이 생성하면 됩니다.
- 괄호 안에 매개변수 중 name은 세션으로 사용할 세션의 이름을 의미하고 세션에 저장된 특정 값을 찾아오기 위한 구분자의 역할을 수행하며 value는 세션의 속성값을 나타냅니다.

```
void setAttribute(String name, Object value)
```

04 세션의 정보 확인

- 세션에 대한 단일 정보는 session 내장 객체의 getAttribute( ) 메소드를 사용하고 다중 정보는 getAttributeNames( ) 메소드를 사용합니다.
- getAttribute( ) 메소드의 반환 유형은 Object 형이므로 반드시 형 변환을 수행한

다음 사용해야 합니다.

■ getAttributeNames( ) 메소드의 반환 유형은 Enumeration 객체 타입이므로 이 객체를 사용하려면 page 디렉티브 태그의 import 속성을 사용하여 java.util.Enumeration을 설정해야 합니다.

05 세션의 유효시간 설정

■ 세션의 유효시간을 설정할 때는 session 내장 객체의 setMaxInactiveInterval( ) 메소드를 사용합니다.

■ 세션의 유효시간은 초 단위이며 기본값은 1,800초(30분)로 설정되어 있습니다.

■ 메소드의 괄호 안에 정수의 값을 선언한 매개변수로 세션의 유효시간을 설정할 수 있습니다.

```
session.setMaxInactiveInterval(int interval_time);
session.setMaxInactiveInterval(60 * 5);  ← 300초로 유효시간 설정
```

06 로그인 후 세션 유지 시간 확인

■ 로그인을 수행하여 접속된 상태에서 세션이 유지된 시간을 확인하려면 session 내장 객체의 getId( ), getLastAccessedTime( ), getCreationTime( ) 메소드를 사용합니다.

```
session_id = session.getId( );      ← 세션 아이디 가져오기
long last_time = session.getLastAccessedTime( );  ← 세션에 접근한 마지막 시간
long start_time = session.getCreationTime( );  ← 세션에 접근한 최초의 시간
long user_time = (last_time - start_time) / 60000;   ← 세션이 생성된 시간(분)
```

07 세션 삭제

■ 단일 세션을 삭제할 때는 session 내장 객체의 removeAttribute( ) 메소드를 사용하고 세션의 이름 memberId를 삭제하려면 다음과 같이 선언하면 됩니다.

```
session.removeAttribute("memberId");
```

■ 다중 세션을 삭제할 때는 unvalidate( ) 메소드를 다음과 같이 사용하고 세션을 삭제하게 되면 session 내장 객체에 저장된 모든 속성 또한 삭제됩니다.

```
session.invalidate( )
```

연습문제

01 다음 글을 읽고 빈 괄호에 들어갈 단어를 입력하시오.

(1) 세션은 웹 서버 공간에 생성되는 (　　　　)로 웹 브라우저마다 하나씩 존재하며 웹 서버와의 접속을 통해 생성된 세션은 네트워크 환경에서 여러 사용자 중 특정인에 대한 (　　　　)의 역할을 수행합니다.

(2) 세션을 통해 접속된 웹 브라우저를 닫기 전까지는 웹페이지를 이동하더라도 사용자에 대한 정보가 (　　　　)에 객체 상태로 저장되어 있으므로 (　　　　)를 지속적으로 활용할 수 있게 됩니다.

(3) session 내장 객체는 웹 브라우저에서 (　　　　)에게 서비스를 요청할 경우 요청한 웹 브라우저에 관한 (　　　　)를 저장하고 관리하는 역할을 수행합니다.

02 다음과 같이 주어진 session 내장 객체의 메소드를 보고 의미를 기술하시오.

메소드 선언	의미
session.setAttribute(String name, Object value)	세션을 생성합니다.
session.getAttribute(String name)	
session.setMaxInactiveInterval(int interval)	세션이 유지되는 시간을 초 단위로 설정합니다.
int interval:session.getMaxInactiveInverval( )	설정된 세션의 시간을 초 단위로 가져옵니다.
session.invalidate( )	
session.removeAttrivute(java.lang.String name)	저장된 세션의 속성 중 name에 해당하는 정보를 삭제합니다.
long time = session.getLastAccessedTime( )	
long time = sessiongetCreationTime( )	세션이 시작된 시간을 알려줍니다.

03 세션을 삭제할 때 사용하는 메소드를 기술하시오.

(1) 단일 세션 삭제 – [　　　　　　　　　　]

(2) 다중 세션 삭제 – [　　　　　　　　　　]

04 폼 화면에서 로그인을 성공적으로 접속했을 경우만 세션이 생성되도록 JSP 애플리케이션을 생성하시오.

(1) 프로젝트명 : JSPStudy

(2) 로그인 폼 화면 : test06_04_01.jsp

- 아이디 : 김태린
- 비밀번호 : 123456

(3) 세션 생성 파일 : test06_04_02.jsp

(4) 기타 사항 : 실행 결과 화면 참조

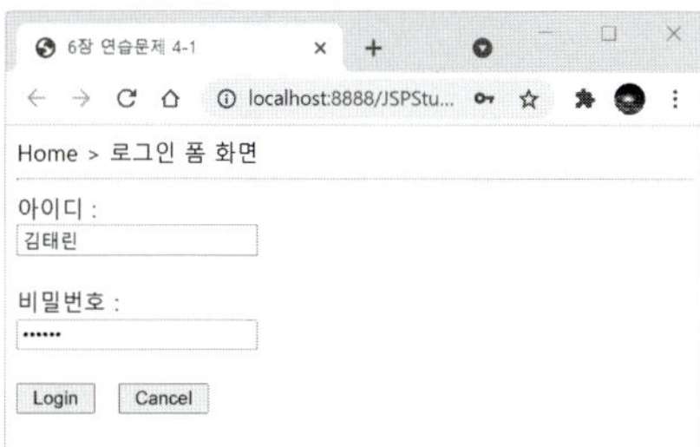

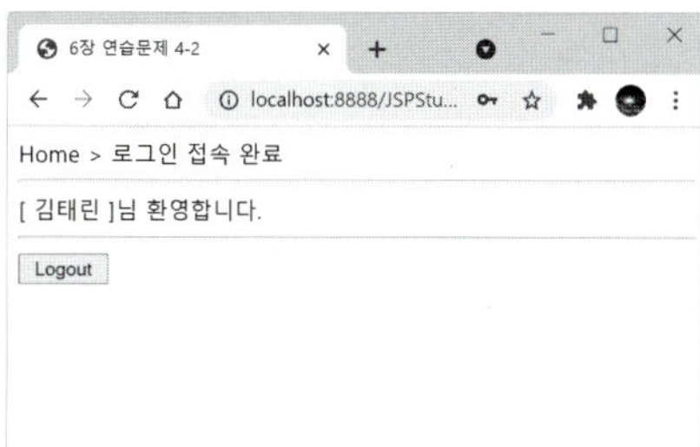

05 로그인 접속 완료 화면에서 〈Logout〉를 누르게 되면 생성된 세션의 모든 속성이 삭제 되도록 JSP 애플리케이션을 생성하시오.

(1) 프로젝트명 : JSPStudy

(2) 파일 생성 : test06_05.jsp

(3) 모든 세션 삭제 : session.invalidate( )

(4) 새 창에서 실행 : 폼 태그 안에 target="_blank" 선언

(5) 기타 사항 : 실행 결과 화면 참조

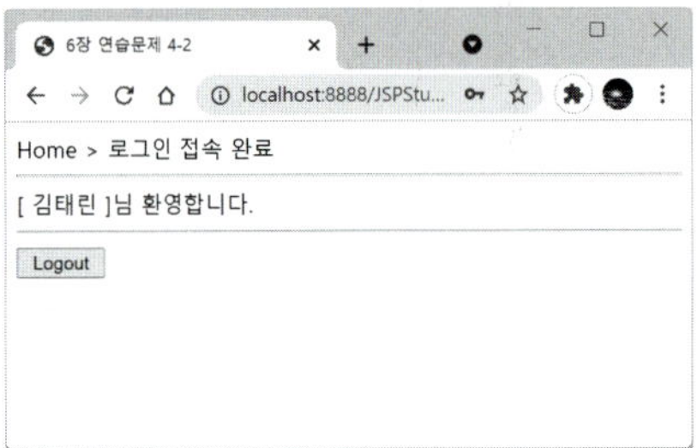

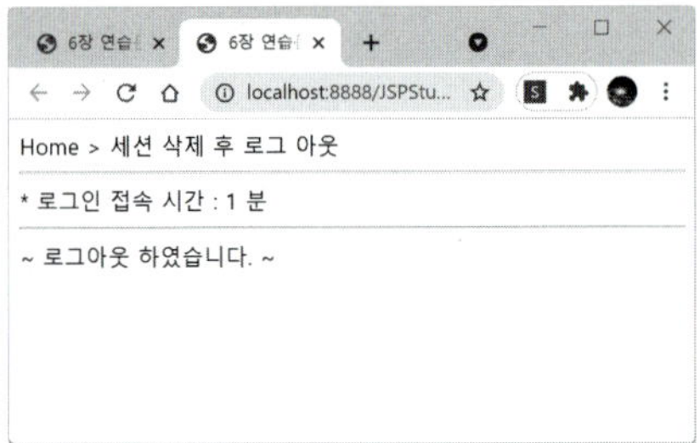

CHAPTER 07

쿠키

▶ Preview

쿠키의 기능과 역할에 대해 이해하고 response 내장 객체에서 제공하는 메소드를 사용하여 웹 브라우저에서 다른 페이지로 이동하는 방법과 Cookie 클래스의 역할 및 종류에 대해 살펴봅니다. 쿠키 생성과 생성된 쿠키에 대한 정보를 출력하는 방법 및 쿠키를 삭제하는 방법에 대해 실습합니다.

01 쿠키의 개요

1 쿠키란?

쿠키Cookie란 세션과 마찬가지로 네트워크 환경에서 클라이언트와 웹 서버 간의 상태를 지속적으로 유지하기 위해 사용됩니다. 쿠키는 사이트에 접속할 때 생성되는 정보를 담은 4KB 이하 크기의 임시 파일을 의미합니다. 세션과 다른 점이 있다면 로그인 상태 정보를 세션의 경우 웹 서버에 객체 상태로 저장되는 반면 쿠키는 사용자 컴퓨터인 클라이언트에 저장된다는 점입니다. 사용자 컴퓨터에 남아있는 쿠키는 불순한 의도로 복사되거나 해킹 등에 의해 개인 정보가 탈취될 수 있다는 보안상의 취약한 단점 또한 존재합니다.

2 쿠키의 역할

쿠키는 클라이언트의 정보를 웹 브라우저에 저장하기 때문에 이후에 웹 서버로 서비스를 요청할 경우 쿠키를 읽어 새로운 웹 브라우저인지 아니면 이전에 요청했던 웹 브라우저인지를 구별합니다. 쿠키가 생성되면 웹 브라우저는 쿠키가 삭제되기 전까지 쿠키의 요청이 있을 때마다 웹 서버에게 쿠키를 전송해 줍니다.

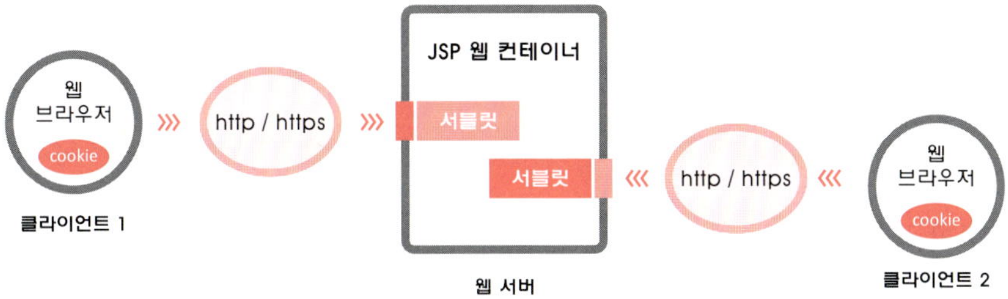

그림 7-1 쿠키에 의한 웹 브라우저 구분

02 response 내장 객체

1 response 객체의 역할

response 내장 객체는 JSP 웹페이지의 실행 결과를 웹 브라우저로 반환해 줄 때 사용하는 객체입니다. 서버는 클라이언트에 대한 응답을 response 객체를 통해 처리합니다. response 객체에서 제공하는 메소드의 종류에 대해 살펴보도록 하겠습니다.

2 응답 형식 지정 메소드

컨텐츠 타입이나 문자셋에 대한 정보를 지정할 때 사용하는 메소드의 종류는 다음 표와 같습니다.

표 7-1 응답 형식 지정 메소드

메소드 선언	의미
setContentType(String)	MIME 타입을 지정하고 부가적으로 글자의 인코딩 방식을 지정합니다.
getCharacterEncoding	응답하는 내용의 글자 인코딩 형태를 구합니다.

3 응답 헤더 관련 메소드

헤더 정보나 쿠키 등에 대한 정보를 지정하는 메소드의 종류는 다음 표와 같습니다.

표 7-2 응답 헤더 관련 메소드

메소드 선언	의미
addCookie(Cookie)	쿠키 객체를 웹 브라우저로 보냅니다.
addHeader(name, value)	이름이 name 값이 String형 value인 헤더를 추가합니다.
addIntHeader(name, value)	이름이 name 값이 int형 value인 헤더를 추가합니다.
addDateHeader(name, date)	이름이 name 값이 long형 date인 헤더를 추가합니다.
containsHeader(header)	이름이 header인 헤더를 포함 여부 검사합니다.
setHeader(name, value)	이름이 name인 헤더의 값을 value로 지정합니다.
setDateHeader(name, date)	이름이 name인 헤더의 값을 long형 값 date로 지정합니다.
getCharacterEncoding	응답하는 내용의 글자 인코딩 형태를 구합니다.

4 페이지 이동 관련 메소드

웹 브라우저에서 지정한 특정 페이지로 이동할 수 있는 메소드의 종류는 다음 표와 같습니다.

표 7-3 페이지 이동 관련 메소드

메소드 선언	의미
encodeRedirectURL(url)	세션 정보를 포함하기 위해 sendRedirect( ) 메소드에서 사용할 URL을 인코딩합니다.
encodeURL(name)	세션 정보를 포함하고 있는 링크에서 사용할 URL을 인코딩합니다.
sendRedirect(url 또는 파일명)	서버가 웹 브라우저에게 지정한 URL 주소 또는 파일명으로 강제 이동합니다.

5 페이지 이동하기

클라이언트가 새로운 웹페이지를 요청할 때 서버는 웹 브라우저에서 다른 페이지로 이동할 수 있도록 response 내장 객체의 리다이렉션Redirection 메소드를 제공합니다. 웹 브라우저에서 다른 페이지로 강제 이동하기 위한 sendRedirect( ) 메소드는 다음과 같이 선언하면 됩니다.

```
response.sendRedirect("파일명 또는 URL 주소")
```

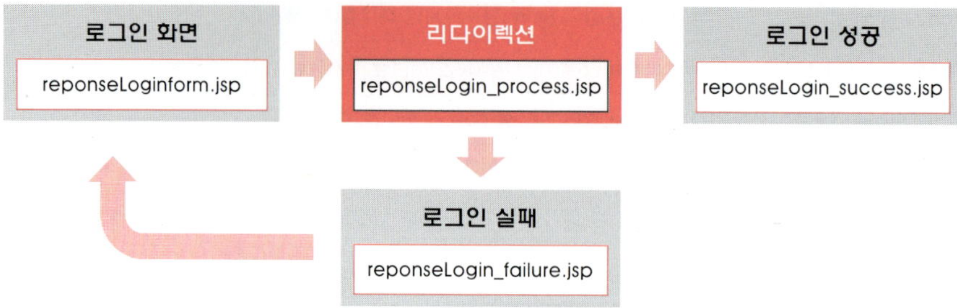

그림 7-2 리다이렉션 메소드를 활용한 페이지 이동

response 내장 객체의 Redirect( ) 메소드를 사용하여 웹 브라우저에서 다른 페이지로 이동하기 위해 다음 예제를 수행합니다.

예제 07 – 01 respone 내장 객체와 Redirect( ) 메소드 활용하기

- **Step 01 | 프로젝트 생성하기** : 프로젝트는 3장에서 생성한 JSPStudy 프로젝트를 사용하고 Project Explorer 뷰에서 새로운 ch07 폴더를 생성합니다.

- **Step 02 | 로그인 폼 작성하기** : ch07 폴더 위치에 reponseLoginform.jsp 파일을 생성하고 다음과 같이 소스 코드를 입력합니다.

JSPStudy/ch07/responseLoginform.jsp

```
<%@ page language="java" contentType="text/html; charset=UTF-8"
  pageEncoding="UTF-8" %>
<!DOCTYPE html>
<html>
<head>
  <meta charset="UTF-8">
  <title> response 내장 객체 </title>
</head>
<body>
  Home > 로그인 폼 화면
  <hr>
  <form name="loginForm" action="reponseLogin_process.jsp"
```

```
13       method="post">
14       아이디 : <br>
15       <input type="text" name="id"><br><br>
16       비밀번호 : <br>
17       <input type="password" name="passwd"><br><br>
18       <input type="submit" value=" 로그인 ">
19     </form>
20   </body>
21   </html>
```

12행 : 〈submit〉를 누르는 이벤트가 18행에서 발생하게 되면 리다이렉션을 수행하는 파일로 이동합니다.

• **Step 03 | 리다이렉션 생성하기** : reponseLogin_process.jsp 파일을 생성하여 페이지를 이동하기 위해 다음과 같이 소스 코드를 입력합니다.

JSPStudy/ch07/responseLogin_process.jsp

```
<%@ page language="java" contentType="text/html; charset=UTF-8"
  pageEncoding="UTF-8" %>
<!DOCTYPE html>
<html>
<head>
  <meta charset="UTF-8">
  <title> response Redirection </title>
</head>
<body>
  Home > 리다이렉션
  <hr>
  <%
    request.setCharacterEncoding("utf-8");
    String u_id = request.getParameter("id");
    String u_pw = request.getParameter("passwd");

    if(u_id.equals("space") && u_pw.equals("123456"))
    {
      response.sendRedirect("reponseLogin_success.jsp");
    }
    else
    {
      response.sendRedirect("reponseLogin_failure.jsp");
    }
  %>
</body>
</html>
```

13행 : 폼 화면에서 입력한 데이터를 웹 서버로 전송할 때 한글이 깨지지 않도록 문자 인코딩 유형을 UTF-8로 설정합니다.

14~15행 : 폼 화면에서 입력한 데이터값을 파라미터로 전송받도록 변수에 저장합니다.

17~24행 : 아이디 space와 비밀번호 123456으로 로그인을 수행하면 19행의 리다이렉션 메소드에서 지정한 페이지로 이동하고 아니면 23행의 리다이렉션 메소드에서 지정한 페이지로 강제 이동합니다.

• **Step 04 | 로그인 성공 화면 생성하기** : reponseLogin_success.jsp 파일을 생성하기 위해 다음과 같이 소스 코드를 입력합니다.

JSPStudy/ch07/responseLogin_success.jsp

```
<%@ page language="java" contentType="text/html; charset=UTF-8"
  pageEncoding="UTF-8" %>
<!DOCTYPE html>
<html>
<head>
  <meta charset="UTF-8">
  <title>로그인 성공</title>
</head>
<body>
  Home > 로그인 성공 화면
  <hr>
  로그인을 성공적으로 수행하였습니다.
</body>
</html>
```

• **Step 05 | 로그인 실패 화면 생성하기** : reponseLogin_failure.jsp 파일을 생성하기 위해 다음과 같이 소스 코드를 입력합니다.

JSPStudy/ch07/responseLogin_failure.jsp

```
<%@ page language="java" contentType="text/html; charset=UTF-8"
  pageEncoding="UTF-8" %>
<!DOCTYPE html>
<html>
<head>
  <meta charset="UTF-8">
  <title>로그인 실패</title>
</head>
<body>
```

```
10    Home > 로그인 실패 화면
11    <hr>
12    로그인을 실패하였습니다! <br><br>
13    <form name="loginForm" action="reponseLoginform.jsp"
14      method="post">
15      <input type="submit" value=" 로그인하기 ">
16    </form>
17  </body>
18  </html>
```

13~15행 : 아이디 또는 비밀번호를 틀리게 입력하여 이동한 로그인 실패 화면에서 〈로그인하기〉를 누르게 되면 로그인 폼 화면으로 다시 돌아갈 수 있도록 폼 태그를 설정합니다.

- **Step 06 | 로그인 성공 확인하기** : 이클립스에서 reponseLoginform.jsp 파일을 선택하고 단축키 Ctrl+F11을 눌러 실행합니다. 폼 화면에서 아이디 space와 비밀번호 123456을 입력 후 〈로그인〉을 클릭하면 reponseLogin_process.jsp 파일이 실행되면서 로그인 성공 화면인 reponseLogin_success.jsp 페이지로 이동합니다.

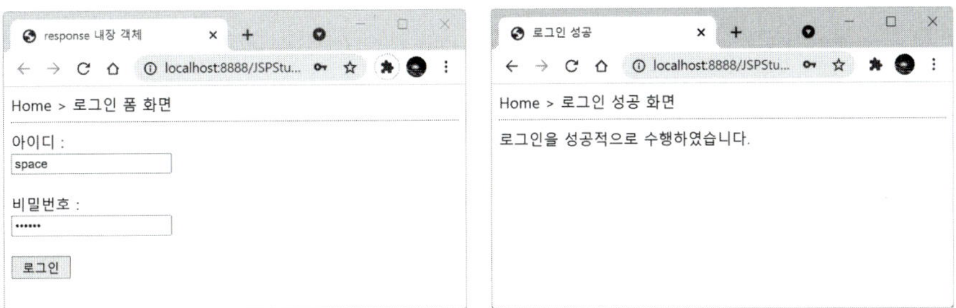

그림 7-3 로그인 성공 화면으로 페이지 이동

- **Step 07 | 로그인 실패 확인하기** : 이클립스에서 reponseLoginform.jsp 파일을 선택하고 단축키 Ctrl+F11을 눌러 실행합니다. 폼 화면에서 아이디 power와 비밀번호 888888을 입력 후 〈로그인〉을 클릭하면 reponseLogin_process.jsp 파일이 실행되면서 로그인 실패 화면인 reponseLogin_failure.jsp 페이지로 이동합니다.

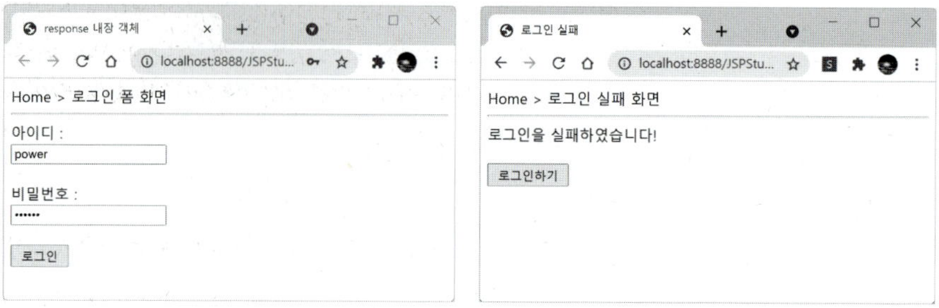

그림 7-4 로그인 실패 화면으로 페이지 이동

- **Step 08 | 로그인 폼 화면으로 이동하기** : 로그인 실패 화면에서 <로그인하기>를 클릭하면 로그인 폼 화면으로 페이지가 이동합니다.

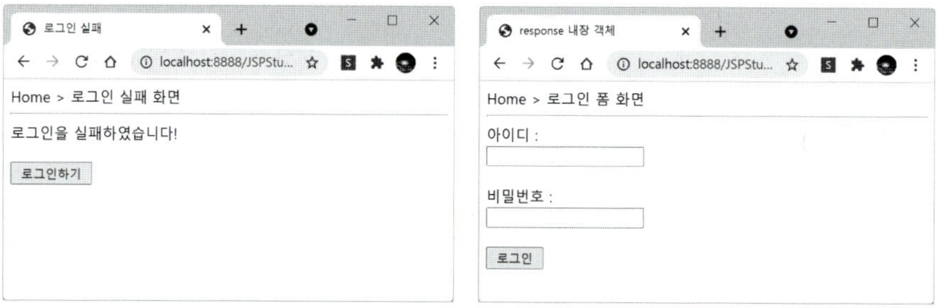

그림 7-5 로그인 폼 화면으로 페이지 이동

03 Cookie 클래스

1 Cookie 클래스의 역할

쿠키는 연결 상태가 없는 HTTP 프로토콜을 위해 접속된 상태를 그대로 유지하고자 할 때 필요합니다. 쿠키는 웹 브라우저에 상태 정보를 저장하기 때문에 이후 웹 서버로 전송되는 서비스 요청에는 쿠키가 가지고 있는 정보도 함께 포함되어 전송됩니다. Cookie 클래스는 쿠키 생성 및 관련 정보 등을 설정하기 위해 다양한 쿠키 관련 메소드를 제공합니다.

2 메소드 종류

Cookie 클래스에서 제공하는 다양한 쿠키 관련 메소드의 종류는 다음 표와 같습니다.

표 7-4 쿠키 관련 메소드

메소드 선언	의미
new Cookie(String)	쿠키를 생성합니다.
String getCookies( )	쿠키에 대한 정보를 가져옵니다.
String getComment( )	쿠키에 대한 설명을 가져옵니다.
String getDomain( )	쿠키의 유효한 도메인 정보를 가져옵니다.
int getMaxAge( )	쿠키를 사용할 수 있는 유효시간에 대한 정보를 가져옵니다.
String getName( )	쿠키의 이름을 가져옵니다
String getPath( )	쿠키의 유효한 디렉터리 정보를 가져옵니다.
boolean getSecure( )	쿠키의 보안이 어떻게 설정되어 있는지에 대한 정보를 가져옵니다.

String getValue( )	쿠키에 설정된 값을 가져옵니다.
int getVersion( )	쿠키의 버전에 대한 정보를 가져옵니다.
void setComment(String)	쿠키에 대한 설명을 설정합니다.
void setDomain(String)	쿠키의 유효한 도메인을 설정합니다.
void setMaxAge(int)	쿠키의 유효시간을 설정합니다.
void setPath(String)	쿠키의 유효한 디렉터리를 설정합니다.
void setSecure(boolean)	쿠키의 보안을 설정합니다.
void setValue(String)	쿠키의 값을 설정합니다.
void setVersion(int)	쿠키의 버전을 설정합니다.

3 쿠키와 세션의 차이

웹 브라우저에서 서버로 접속할 때 쿠키 대신 세션을 사용하는 이유는 쿠키에 비해 세션이 보안에 강하기 때문입니다. 쿠키와 세션의 가장 큰 차이점은 웹 브라우저를 통해 서비스를 요청할 때 사용자의 정보가 저장되는 위치입니다. 쿠키는 서버의 자원을 전혀 사용하지 않지만 세션은 서버의 자원을 사용합니다. 웹 서비스에 대한 요청 속도는 세션보다 쿠키가 더 빠릅니다. 쿠키와 세션의 선택은 주어진 개발 환경에 맞춰 사용하면 됩니다.

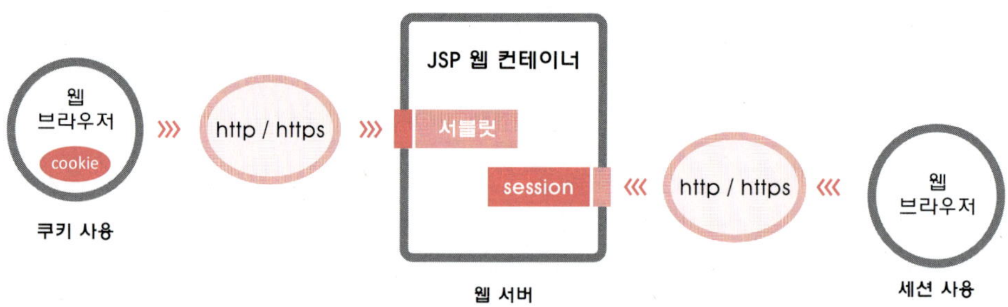

그림 7-6 쿠키와 세션의 차이

04 쿠키 생성 및 정보 확인

1 쿠키 생성

쿠키를 생성하려면 Cookie 클래스의 Cookie( ) 메소드를 사용하여 다음과 같이 선언하면 됩니다. Cookie( ) 메소드의 괄호 안에 선언한 첫 번째 매개변수 memberId는 쿠키의 이름을 나타내고 두 번째 매개변수 space는 쿠키값을 나타냅니다. 쿠키 생성 후 쿠키를 설정할 때 반드시 response 내장 객체의 addCookie( ) 메소드를 사용해야 합니다.

```
Cookie cooks = new Cookie("memberId", "space");
response.addCookie(cooks);
```

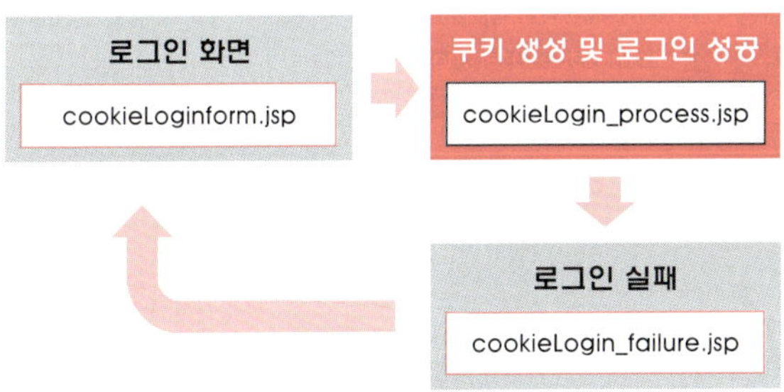

그림 7-7 쿠키 생성과 페이지 이동

로그인을 성공하게 되면 쿠키를 생성하고 로그인을 실패하게 되면 리다이렉션 메소드로 지정한 페이지로 이동하기 위해 다음 예제를 수행합니다.

예제 07 - 02 로그인 성공 여부에 따른 페이지 분기하기

• **Step 01 | 로그인 폼 작성하기 :** cookieLoginforme.jsp 파일을 생성하고 다음과 같이 소스 코드를 입력합니다.

JSPStudy/ch07/cookieLoginform.jsp

```
01 <%@ page language="java" contentType="text/html; charset=UTF-8"
02   pageEncoding="UTF-8" %>
03 <!DOCTYPE html>
04 <html>
05 <head>
06   <meta charset="UTF-8">
07   <title> 로그인 </title>
08 </head>
09 <body>
10   Home > 로그인 폼 화면
11   <hr>
12   <form name="loginForm" action="cookieLogin_process.jsp"
13     method="post">
14     아이디 : <br>
15     <input type="text" name="id"><br><br>
16     비밀번호 : <br>
17     <input type="password" name="passwd"><br><br>
18     <input type="submit" value=" 로그인 ">
19   </form>
20 </body>
21 </html>
```

12행 : 〈submit〉를 누르는 이벤트가 18행에서 발생하게 되면 쿠키를 생성하고 로그인 성공 화면을 보여주는 파일로 이동합니다.

• **Step 02 | 쿠키 생성 후 로그인 성공 화면 생성하기 :** cookieLogin_process.jsp 파일에서 쿠키를 생성하고 로그인 성공 화면을 보여주기 위해 다음과 같이 소스 코드를 입력합니다. 로그인을 실패하게 되면 cookieLogin_failure.jsp 페이지로 강제 이동합니다.

JSPStudy/ch07/cookieLogin_process.jsp

```
01  <%@ page language="java" contentType="text/html; charset=UTF-8"
02    pageEncoding="UTF-8" %>
03  <!DOCTYPE html>
04  <html>
05  <head>
06    <meta charset="UTF-8">
07    <title> 로그인 성공 </title>
08  </head>
09  <body>
10    Home > 쿠키 생성 및 로그인 성공
11    <hr>
12    <%
13      request.setCharacterEncoding("utf-8");
14      String u_id = request.getParameter("id");
15      String u_pw = request.getParameter("passwd");
16
17      if(u_id.equals("space") && u_pw.equals("123456"))
18      {
19        Cookie cooks_id = new Cookie("userID", "u_id");
20        Cookie cooks_pw = new Cookie("userPW", "u_pw");
21        response.addCookie(cooks_id);
22        response.addCookie(cooks_pw);
23        out.println("쿠키를 생성하였습니다. <br>");
24        out.println("[ " + u_id + " ]님이 입장하였습니다. <br>");
25      }
26      else
27      {
28        response.sendRedirect("cookieLogin_failure.jsp");
29      }
30    %>
31  </body>
32  </html>
```

17~29행 : 로그인을 수행하면 17행의 if 문 조건식으로 입력한 아이디 space와 비밀번호 123456을 확인하여 조건식이 참이면 쿠키를 생성하고 아니면 28행의 리다이렉션 메소드에서 지정한 페이지로 강제 이동합니다.
21~22행 : 쿠키 객체를 웹 브라우저로 보냅니다.

• **Step 03 | 로그인 실패 화면 생성하기** : cookieLogin_failure.jsp 파일을 생성하기 위해 다음과 같이 소스 코드를 입력합니다.

JSPStudy/ch07/cookieLogin_failure.jsp

```
01 <%@ page language="java" contentType="text/html; charset=UTF-8"
02   pageEncoding="UTF-8" %>
03 <!DOCTYPE html>
04 <html>
05 <head>
06   <meta charset="UTF-8">
07   <title>로그인 실패</title>
08 </head>
09 <body>
10   Home > 로그인 실패 화면
11   <hr>
12   로그인을 실패하였습니다! <br><br>
13   <form name="loginForm" action="cookieLoginform.jsp"
14     method="post">
15     <input type="submit" value=" 로그인하기 ">
16   </form>
17 </body>
18 </html>
```

13~15행 : 아이디 또는 비밀번호를 틀리게 입력하여 이동한 로그인 실패 화면에서 〈로그인하기〉를 누르게 되면 로그인 폼 화면으로 다시 돌아갈 수 있도록 폼 태그를 설정합니다.

• **Step 04 | 쿠키가 생성된 로그인 확인하기** : 이클립스에서 cookieLoginform.jsp 파일을 선택하고 단축키 Ctrl+F11을 눌러 실행합니다. 폼 화면에서 아이디 space와 비밀번호 123456을 입력 후 〈로그인〉을 클릭하면 cookieLogin_process.jsp 파일이 실행되어 쿠키를 생성하고 로그인 성공 화면을 보여줍니다.

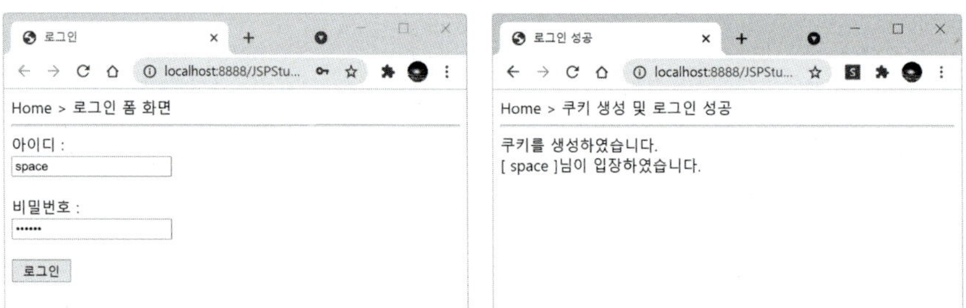

그림 7-8 쿠키가 생성된 로그인 화면

• **Step 05 | 로그인 실패 확인하기 :** 이클립스에서 cookieLoginform.jsp 파일을 선택하고 단축키 Ctrl+F11을 눌러 실행합니다. 폼 화면에서 아이디 power와 비밀번호 888888을 입력 후 〈로그인〉을 클릭하면 cookieLogin_process.jsp 파일이 실행되면서 로그인 실패 화면인 cookieLogin_failure.jsp 페이지로 강제 이동합니다.

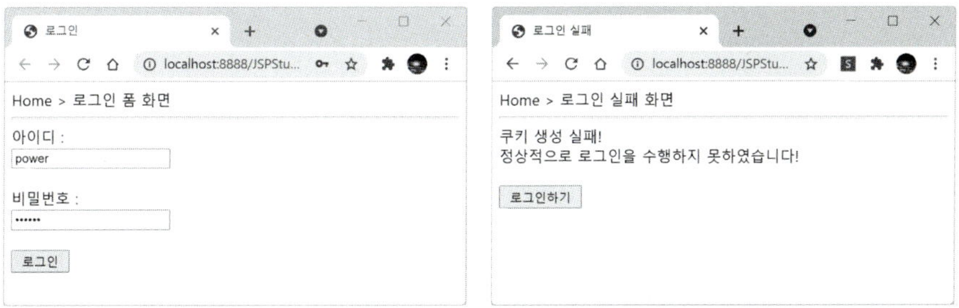

그림 7-9 로그인 실패 화면으로 페이지 강제 이동

• **Step 06 | 로그인 폼 화면으로 이동하기 :** 로그인 실패 화면에서 〈로그인하기〉를 클릭하면 로그인 폼 화면으로 페이지가 이동합니다.

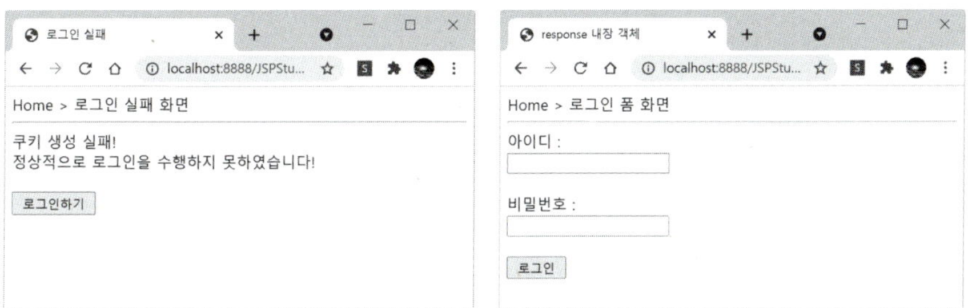

그림 7-10 로그인 폼 화면으로 페이지 이동

2 쿠키 정보

생성된 쿠키에서 쿠키 객체를 가져오려면 request 내장 객체의 getCookies( ) 메소드를 사용하여 다음과 같이 선언하면 됩니다. 쿠키 객체가 여러 개일 경우 배열로 선언합니다.

```
Cookie[] cooks = request.getCookies();
```

쿠키 객체에 저장된 정보 중 쿠키 이름을 가져오려면 Cookie 클래스의 getName( ) 메소드를 사용하고 쿠키값을 가져오려면 getValue( ) 메소드를 사용하여 다음과 같이 선언하면 됩니다.

```
Cookie[] cooks = request.getCookies();
for(int count = 0; count < cooks.length; count++)
{
    out.println(cooks[count].getName() + " : " + cooks[count].getValue());
}
```

예제 07 - 03 쿠키에 저장된 모든 정보 출력하기

- **Step 01 | 쿠키 생성하기** : [예제 07-02]를 수행하여 쿠키를 생성합니다.
- **Step 02 | 쿠키 정보 확인하기** : cookieInformation.jsp 파일을 생성하고 다음과 같이 소스 코드를 입력합니다.

JSPStudy/ch07/cookieInformation.jsp

```
<%@ page language="java" contentType="text/html; charset=UTF-8"
  pageEncoding="UTF-8" %>
<!DOCTYPE html>
<html>
<head>
  <meta charset="UTF-8">
  <title> 쿠키 객체 정보 </title>
</head>
<body>
  Home > 쿠키 객체 정보 확인하기
  <hr>
  <%
    Cookie[] cooks = request.getCookies();

    out.println(" >> 쿠키의 개수 : " + cooks.length + "<br>");
    out.println("<hr>");

    for(int count = 0; count < cooks.length; count++)
    {
      out.println("[" + count + "] 쿠키의 이름 : ");
      out.println(cooks[count].getName() + "<br>");
```

```
22          out.println("[" + count + "] 쿠키의 값 : ");
23          out.println(cooks[count].getValue() + "<br>");
24          out.println("<hr>");
25      }
26    %>
27  </body>
28  </html>
```

13행 : request 내장 객체의 getCookies( ) 메소드를 사용하여 쿠키의 정보를 가져옵니다.
18~25행 : 가져온 쿠키의 개수만큼 for 문으로 반복하여 21행에서 쿠키의 이름, 23행에서 쿠키의 속성값을 각각 가져와 웹 브라우저 화면에 출력합니다.

- **Step 03 | 쿠키 정보 확인하기** : 이클립스에서 단축키 Ctrl+F11을 눌러 실행하게 되면 [예제 07-02]에서 생성한 쿠키에 대한 정보를 확인할 수 있습니다.

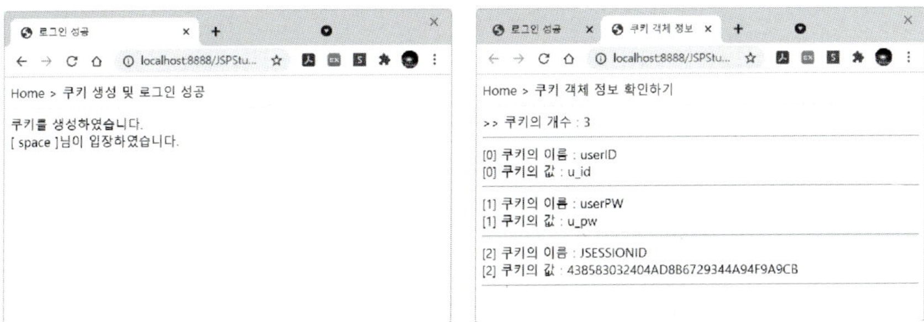

그림 7-11 쿠키 정보 확인

05 쿠키 삭제

1 쿠키의 유효시간

Cookie 클래스에서는 쿠키를 삭제하기 위한 별도의 기능을 제공하지 않습니다. 쿠키를 삭제하려면 setMaxAge( ) 메소드를 사용하여 괄호 안에 정수의 값 0을 매개변수로 입력해 주게 되면 유효시간이 만료됨에 따라 쿠키는 자동으로 삭제됩니다. 쿠키의 유효시간은 초 단위이며 1시간으로 설정하려면 setMaxAge(60 * 60)으로 선언하면 됩니다.

쿠키의 이름이 userID이고 쿠키의 값이 u_id인 경우 setMaxAge( ) 메소드를 사용하여 쿠키를 삭제하려면 다음과 같이 선언하면 됩니다.

```
Cookie cooks = new Cookie("userID", "u _ id");
cooks.setMaxAge(0);
response.addCookie(cooks);
```

2 쿠키 삭제하기

생성된 쿠키의 모든 정보를 삭제하기 위해 다음 예제를 수행합니다.

예제 07 – 04 쿠키의 모든 정보 삭제하기

- **Step 01 | 쿠키 생성하기** : [예제 07-02]를 수행하여 쿠키를 생성합니다.
- **Step 02 | 쿠키 정보 확인하기** : cookieRemove.jsp 파일을 생성하고 다음과 같이 소스 코드를 입력합니다.

JSPStudy/ch07/cookieRemove.jsp

```
01 <%@ page language="java" contentType="text/html; charset=UTF-8"
02   pageEncoding="UTF-8" %>
03 <!DOCTYPE html>
04 <html>
05 <head>
06   <meta charset="UTF-8">
07   <title> 쿠키 삭제 </title>
08 </head>
09 <body>
10   <%
11     Cookie[] cooks = request.getCookies();
12 
13     for(int count = 0; count < cooks.length; count++)
14     {
15       cooks[count].setMaxAge(0);
16       response.addCookie(cooks[count]);
17     }
18     response.sendRedirect("cookieInformation.jsp");
19   %>
20 </body>
21 </html>
```

11행 : request 내장 객체의 getCookies( ) 메소드를 사용하여 쿠키의 정보를 가져옵니다.
13~17행 : 가져온 쿠키의 개수만큼 for 문으로 반복하여 15행에서 쿠키의 유효시간을 모두 0으로 설정하고 쿠키 객체를 웹 브라우저로 보내기 위해 16행을 선언합니다.
18행 : 쿠키에 대한 정보를 모두 삭제한 다음 쿠키의 정보를 확인하기 위해 리다이렉션 메소드에서 지정한 페이지로 강제 이동합니다.

• **Step 03** | **삭제된 쿠키 정보 확인하기** : 이클립스에서 단축키 Ctrl+F11을 눌러 실행하게 되면 [예제 07-02]에서 생성한 쿠키가 삭제된 정보를 확인할 수 있습니다.

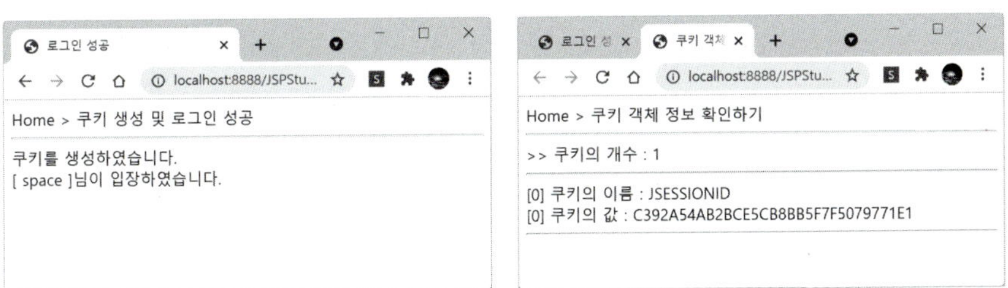

그림 7-12 삭제된 쿠키 정보 확인

핵심 요약

01 쿠키에 대한 이해

- 쿠키란 세션과 마찬가지로 네트워크 환경에서 클라이언트와 웹 서버 간의 상태를 지속적으로 유지하기 위해 사용되며 쿠키는 사이트에 접속할 때 생성되는 정보를 담은 4KB 이하 크기의 임시 파일을 의미합니다.
- 세션과 다른 점이 있다면 로그인 상태 정보를 세션의 경우 웹 서버에 객체 상태로 저장되는 반면 쿠키는 사용자 컴퓨터인 클라이언트에 저장된다는 점입니다.
- 사용자 컴퓨터에 남아있는 쿠키는 불순한 의도로 복사되거나 해킹 등에 의해 개인 정보가 탈취될 수 있다는 보안상의 취약한 단점 또한 존재합니다.

02 쿠키의 역할

- 쿠키는 클라이언트의 정보를 웹 브라우저에 저장하기 때문에 이후에 웹 서버로 서비스를 요청할 경우 쿠키를 읽어 새로운 웹 브라우저인지 아니면 이전에 요청했던 웹 브라우저인지를 구별합니다.
- 쿠키가 생성되면 웹 브라우저는 쿠키가 삭제되기 전까지 쿠키의 요청이 있을 때마다 웹 서버에게 쿠키를 전송해 줍니다.

03 response 내장 객체에 대한 이해

- response 내장 객체는 JSP 웹페이지의 실행 결과를 웹 브라우저로 반환해 줄 때 사용하는 객체입니다.
- 서버는 클라이언트에 대한 응답을 response 객체를 통해 처리합니다.

04 리다이렉션 메소드에 대한 이해

- 클라이언트가 새로운 웹페이지를 요청할 때 서버는 웹 브라우저에서 다른 페이지로 이동할 수 있도록 response 내장 객체의 리다이렉션 메소드를 제공합니다.
- 웹 브라우저에서 다른 페이지로 강제 이동하기 위한 설정은 response 내장 객체의 sendRedirect( ) 메소드를 사용합니다.

05 Cookie 클래스에 대한 이해

- 쿠키는 연결 상태가 없는 HTTP 프로토콜을 위해 접속된 상태를 그대로 유지하고자 할 때 필요합니다.
- 쿠키는 웹 브라우저에 상태 정보를 저장하기 때문에 이후 웹 서버로 전송되는 서비스 요청에는 쿠키가 가지고 있는 정보도 함께 포함되어 전송됩니다.
- Cookie 클래스는 쿠키 생성 및 관련 정보 등을 설정하기 위해 다양한 쿠키 관련 메소드를 제공합니다.

06 쿠키 생성

- 쿠키를 생성하려면 Cookie 클래스의 Cookie( ) 메소드를 사용하여 다음과 같이 선언하면 됩니다.

```
Cookie cooks = new Cookie("memberId", "space");
response.addCookie(cooks);
```

- Cookie( ) 메소드의 괄호 안에 선언한 첫 번째 매개변수 memberId는 쿠키의 이름을 나타내고 두 번째 매개변수 space는 쿠키값을 나타냅니다.
- 쿠키 생성 후 쿠키를 설정할 때 반드시 response 내장 객체의 addCookie( ) 메소드를 사용해야 합니다.

07 쿠키 정보 확인

- 생성된 쿠키에서 쿠키 객체를 가져오려면 request 내장 객체의 getCookies( ) 메소드를 사용하여 선언하고 쿠키 객체가 여러 개일 경우 배열로 선언합니다.

```
Cookie[] cooks = request.getCookies();
```

08 쿠키 삭제

- Cookie 클래스에서는 쿠키를 삭제하기 위한 별도의 기능을 제공하지 않습니다.
- 쿠키를 삭제하려면 setMaxAge( ) 메소드를 사용하여 괄호 안에 정수의 값 0을 매개변수로 입력해 주게 되면 유효시간이 만료됨에 따라 쿠키는 자동으로 삭제됩니다.

```
Cookie cooks = new Cookie("userID", "u_id");
cooks.setMaxAge(0);
response.addCookie(cooks);
```

연습문제

01 다음 글을 읽고 빈 괄호에 들어갈 단어를 입력하시오.

(1) 쿠키는 (   )와 (   ) 간의 상태를 지속적으로 유지하기 위해 사이트에 접속할 때 생성되는 정보를 담은 4KB 이하 크기의 임시 파일을 의미합니다.

(2) response 내장 객체는 JSP 웹페이지의 (   )를 웹 브라우저로 반환해 줄 때 사용하는 객체이며 서버는 클라이언트에 대한 (   )을 response 객체를 통해 처리합니다.

(3) 클라이언트가 새로운 (   )를 요청할 때 서버는 (   )에서 다른 페이지로 강제 이동할 수 있도록 response 내장 객체의 sendRedirect( ) 메소드를 사용합니다.

02 쿠키와 세션의 차이점을 3가지 이상을 기술하시오.

03 다음 표에서 주어진 메소드 선언에 대한 의미를 기술하시오.

메소드 선언	의미
new Cookie(String)	
String getCookies( )	
String getName( )	
String getValue( )	
void setMaxAge(int)	

04 폼 화면에서 로그인을 성공적으로 접속하였을 경우만 쿠키가 생성되도록 JSP 애플리케이션을 생성하시오.

(1) 프로젝트명 : JSPStudy

(2) 로그인 폼 화면 : test07_04_01.jsp

- 아이디 : cosmos
- 비밀번호 : 888888

(3) 쿠키 생성 파일 : test07_04_02.jsp

(4) 기타 사항 : 실행 결과 화면 참조

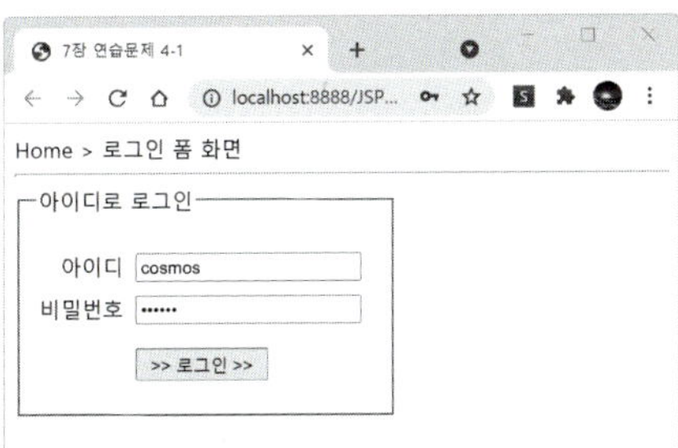

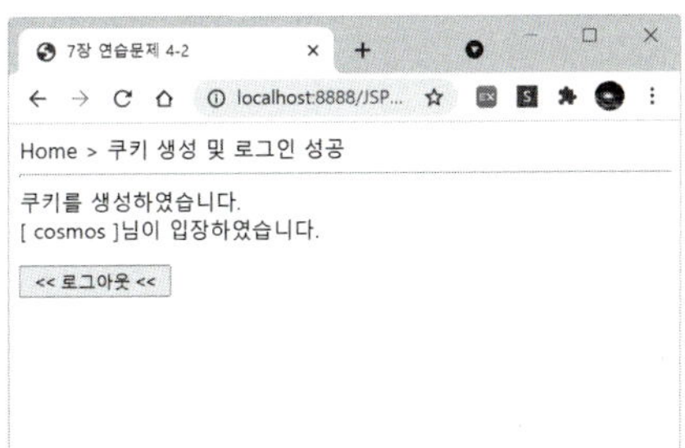

05 쿠키 생성 후 화면에서 〈로그아웃〉을 클릭하게 되면 쿠키를 삭제하고 쿠키의 정보가 출력되도록 JSP 애플리케이션을 생성하시오.

(1) 프로젝트명 : JSPStudy

(2) 쿠키 생성 : 4번 연습문제 수행

(3) 쿠키 삭제 : test07_05_01.jsp

(4) 삭제 후 쿠키 정보 출력 : test07_05_02.jsp

(5) 기타 사항 : 실행 결과 화면 참조

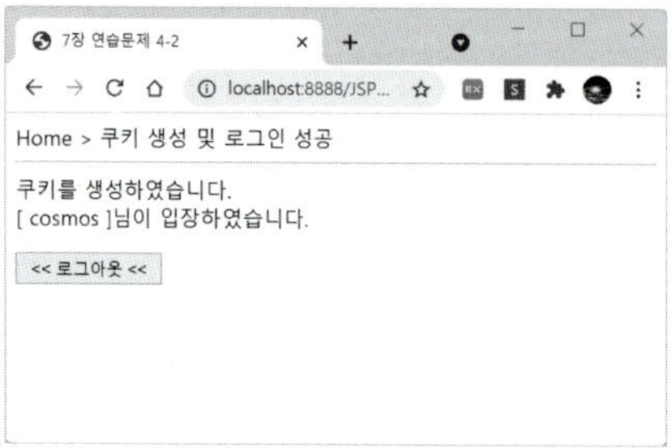

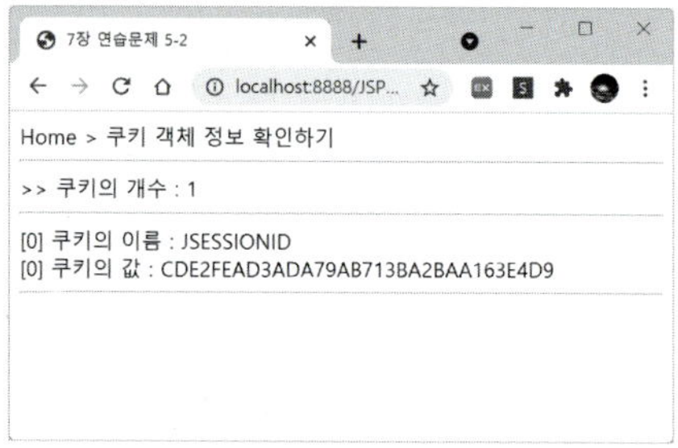

CHAPTER 08
액션 태그

▶ Preview

액션 태그란 무엇인지에 대해 이해하고 액션 태그의 종류에 대해 살펴봅니다. 여러 종류의 액션 태그 중에서 JSP 웹페이지를 작성할 때 주로 많이 사용되는 forward, include, param, 자바빈즈 액션 태그에 대해 실습합니다.

01 액션 태그의 개요

1 액션 태그란?

액션 태그Action Tag란 JSP에서 기본으로 제공하는 태그들의 집합으로 서버 또는 클라이언트에게 수행할 명령을 지시하는 태그를 의미합니다. 액션 태그를 사용하게 되면 Java 코드를 사용하지 않아도 JSP 웹페이지를 개발할 수 있습니다. 액션 태그는 XML 형식인 〈jsp: … /〉를 사용하며 끝나는 태그는 반드시 /〉로 마무리해야 합니다.

2 액션 태그의 종류

액션 태그는 JSP 웹페이지를 코딩할 때 Java 코드의 작성을 피하거나 최소화하기 위해 사용합니다. JSP 웹페이지에서 Java 코드를 최소화하게 되면 소스 코드에 대한 유지/보수를 효율적으로 수행할 수 있습니다. JSP에서 주로 사용되는 액션 태그의 종류는 다음 표와 같습니다.

표 8-1 JSP 액션 태그의 종류

액션 태그	의미
〈jsp:forward … /〉	현재 페이지의 실행을 멈추고 다른 페이지로 흐름을 제어합니다.
〈jsp:include … /〉	외부 페이지의 내용을 포함하거나 페이지 모듈화를 수행합니다.
〈jsp:useBean … /〉	Java 인스턴스를 생성 또는 호출 및 보관소에 저장합니다.
〈jsp:setProperty … /〉	자바빈즈의 프로퍼티의 값을 설정합니다.
〈jsp:getProperty … /〉	자바빈즈의 프로퍼티의 값을 가져옵니다.
〈jsp:param … /〉	〈jsp:forward〉, 〈jsp:include〉, 〈jsp:plugin〉 태그의 자식 태그로 사용합니다.
〈jsp:plugin … /〉	웹 브라우저에 애플릿을 실행합니다. OBJECT 또는 EMBED HTML 태그를 생성합니다.
〈jsp:element … /〉	임의의 XML 태그 또는 HTML 태그를 생성합니다.

02 forward 액션 태그

1 forward 태그의 기능

forward 액션 태그는 현재 위치한 JSP 웹페이지에서 다른 웹페이지로 이동할 때 사용하는 태그로 형식은 다음과 같습니다.

```
<jsp:forward page="파일명" />
```

2 forward 태그의 활용

forward 액션 태그를 사용하여 현재 페이지에서 다른 페이지로 이동하여 오늘의 날짜와 시각을 출력하도록 다음 예제를 수행합니다.

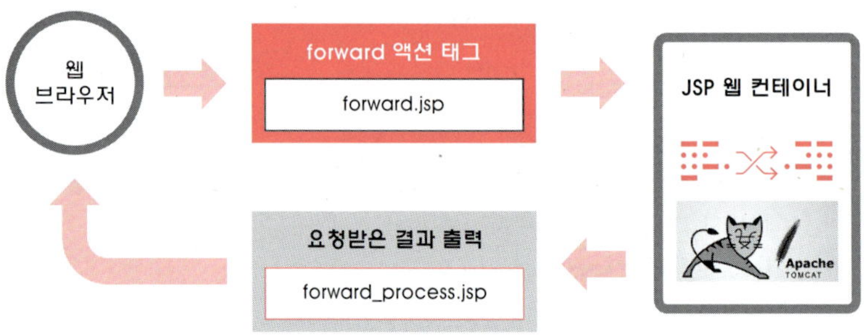

그림 8-1 forward 액션 태그로 페이지의 흐름 제어

예제 08 – 01 forward 액션 태그로 페이지 흐름 제어하기

• **Step 01** | **프로젝트 생성하기** : 프로젝트는 3장에서 생성한 JSPStudy 프로젝트를 사용하

고 Project Explorer 뷰에서 새로운 ch08 폴더를 생성합니다.

- **Step 02 | forward 액션 태그 선언하기** : ch08 폴더 위치에 forward.jsp 파일을 생성하고 다음과 같이 소스 코드를 입력합니다.

JSPStudy/ch08/forward.jsp

```
01  <%@ page language="java" contentType="text/html; charset=UTF-8"
02    pageEncoding="UTF-8" %>
03  <!DOCTYPE html>
04  <html>
05  <head>
06    <meta charset="UTF-8">
07    <title> forward 액션 태그 </title>
08  </head>
09  <body>
10    Home > forward 액션 태그로 페이지 요청
11    <jsp:forward page="forward_process.jsp" />
12  </body>
13  </html>
```

11행 : forward 액션 태그를 사용하여 forward_process.jsp 페이지로 이동합니다.

- **Step 03 | forward 액션 태그 요청받기** : ch08 폴더 위치에 forward_process.jsp 파일을 생성하고 다음과 같이 소스 코드를 입력합니다.

JSPStudy/ch08/forward_process.jsp

```
<%@ page language="java" contentType="text/html; charset=UTF-8"
  pageEncoding="UTF-8" %>
<%@ page import="java.util.Date" %>
<!DOCTYPE html>
<html>
<head>
  <meta charset="UTF-8">
  <title> forward 액션 태그 </title>
</head>
<body>
  Home > forward.jsp로 부터 요청받음
  <hr>
  <%
    Date nowTime = new Date();
%>
  현재 날짜와 시각 : <%= nowTime.toLocaleString() %>
</body>
</html>
```

03행 : 날짜와 관련된 클래스를 사용하기 위해 page 디렉티브를 선언합니다.
14행 : Date( ) 클래스의 속성을 가진 nowTime 객체를 생성합니다.
16행 : nowTime 객체와 toLocaleString( ) 클래스를 표현문 태그로 선언하여 오늘의 날짜와 시각을 출력합니다.

• **Step 04 | 실행 결과 확인하기** : 이클립스에서 forward.jsp 파일을 선택하고 단축키 Ctrl+F11을 눌러 실행하게 되면 forward_process.jsp 파일로 이동하여 오늘의 날짜와 시각을 웹 브라우저 화면에 출력합니다.

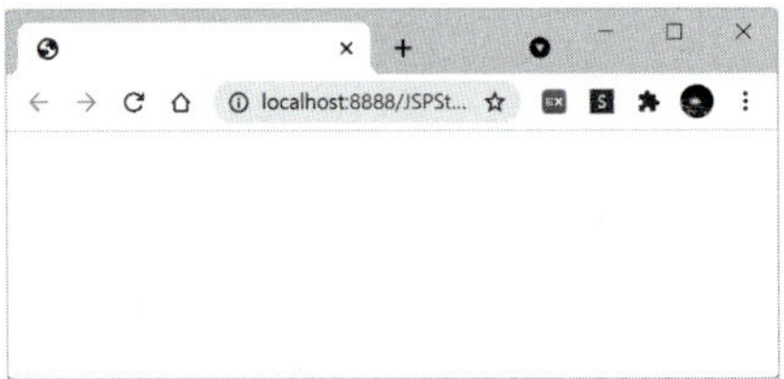

(a) forward.jsp

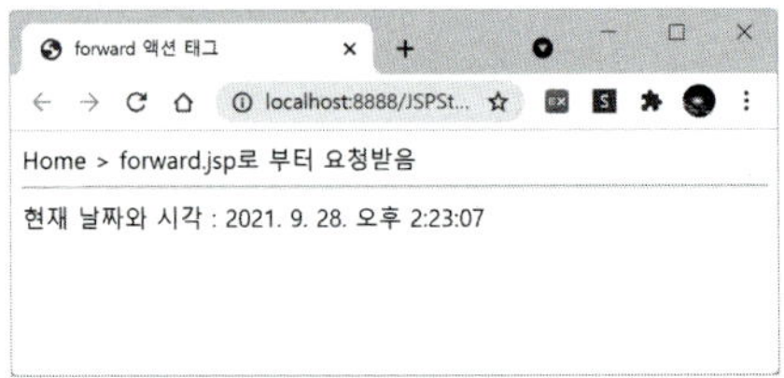

(b) forward_process.jsp

그림 8-2 실행 결과 화면

forward.jsp 파일의 실행 결과는 웹 브라우저에 나타나지 않습니다. 여기서는 forward 액션 태그로 구현한 2개 페이지의 흐름에 대한 이해를 돕기 위해 (a) 화면을 첨부한 것임을 참고 바랍니다.

03 include 액션 태그

1 include 태그의 기능

include 액션 태그는 현재 위치한 JSP 웹페이지의 특정 영역에 외부 파일의 내용을 포함할 때 사용하는 태그로 형식은 다음과 같습니다. flush 속성의 기본값은 false입니다. 속성값을 true로 설정하게 되면 지금까지 버퍼에 저장된 내용을 웹 브라우저로 출력하고 버퍼를 비워줍니다. flush의 속성을 true로 설정할 경우 헤더 부분의 정보도 함께 전송되기 때문에 가급적이면 false로 설정하는 것이 좋습니다.

```
<jsp:include page="파일명" flush="false" />
```

2 include 태그의 활용

include 액션 태그를 사용하여 오늘의 날짜와 시각을 출력하는 외부 파일을 가져와서 내용을 출력하도록 다음 예제를 수행합니다.

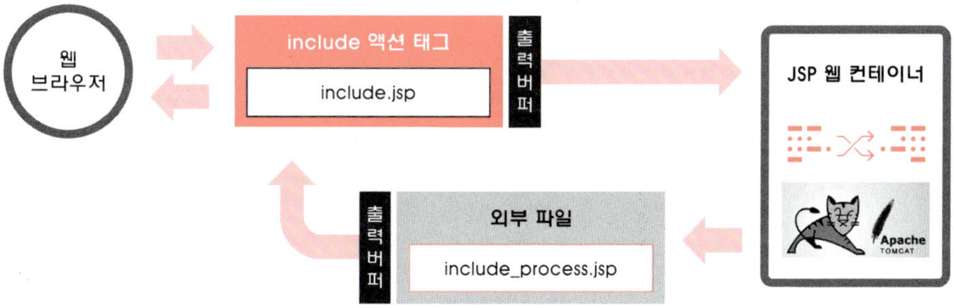

그림 8-3 include 액션 태그로 외부 파일 가져오기

예제 08 - 02 include 액션 태그로 외부 파일 불러오기

- **Step 01 | include 액션 태그 선언하기** : include.jsp 파일을 생성하고 다음과 같이 소스 코드를 입력합니다.

JSPStudy/ch08/include.jsp

```
01 <%@ page language="java" contentType="text/html; charset=UTF-8"
02   pageEncoding="UTF-8" %>
03 <!DOCTYPE html>
04 <html>
05 <head>
06   <meta charset="UTF-8">
07   <title> 현재 위치 : include.jsp 파일 </title>
08 </head>
09 <body>
10   <jsp:include page="include_process.jsp" flush="true" />
11 </body>
12 </html>
```

10행 : include 액션 태그를 사용하여 include_process.jsp 페이지의 내용을 가져옵니다.

- **Step 02 | 외부 파일 작성하기** : include_process.jsp 파일을 생성하고 다음과 같이 소스 코드를 입력합니다.

JSPStudy/ch08/include_process.jsp

```
<%@ page language="java" contentType="text/html; charset=UTF-8"
  pageEncoding="UTF-8" %>
<%@ page import="java.util.Date" %>
<!DOCTYPE html>
<html>
<head>
  <meta charset="UTF-8">
  <title> include 액션 태그 </title>
</head>
<body>
  Home > include_process.jsp 파일에서 수행한 명령
  <hr>
  <%
    Date nowTime = new Date();
  %>
  현재 날짜와 시각 : <%= nowTime.toLocaleString() %>
</body>
</html>
```

03행 : import를 선언하여 java.util.Date 클래스를 가져와 JSP 코드 내에 Java 코드를 삽입할 수 있도록 page 디렉티브를 선언합니다.
14행 : Date( ) 클래스의 속성을 가진 nowTime 객체를 생성합니다.
16행 : nowTime 객체와 toLocaleString( ) 클래스를 표현문 태그로 선언하여 오늘의 날짜와 시각을 출력합니다.

- **Step 03 | 실행 결과 확인하기** : 이클립스에서 include.jsp 파일을 선택하고 단축키 Ctrl+F11을 눌러 실행하게 되면 include_process.jsp 파일의 내용을 전부 가져와 현재 위치한 웹 브라우저 화면에 출력합니다.

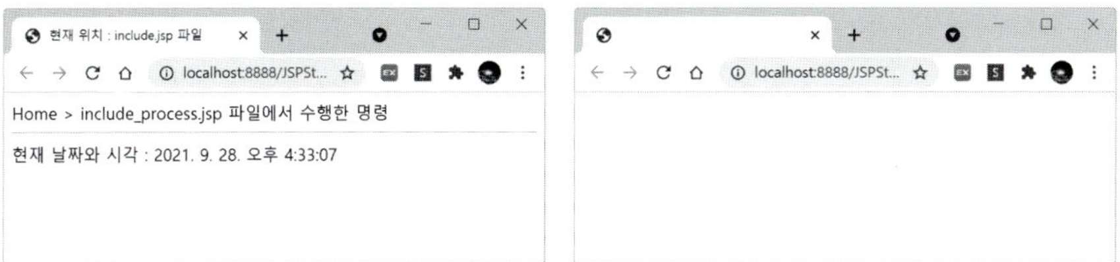

(a) include.jsp (b) include_process.jsp

그림 8-4 실행 결과 화면

include_process.jsp 파일의 실행 결과는 웹 브라우저에 나타나지 않습니다. 여기서는 include 액션 태그로 구현한 2개 페이지의 흐름에 대한 이해를 돕기 위해 (b) 화면을 첨부한 것임을 참고 바랍니다.

04 param 액션 태그

1 param 태그의 기능

param 액션 태그는 현재 위치한 JSP 웹페이지에서 다른 웹페이지로 정보를 전달할 때 사용하는 태그로 형식은 다음과 같습니다. 이 액션 태그는 단독으로 사용할 수 없으므로 〈jsp:forward〉 태그나 〈jsp:include〉 태그의 내부에 선언하여 사용합니다. param 태그는 여러 개의 파라미터를 선언하여 다른 페이지에 여러 개의 정보를 전달할 수도 있습니다.

```
<jsp:forward page="파일명">
  <jsp:param="파라미터명1" value="파라미터값1" >
  <jsp:param="파라미터명2" value="파라미터값2" >
</jsp:forward>
```

2 param 태그의 활용

param 액션 태그를 사용하여 현재 웹페이지에서 다른 웹페이지로 오늘의 날짜와 시각 정보를 전달하기 위해 다음 예제를 수행합니다.

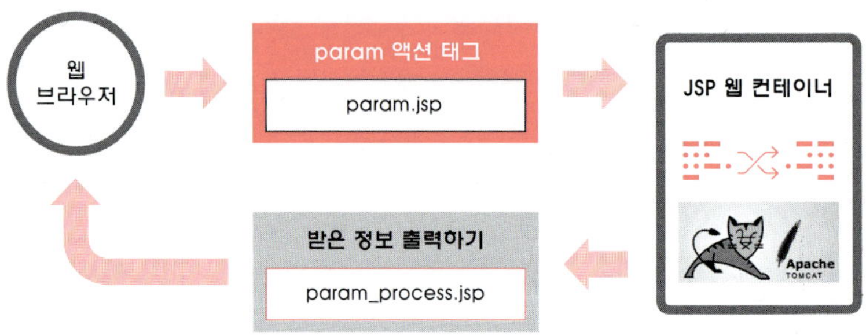

그림 8-5 param 태그로 전달받은 정보 출력

예제 08 – 03 param 액션 태그로 전달받은 정보 출력하기

• **Step 01 | param 액션 태그 선언하기** : param.jsp 파일을 생성하고 다음과 같이 소스 코드를 입력합니다.

JSPStudy/ch08/param.jsp

```
01 <%@ page language="java" contentType="text/html; charset=UTF-8"
02   pageEncoding="UTF-8" %>
03 <%@ page import="java.util.Date" %>
04 <!DOCTYPE html>
05 <html>
06 <head>
07   <meta charset="UTF-8">
08   <title> param 액션 태그 </title>
09 </head>
10 <body>
11   <%
12     Date nowTime = new Date();
13   %>
14   <jsp:forward page="param_process.jsp">
15     <jsp:param name="date"
16         value="<%= nowTime.toLocaleString() %>" />
17     </jsp:forward>
18 </body>
19 </html>
```

03행 : 날짜와 관련된 클래스를 사용하기 위해 page 디렉티브를 선언합니다.
12행 : Date( ) 클래스의 속성을 가진 nowTime 객체를 생성합니다.
14행 : forward 액션 태그를 선언하여 이동하고자 하는 페이지의 파일명을 지정합니다.
15~16행 : param 액션 태그를 〈jsp:forward〉 태그 안에 선언합니다.

• **Step 02 | param 액션 태그로 정보 받기** : param_process.jsp 파일을 생성하고 다음과 같이 소스 코드를 입력합니다.

JSPStudy/ch08/param_process.jsp

```
<%@ page language="java" contentType="text/html; charset=UTF-8"
  pageEncoding="UTF-8" %>
<!DOCTYPE html>
<html>
<head>
```

```
06    <meta charset="UTF-8">
07    <title> 현재 위치 : param_prpcess.jsp </title>
08  </head>
09  <body>
10    Home > param.jsp로 부터 정보를 전달받음
11    <hr>
12    현재 날짜와 시각 :
13    <%= request.getParameter("date") %>
14  </body>
15  </html>
```

13행 : param.jsp 웹페이지에서 전달받은 파라미터를 웹 브라우저 화면에 출력합니다.

- **Step 03 | 실행 결과 확인하기** : 이클립스에서 param.jsp 파일을 선택하고 단축키 Ctrl+F11을 눌러 실행하게 되면 param_process.jsp 파일에게 정보를 전달하여 오늘의 날짜와 시각을 웹 브라우저 화면에 출력합니다.

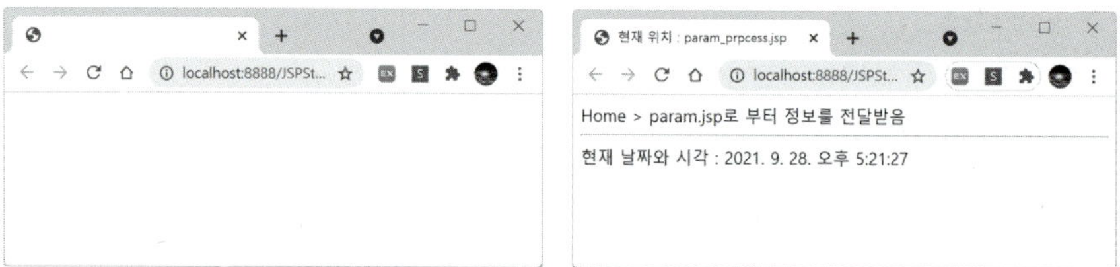

(a) param.jsp　　　　(b) param_process.jsp

그림 8-6 실행 결과 화면

param.jsp 파일의 실행 결과는 웹 브라우저에 나타나지 않습니다. 여기서는 param 액션 태그로 구현한 2개 페이지의 흐름에 대한 이해를 돕기 위해 (a) 화면을 첨부한 것임을 참고 바랍니다.

05 자바빈즈 액션 태그

1 자바빈즈 태그의 기능

JSP 웹페이지에는 HTML 코드와 스크립트 태그 등을 기술하기 때문에 자칫 프로그램이 복잡하게 작성되어 유지/보수가 어려운 상황을 초래할 수 있습니다. 자바빈즈Java Beans 액션 태그를 사용하게 되면 복잡하게 구성된 JSP 웹페이지에서 Java 소스 코드만 따로 뽑아 별도로 작성할 수 있습니다. 이는 JSP 웹페이지가 복잡해지는 것을 방지할 수 있습니다.

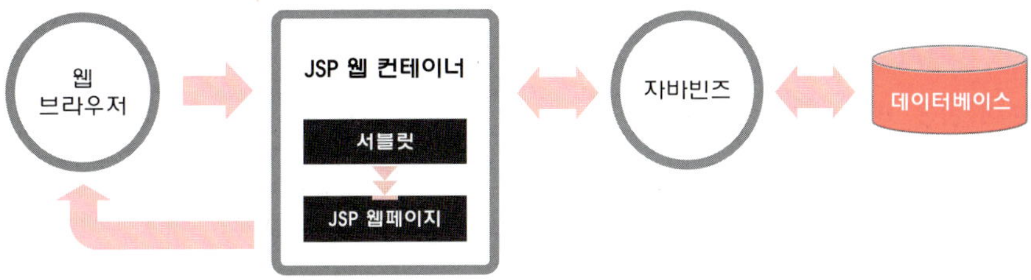

그림 8-7 JSP와 자바빈즈의 프로세스

자바빈즈는 데이터 표현을 목적으로 수행하는 Java 클래스로 데이터를 담는 멤버 변수인 프로퍼티Property와 데이터를 가져오거나 저장하는 메소드로 구성됩니다. JSP와 자바빈즈의 프로세스를 살펴보면 다음과 같습니다.

❶ 웹 브라우저에서 서블릿으로 서비스를 요청합니다.

❷ 서블릿은 자바빈즈와 통신을 수행합니다.

❸ 자바빈즈는 데이터베이스와 연결하여 데이터를 관리합니다.

❹ 서블릿은 JSP 웹페이지에게 정보를 전달합니다.

❺ JSP 웹페이지는 요청한 웹 브라우저에서 전달된 정보를 출력합니다.

2 자바빈즈 액션 태그 형식

useBean 액션 태그는 자바빈즈를 JSP 웹페이지에서 사용하기 위해 Java 클래스를 선언하고 초기화하는 태그로 형식은 다음과 같습니다.

```
<jsp:useBean id="객체명" scope="page | request | session | application"
    class="클래스명" type="타입명" />
```

2.1 useBean 태그 속성

자바빈즈 액션 태그 안에 선언하는 useBean 태그의 속성에 대해 하나씩 살펴보도록 하겠습니다.

〈jsp:useBean〉 – id 속성

자바빈즈 액션 태그를 사용할 때 객체명(자바빈즈 식별명)을 설정합니다. id 속성을 사용하여 지정한 객체명은 다음과 같은 용도로 사용됩니다.

- 꺼낸 객체의 참조 변수명으로 사용
- getAttribute( )로 값을 꺼낼 때 사용하는 이름
- 객체를 생성할 경우 보관소에 저장하는 key 값의 이름으로 사용

〈jsp:useBean〉 – scope 속성

scope 속성은 보관소를 지정할 때 선언합니다. 속성의 기본값은 page이며 그 외에도 request, session, application 중 하나의 속성을 다음과 같이 지정할 수 있습니다.

- page = JspContext(기본값)
- request = ServletRequest
- session = HttpSession
- application = ServletContext

〈jsp:useBean〉 – class 속성

- class 속성은 Java 객체를 생성하기 위해 사용할 클래스 이름을 지정할 때 선언합니다.
- 이 속성을 사용할 때는 new 연산자를 사용하기 때문에 인터페이스는 올 수 없으며 반드시 패키지 이름을 포함해야 합니다.
- scope 속성에서 지정한 보관소에서 객체를 찾지 못하였을 경우 class의 값을 사용하여 인스턴스를 생성합니다.
- 생성된 객체는 scope 보관소에 자동으로 저장되며 class 속성을 선언하지 않을 경우 객체를 생성할 수 없게 됩니다.

〈jsp:useBean〉 – type 속성

- type 속성은 참조 변수에서 사용할 타입(클래스 또는 인터페이스)을 지정할 때 선언합니다.
- 이 속성을 사용할 때는 반드시 패키지 이름을 포함해야 하며 type 속성을 지정하지 않으면 class 속성의 값이 사용됩니다.

✓ Check Point_ 클래스와 객체, 인스턴스의 개념

클래스(class)는 객체를 생성하기 위한 설계도 혹은 틀을 의미하며 연관되어 있는 변수와 메소드의 집합을 의미합니다. 객체(object)는 소프트웨어 세계에 구현할 대상을 의미하며 클래스에 선언된 모양 그대로 생성된 실체입니다. 인스턴스(instance)는 설계도를 바탕으로 소프트웨어에 구현된 구체적인 실체를 의미합니다. 객체를 소프트웨어로 실체화를 구현하게 되면 그것을 인스턴스라고 하며 실체화된 인스턴스는 메모리에 할당됩니다.

2.2 useBean 액션 태그

useBean 액션 태그에 Date 클래스를 선언하여 오늘의 날짜와 시각을 출력하기 위해 다음 예제를 수행합니다.

예제 08 – 04 useBean 액션 태그로 오늘의 날짜와 시각 출력하기

- **Step 01 | useBean 액션 태그 선언하기** : useBeanDate.jsp 파일을 생성하고 다음과 같이 소스 코드를 입력합니다.

JSPStudy/ch08/useBeanDate.jsp

```
01  <%@ page language="java" contentType="text/html; charset=UTF-8"
02    pageEncoding="UTF-8" %>
03  <!DOCTYPE html>
04  <html>
05  <head>
06    <meta charset="UTF-8">
07    <title> useBean 액션 태그 </title>
08  </head>
09  <body>
10    Home > useBean 액션 태그로 오늘의 날짜와 시각 출력
11    <hr>
12    <jsp:useBean id="nowTime" class="java.util.Date" />
13    <%= nowTime.toLocaleString() %>
14  </body>
15  </html>
```

12행 : useBean 액션 태그로 Date 클래스를 사용하기 위해 nowTime 객체명을 선언합니다.
13행 : Date( ) 클래스의 속성을 가진 nowTime 객체를 출력하기 위해 표현문 태그를 작성합니다.

- **Step 02 | 실행 결과 확인하기** : 이클립스에서 useBeanDate.jsp 파일을 선택하고 단축키 Ctrl+F11을 눌러 실행하게 되면 useBean 액션 태그를 통해 오늘의 날짜와 시각을 웹 브라우저 화면에 출력합니다.

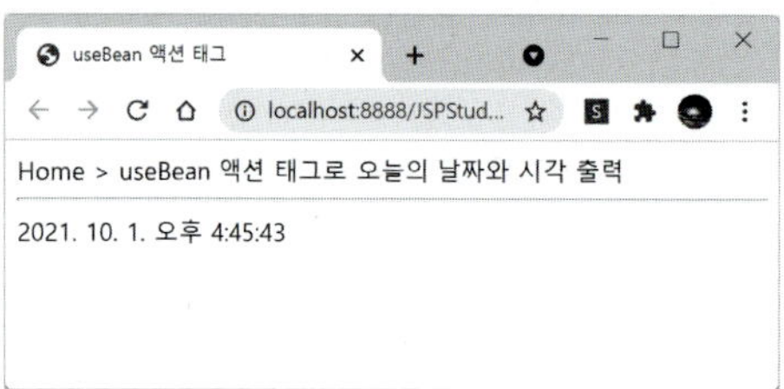

그림 8-8 실행 결과 화면

핵심 요약

01 액션 태그에 대한 이해

- 액션 태그란 JSP에서 기본으로 제공하는 태그들의 집합으로 서버 또는 클라이언트에게 수행할 명령을 지시하는 태그를 의미합니다.
- 액션 태그를 사용하게 되면 Java 코드를 사용하지 않아도 JSP 웹페이지를 개발할 수 있습니다.
- 액션 태그는 XML 형식인 〈jsp: … /〉를 사용하며 끝나는 태그는 반드시 /〉로 마무리해야 합니다.
- JSP 액션 태그의 종류는 다음과 같습니다.

액션 태그	의미
〈jsp:forward … /〉	현재 페이지의 실행을 멈추고 다른 페이지로 흐름을 제어합니다.
〈jsp:include … /〉	외부 페이지의 내용을 포함하거나 페이지 모듈화를 수행합니다.
〈jsp:useBean … /〉	Java 인스턴스를 생성 또는 호출 및 보관소에 저장합니다.
〈jsp:setProperty … /〉	자바빈즈의 프로퍼티의 값을 설정합니다.
〈jsp:getProperty … /〉	자바빈즈의 프로퍼티의 값을 가져옵니다.
〈jsp:param … /〉	〈jsp:forward〉, 〈jsp:include〉, 〈jsp:plugin〉 태그의 자식 태그로 사용합니다.
〈jsp:plugin … /〉	웹 브라우저에 애플릿을 실행합니다. OBJECT 또는 EMBED HTML 태그를 생성합니다.
〈jsp:element … /〉	임의의 XML 태그 또는 HTML 태그를 생성합니다.

02 forward 태그에 대한 이해

- forward 액션 태그는 현재 위치한 JSP 웹페이지에서 다른 웹페이지로 이동할 때 사용하는 태그로 형식은 다음과 같습니다.

```
<jsp:forward page="파일명" />
```

03 include 태그에 대한 이해

- include 액션 태그는 현재 위치한 JSP 웹페이지의 특정 영역에 외부 파일의 내용을 포함할 때 사용하는 태그로 형식은 다음과 같습니다.

```
<jsp:include page="파일명" flush="false" />
```

- flush 속성의 기본값은 false이고 true로 설정하게 되면 지금까지 버퍼에 저장된 내용을 웹 브라우저로 출력하고 버퍼를 비워줍니다.
- flush의 속성을 true로 설정할 경우 헤더 부분의 정보도 함께 전송되기 때문에 가급적이면 false로 설정하는 것이 좋습니다.

04 param 태그에 대한 이해

- param 액션 태그는 현재 위치한 JSP 웹페이지에서 다른 웹페이지로 정보를 전달할 때 사용하는 태그로 형식은 다음과 같습니다.

```
<jsp:forward page="파일명">
  <jsp:param="파라미터명1" value="파라미터값1" >
  <jsp:param="파라미터명2" value="파라미터값2" >
</jsp:forward>
```

- param 태그는 단독으로 사용할 수 없으므로 〈jsp:forward〉 태그나 〈jsp:include〉 태그의 내부에 선언하여 사용합니다. param 태그는 여러 개의 파라미터를 선언하여 다른 페이지에 여러 개의 정보를 전달할 수도 있습니다.

05 자바빈즈 태그에 대한 이해

- 자바빈즈는 데이터 표현을 목적으로 수행하는 Java 클래스로 데이터를 담는 멤버 변수인 프로퍼티Property와 데이터를 가져오거나 저장하는 메소드로 구성됩니다.
- 자바빈즈는 데이터 표현을 목적으로 수행하는 Java 클래스로 데이터를 담는 멤버 변수인 프로퍼티Property와 데이터를 가져오거나 저장하는 메소드로 구성됩니다.
- JSP와 자바빈즈의 프로세스를 살펴보면 다음과 같습니다.
  ❶ 웹 브라우저에서 서블릿으로 서비스를 요청합니다.
  ❷ 서블릿은 자바빈즈와 통신을 수행합니다.
  ❸ 자바빈즈는 데이터베이스와 연결하여 데이터를 관리합니다.
  ❹ 서블릿은 JSP 웹페이지에게 정보를 전달합니다.
  ❺ JSP 웹페이지는 요청한 웹 브라우저에서 전달된 정보를 출력합니다.

06 useBean 태그에 대한 이해

- useBean 액션 태그는 자바빈즈를 JSP 웹페이지에서 사용하기 위해 Java 클래스를 선언하고 초기화하는 태그로 형식은 다음과 같습니다.

```
<jsp:useBean id="객체명" scope="page | request | session | application"
    class="클래스명" type="타입명" />
```

〈jsp:useBean〉 – id 속성

- 자바빈즈 액션 태그를 사용할 때 객체명(자바빈즈 식별명)을 설정합니다. id 속성을 사용하여 지정한 객체명은 다음과 같은 용도로 사용됩니다.
- 꺼낸 객체의 참조 변수명으로 사용
- getAttribute( )로 값을 꺼낼 때 사용하는 이름
- 객체를 생성할 경우 보관소에 저장하는 key 값의 이름으로 사용

〈jsp:useBean〉 – scope 속성

- scope 속성은 보관소를 지정할 때 선언합니다. 속성의 기본값은 page이며 그 외에도 request, session, application 중 하나의 속성을 다음과 같이 지정할 수 있습니다.
- page = JspContext(기본값)
- request = ServletRequest
- session = HttpSession
- application = ServletContext

〈jsp:useBean〉 – class 속성

- class 속성은 Java 객체를 생성할 때 사용할 클래스 이름을 지정할 때 선언합니다.
- 이 속성을 사용할 때는 new 연산자를 사용하기 때문에 인터페이스는 올 수 없으며 반드시 패키지 이름을 포함해야 합니다.
- scope 속성에서 지정한 보관소에서 객체를 찾지 못하였을 경우 class의 값을 사용하여 인스턴스를 생성합니다.
- 생성된 객체는 scope 보관소에 자동으로 저장되며 class 속성을 선언하지 않을 경우 객체를 생성할 수 없게 됩니다.

〈jsp:useBean〉 – type 속성

- type 속성은 참조 변수에서 사용할 타입(클래스 또는 인터페이스)을 지정할 때 선언합니다.
- 이 속성을 사용할 때는 반드시 패키지 이름을 포함해야 하며 type 속성을 지정하지 않으면 class 속성의 값이 사용됩니다.

연습
문제

01 다음 글을 읽고 빈 괄호에 들어갈 단어를 입력하시오.

(1) 액션 태그란 JSP에서 기본으로 제공하는 태그들의 집합으로 (   ) 또는 (   )에게 수행할 명령을 지시하는 태그를 의미합니다.

(2) 액션 태그는 XML 형식인 (   )를 사용하며 끝나는 태그는 반드시 (   )로 마무리해야 합니다.

(3) (   ) 액션 태그는 현재 위치한 JSP 웹페이지에서 다른 웹페이지로 이동할 때 사용하고 (   ) 액션 태그는 현재 위치한 JSP 웹페이지의 특정 영역에 외부 파일의 내용을 포함할 때 사용합니다.

02 다음 표에서 주어진 액션 태그의 의미를 살펴보고 해당하는 액션 태그를 기술하시오.

액션 태그	의미
	현재 페이지의 실행을 멈추고 다른 페이지로 흐름을 제어합니다.
〈jsp:include … /〉	외부 페이지의 내용을 포함하거나 페이지 모듈화를 수행합니다.
	Java 인스턴스를 생성 또는 호출 및 보관소에 저장합니다.
〈jsp:setProperty … /〉	자바빈즈의 프로퍼티의 값을 설정합니다.
〈jsp:getProperty … /〉	자바빈즈의 프로퍼티의 값을 가져옵니다.
	〈jsp:forward〉, 〈jsp:include〉, 〈jsp:plugin〉 태그의 자식 태그로 사용합니다.
〈jsp:plugin … /〉	웹 브라우저에 애플릿을 실행합니다. OBJECT 또는 EMBED HTML 태그를 생성합니다.
〈jsp:element … /〉	임의의 XML 태그 또는 HTML 태그를 생성합니다.

03 JSP와 자바빈즈의 프로세스에 대해 기술하시오.

04 웹 브라우저 화면에 다음과 같이 출력되도록 JSP 애플리케이션을 생성하시오.

(1) 프로젝트명 : JSPStudy

(2) 파일명 : test08_04.jsp

(3) 기타 사항 : 실행 결과 화면 참조

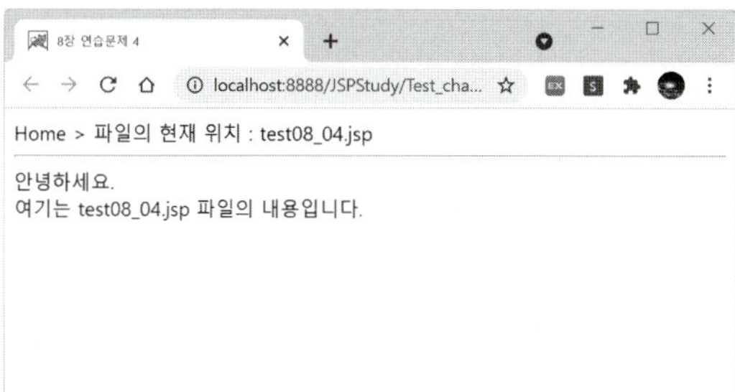

05 다음과 같이 주어진 조건을 수행하는 JSP 애플리케이션을 생성하시오.

(1) 프로젝트명 : JSPStudy

(2) 파일명 : test08_05.jsp

(3) 액션 태그 : 〈jsp:include … /〉

(4) 기타 사항 : 실행 결과 화면 참조

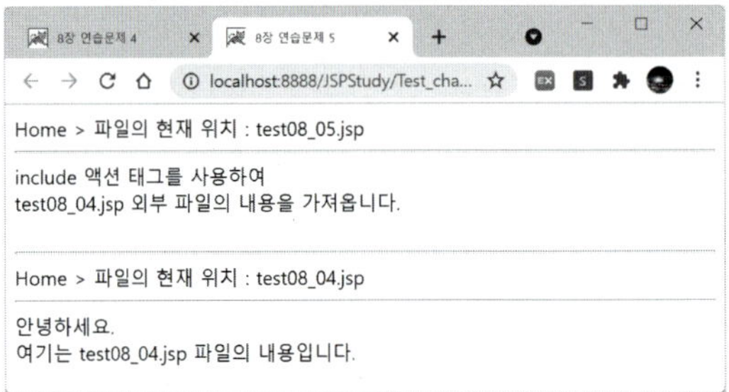

CHAPTER 09

MySQL

▶ Preview

데이터베이스란 무엇인지에 대해 이해하고 데이터베이스 개발 환경 구축을 위한 MySQL 프로그램 다운로드 및 설치하는 과정을 수행합니다. MySQL에 접속하는 방법과 접속을 종료하는 방법에 대해 살펴보고 데이터베이스에서 사용하는 기초 명령문에 대해 실습합니다.

01 데이터베이스의 개요

1 데이터베이스란?

데이터베이스Database란 여러 사람에 의해 특정 분야에서 사용될 목적으로 통합하여 관리되는 데이터의 집합체를 의미합니다. 데이터베이스는 다수의 사용자가 사용하는 데이터들의 공유와 운영을 위해 저장해 놓은 공간으로 자료항목의 중복성을 없애줍니다. 그리고 자료를 구조화하여 저장함으로써 데이터 검색과 업데이트의 효율성을 높여줍니다.

2 데이터베이스 관리 시스템

데이터베이스 관리 시스템DBMS; DataBase Management System이란 데이터베이스를 직접 응용 프로그램들이 조작하는 것이 아니라 데이터베이스를 조작하는 별도의 소프트웨어를 의미합니다. 앞으로 사용하게 될 MySQL 또한 DBMS의 한 종류입니다.

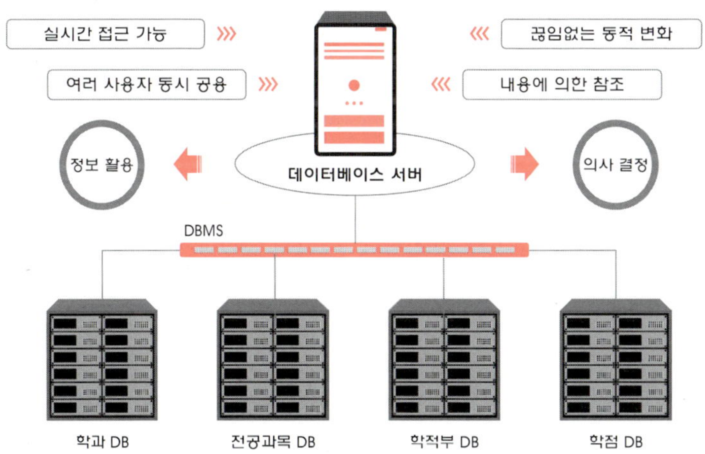

그림 9-1 DBMS로 관리되는 데이터베이스의 특성

02 MySQL 설치

1 MySQL이란?

MySQL은 전 세계적으로 널리 사용되고 있는 관계형 데이터베이스 관리 시스템(RDBMS)입니다. MySQL은 오픈 소스 라이브러리 정책에 따라 배포됩니다. 하지만 영리 목적으로 사용할 경우 라이선스를 별도로 구매해야 합니다. MySQL은 오픈 소스이며 다중 사용자와 다중 스레드를 지원합니다. 그리고 C언어, C++, JAVA, PHP 등 여러 프로그래밍 언어를 위한 다양한 API 또한 제공하고 있습니다.

MySQL이 제공하는 장점은 다음과 같습니다.

- 오픈 소스 라이선스 정책에 따라 무료로 사용할 수 있습니다.
- MySQL 응용 프로그램을 개발자의 용도에 맞게 수정이 용이합니다.
- 다양한 운영체제에서 사용할 수 있으며 여러 종류의 프로그래밍 언어를 지원합니다.
- 세계적으로 널리 알려진 표준 SQL 형식을 지원합니다.

2 MySQL 다운로드 및 설치

MySQL 다운로드 사이트에 접속하여 설치 파일을 다운로드 후 설치하기 위해 다음 예제를 수행합니다.

예제 09 – 01 MySQL 설치하기

• **Step 01 | MySQL 다운로드 사이트에 접속하기 :** https://dev.mysql.com/downloads/windows/installer/ 사이트에 접속하여 'Windows(x86, 32-bit), MSI Installer' 버전을 클릭합니다.

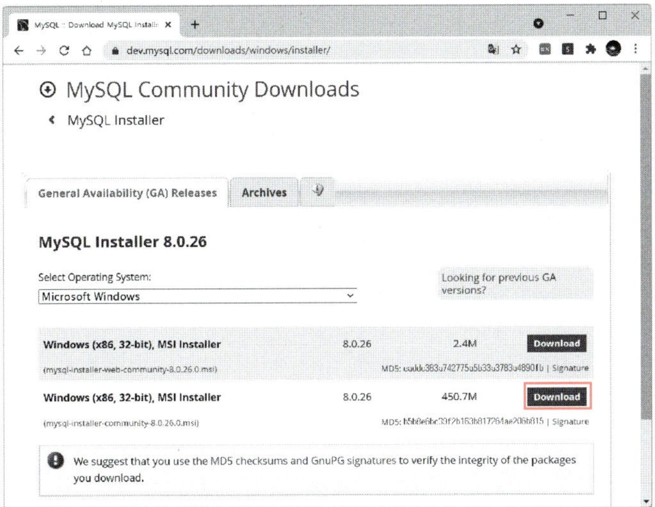

그림 9-2 MySQL 다운로드 사이트

• **Step 02 | MySQL 다운로드하기 :** MySQL은 Oracle 계정이 있어야 다운로드가 가능합니다. 만약 계정이 없다면 새 계정을 만들어 로그인해야 합니다. 'Download Now'를 눌러 다운로드를 수행합니다.

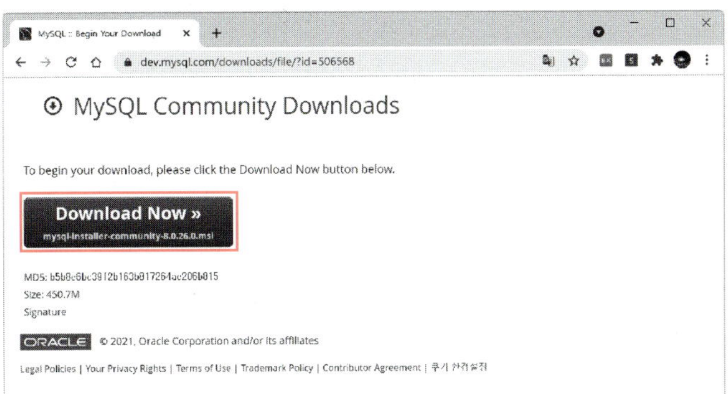

그림 9-3 MySQL 다운로드

• **Step 03 | MySQL 설치 유형 선택하기** : MySQL의 설치 유형은 'Custom'을 선택 후 〈Next〉를 누릅니다.

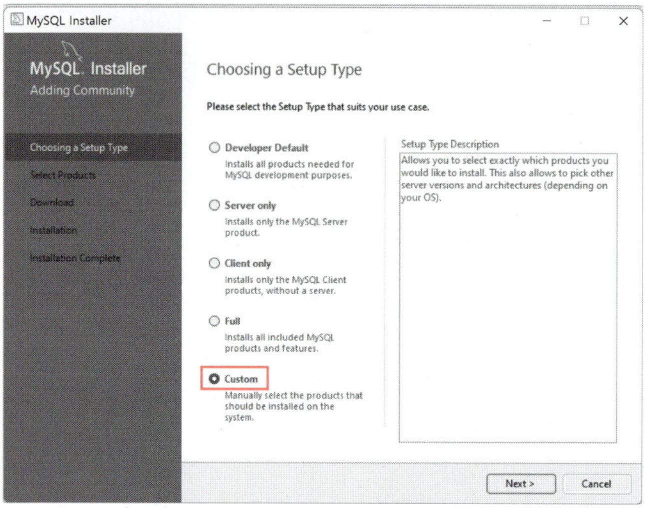

그림 9-4 MySQL 설치 유형 선택

• **Step 04 | MySQL 설치 대상 선택하기** : MySQL Server의 아래쪽에 위치한 'MySQL Server 8.0.26-X64'와 Connector/J 아래쪽에 위치한 'Connector/J 8.0.26-X86'을 각각 선택 후 화살표 [➡]를 눌러 오른쪽 목록으로 이동 후 〈Next〉를 누릅니다.

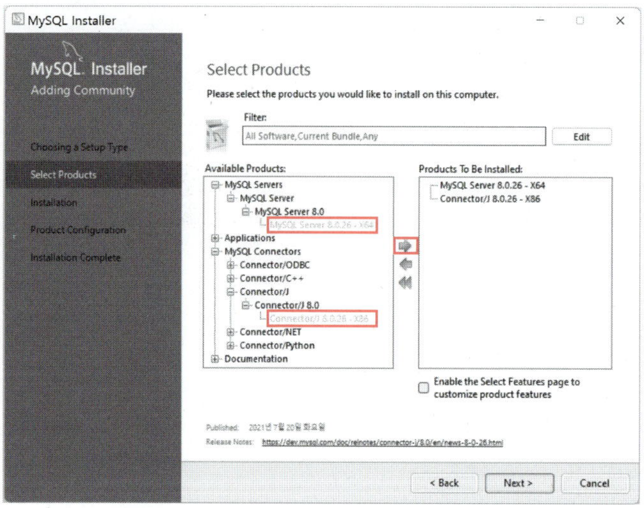

그림 9-5 MySQL 설치 대상 선택

• **Step 05 | MySQL 설치 대상 확인하기** : MySQL Server의 설치대상을 확인 후 〈Execute〉를 눌러 설치를 시작합니다.

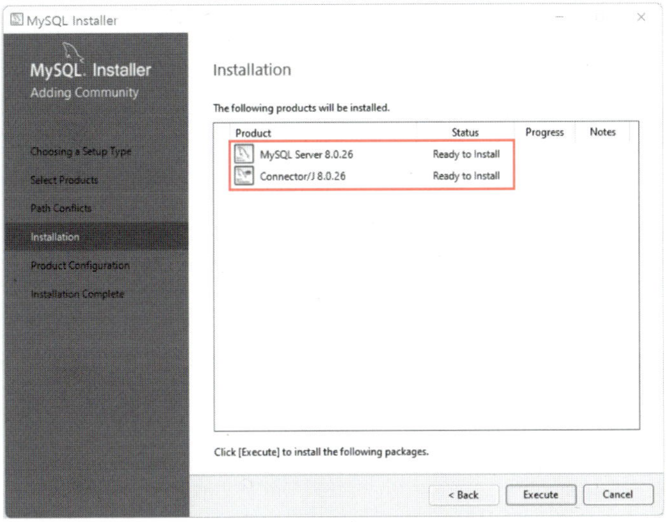

그림 9-6 MySQL 설치 대상 확인 후 설치 시작

• **Step 06 | MySQL 설치대상 확인하기** : 설치대상이 모두 Complete로 변경되면 〈Next〉를 누릅니다.

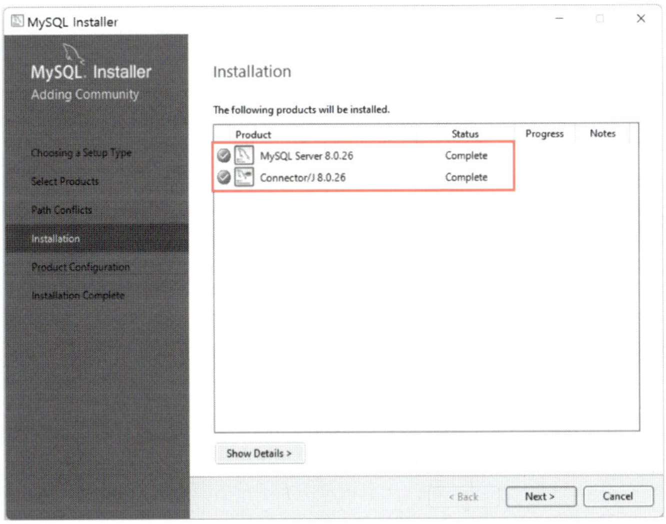

그림 9-7 MySQL 설치 완료

• **Step 07 | 초기 설정 구성하기** : 초기 구성화면에서 〈Next〉를 누릅니다.

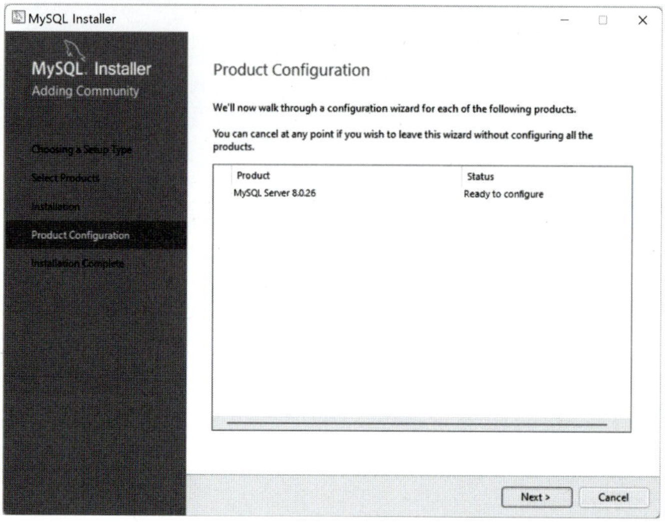

그림 9-8 MySQL 초기 구성 시작

• **Step 08 | 네트워크 타입 설정하기** : 네트워크 타입은 기본값 그대로 두고 〈Next〉를 누릅니다.

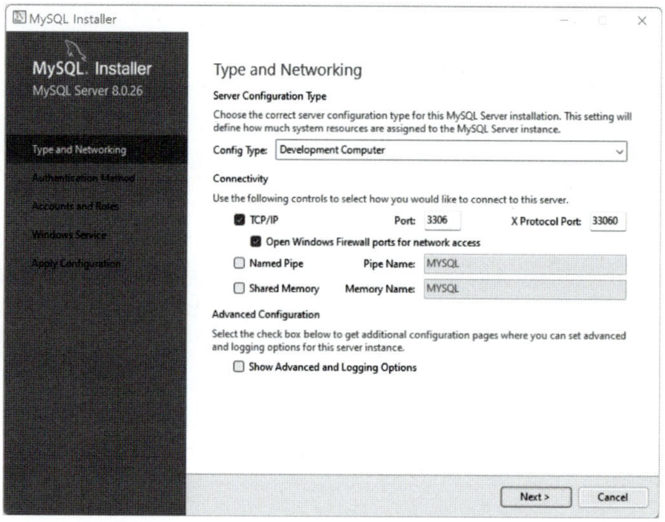

그림 9-9 네트워크 타입 설정

• **Step 09** | **강화된 암호화 기능 선택하기** : 강화된 암호화 기능은 기본값 그대로 두고 〈Next〉를 누릅니다.

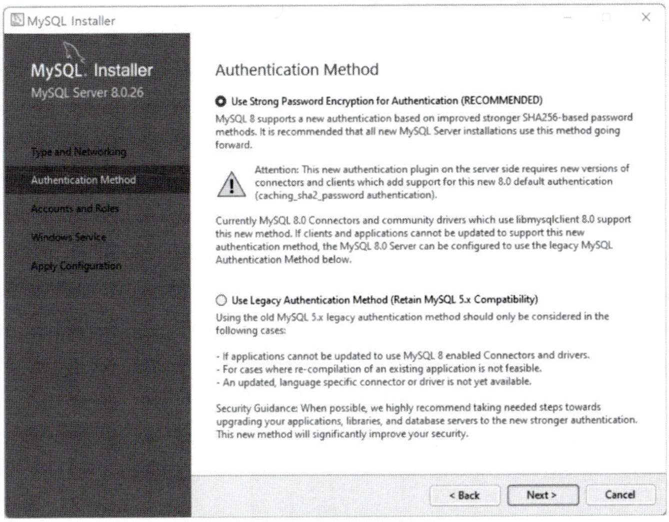

그림 9-10 강화된 암호화 기능 선택

• **Step 10** | **root 계정 비밀번호 설정하기** : 관리자 계정인 root 계정의 비밀번호는 기억하기 쉽도록 '123456'으로 입력 후 〈Next〉를 누릅니다.

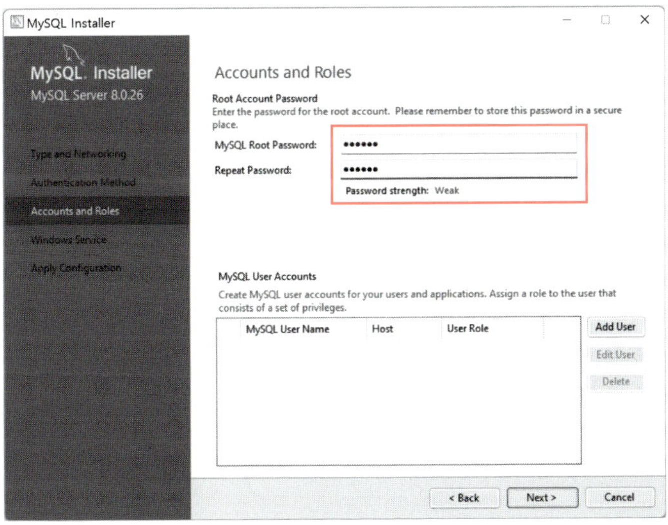

그림 9-11 root 계정의 비밀번호 설정

• **Step 11 | MySQL 서비스 이름 설정하기** : MySQL 서버에 대한 윈도우 서비스 이름은 기본값 'MySQL80' 그대로 두고 〈Next〉를 누릅니다.

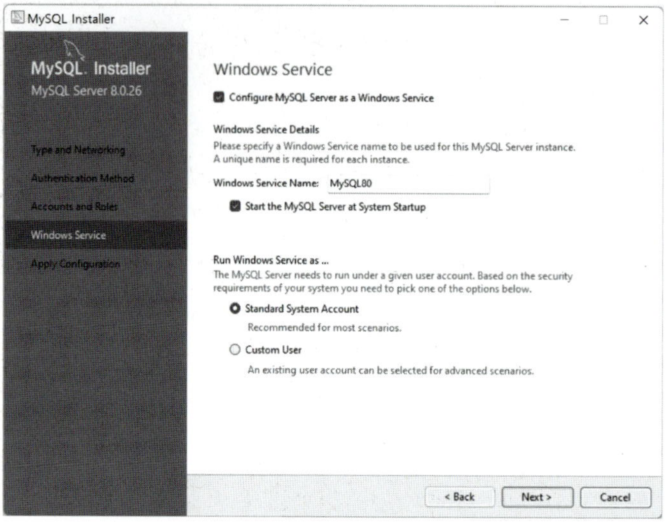

그림 9-12 MySQL 서비스 이름 설정

• **Step 12 | MySQL 초기 구성 적용하기** : MySQL 초기 구성 적용 화면에서 기본값 그대로 두고 〈Execute〉를 누릅니다.

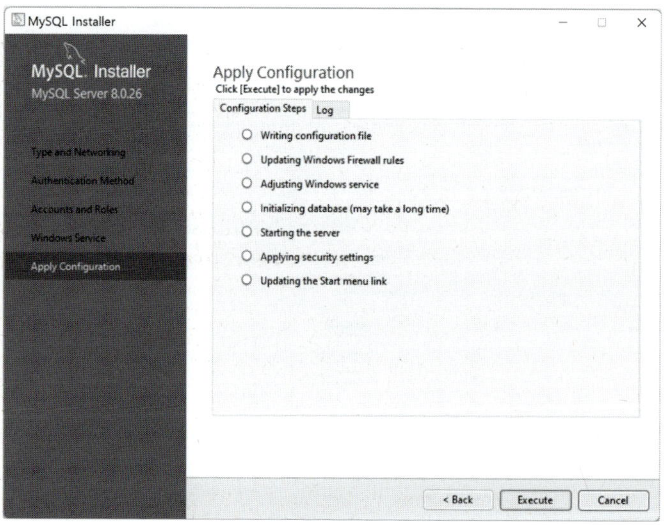

그림 9-13 MySQL 초기 구성 요소

• **Step 13 | MySQL 초기 구성 확인하기** : MySQL 초기 구성이 자동으로 적용되었음을 확인 후 〈Finish〉를 누릅니다.

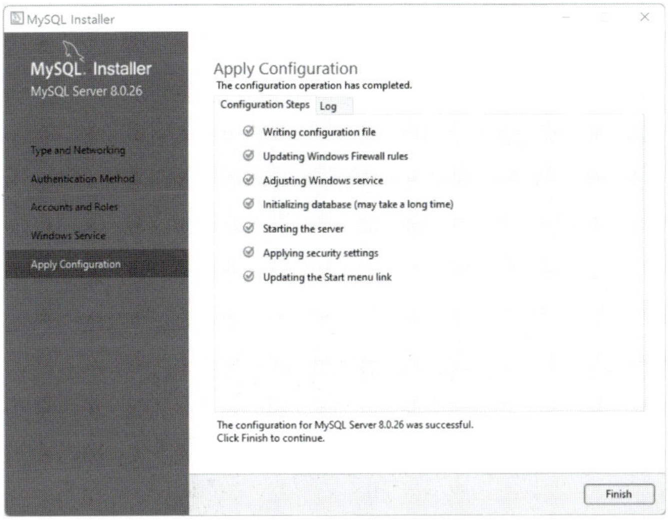

그림 9-14 MySQL 초기 구성 완료

• **Step 14 | MySQL 초기 설정 완료하기** : MySQL 초기 설정이 완료되었음을 확인 후 〈Next〉를 누릅니다.

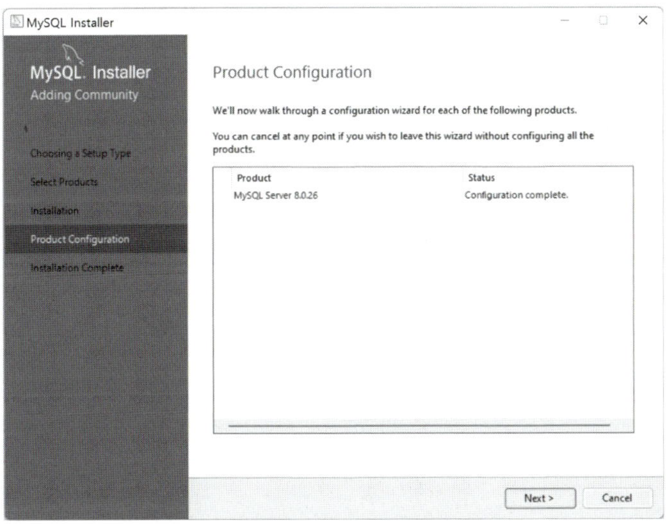

그림 9-15 MySQL 초기 설정 완료

• **Step 15** | **MySQL 설치 완료하기** : MySQL 설치 완료 화면이 나타나면 〈Finish〉를 누릅니다.

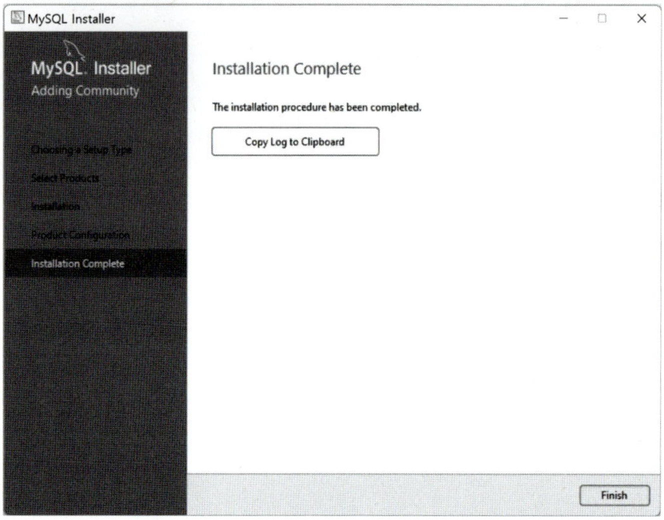

그림 9-16 MySQL 설치 완료

03 MySQL 접속 및 종료

1 MySQL 접속

MySQL 8.0 Command Line Client 프로그램을 실행하여 콘솔 창에서 MySQL에 접속하기 위해 다음 예제를 수행합니다.

예제 09 – 02 MySQL에 접속하기

- **Step 01 | 클라이언트 콘솔 창 실행하기** : 윈도우 [시작] 버튼을 누르고 MySQL 8.0 Command Line Client를 실행합니다. 콘솔 창의 기본 배경 색상은 검정색으로 설정되어 있습니다. 필자는 속성을 변경하여 배경 색상과 글자의 색상을 그림과 같이 변경하였음을 참고 바랍니다.

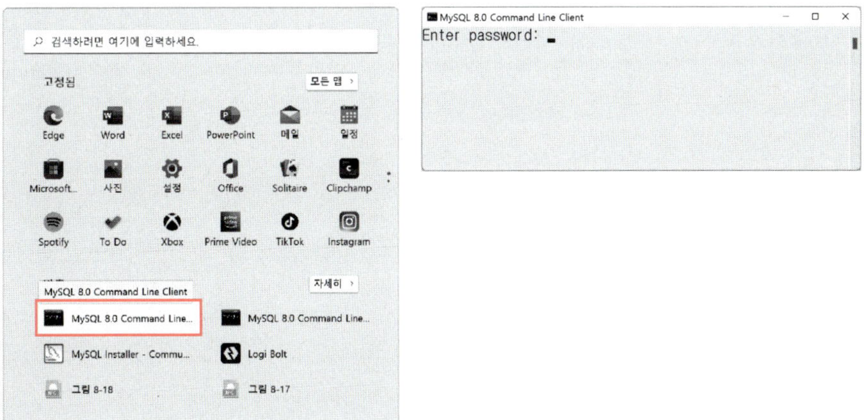

그림 9-17 MySQL 콘솔 창 실행

✓ Check Point_ 콘솔 창이란?

콘솔이란 입력장치와 출력장치를 총칭하는 의미로 콘솔 창은 '키보드+모니터'의 역할을 수행하는 창을 나타냅니다. 명령 프롬프트 창 또한 콘솔 창이며 콘솔 프로그램은 콘솔 창을 기반으로 작동합니다.

• **Step 02 | MySQL 접속하기 :** 패스워드 '123456'을 입력하고 [Enter↵]를 누르면 MySQL에 접속됩니다.

```
MySQL 8.0 Command Line Client
Enter password: ******
Welcome to the MySQL monitor.  Commands end with ; or \g.
Your MySQL connection id is 11
Server version: 8.0.26 MySQL Community Server - GPL

Copyright (c) 2000, 2021, Oracle and/or its affiliates.

Oracle is a registered trademark of Oracle Corporation and/or its
affiliates. Other names may be trademarks of their respective
owners.

Type 'help;' or '\h' for help. Type '\c' to clear the current input statement.

mysql>
```

그림 9-18 MySQL 접속 성공

2 MySQL 기초 명령문

MySQL에 접속되었으므로 예제를 통해 간단하게 기초 명령문에 대해 살펴보도록 하겠습니다.

예제 09 – 03 MySQL의 기초 명령문 수행하기

• **Step 01 | MySQL 버전 확인하기 :** 콘솔 창에서 'select version( );'을 입력하고 [Enter↵]를 누르면 현재 접속된 MySQL의 버전을 확인할 수 있습니다.

```
mysql> select version();
```

그림 9-19 MySQL 버전 확인

- **Step 02 | 데이터베이스 목록 확인하기 :** 콘솔 창에서 'show databases;'를 입력하고 Enter↵를 누르면 MySQL에 생성되어 있는 데이터베이스 목록을 확인할 수 있습니다.

```
mysql> show databases;
```

그림 9-20 데이터베이스 목록 확인

- **Step 03 | 특정 데이터베이스 선택하기 :** 콘솔 창에서 'use mysql;'을 입력하고 Enter↵를 누르면 데이터베이스 목록에 있는 mysql 데이터베이스가 선택됩니다.

```
mysql> use mysql;
```

그림 9-21 mysql 데이터베이스 선택

- **Step 04 | 선택한 데이터베이스에 존재하는 테이블 목록 확인하기** : 콘솔 창에서 'show tables;'를 입력하고 Enter↵를 누르면 선택된 mysql 데이터베이스에 존재하는 테이블 목록이 출력됩니다.

```
mysql> show tables;
```

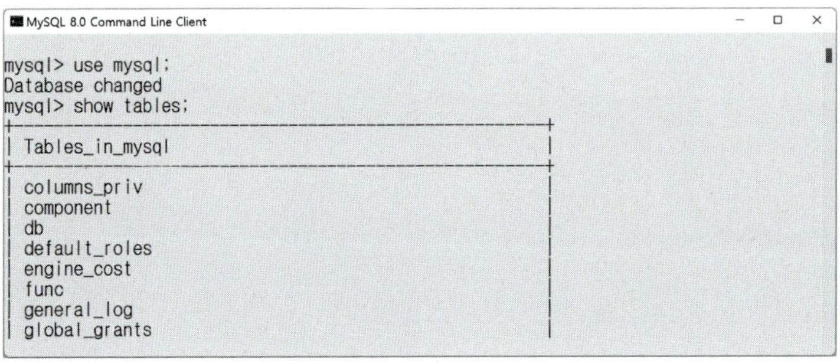

그림 9-22 mysql 데이터베이스에 존재하는 테이블 블록

- **Step 05 | 특정 테이블의 구조 확인하기** : 콘솔 창에서 'desc component;'를 입력하고 Enter↵를 누르면 선택된 component 테이블의 구조가 출력됩니다.

```
mysql> desc component;
```

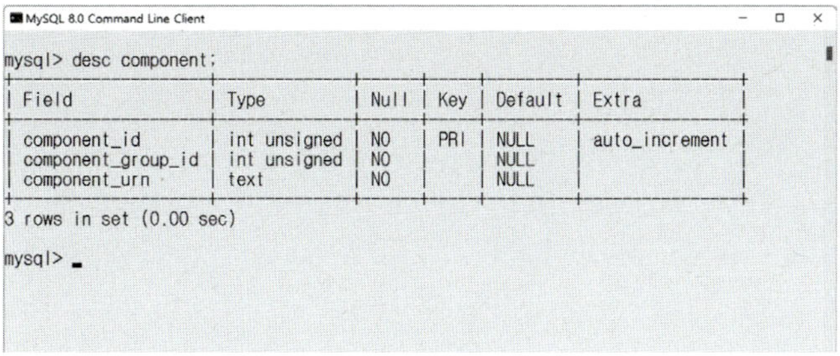

그림 9-23 component 테이블의 구조

✓ Check Point_ 데이터베이스와 테이블의 관계

데이터베이스는 데이터를 저장하는 저장소이고 테이블은 데이터베이스 안에 실제로 데이터가 저장되는 형태를 의미합니다. 테이블은 엑셀에서 보는 바와 같이 행과 열의 구성된 형태로 데이터를 구분하여 저장합니다. 데이터를 저장하기 위해서는 먼저 데이터베이스를 생성합니다. 생성된 데이터베이스를 선택한 다음 테이블을 생성하여 데이터를 저장하는 과정으로 이해하면 됩니다. 1개의 데이터베이스 안에는 여러 개의 테이블을 생성할 수 있습니다. SQL 명령문을 사용하여 테이블에 존재하는 데이터를 검색하고 여러 테이블 간의 상관관계를 조회하기도 합니다.

3 MySQL 종료

- **MySQL 접속 종료하기** : 콘솔 창에서 'exit'를 입력하고 Enter↵를 누르면 접속된 MySQL은 종료됩니다.

```
mysql> exit
```

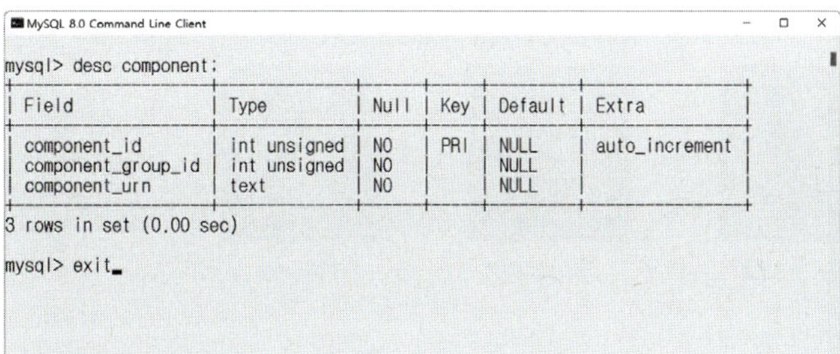

그림 9-24 MySQL 접속 종료

핵심 요약

01 데이터베이스에 대한 이해

- 데이터베이스란 여러 사람에 의해 특정 분야에서 사용될 목적으로 통합하여 관리되는 데이터의 집합체를 의미합니다.
- 데이터베이스는 다수의 사용자가 사용하는 데이터들의 공유와 운영을 위해 저장해 놓은 공간으로 자료항목의 중복성을 없애줍니다.
- 자료를 구조화하여 저장함으로써 데이터 검색과 업데이트의 효율성을 높여줍니다.

02 DBMS에 대한 이해

- 데이터베이스 관리 시스템(DBMS)이란 데이터베이스를 직접 응용 프로그램들이 조작하는 것이 아니라 데이터베이스를 조작하는 별도의 소프트웨어를 의미합니다.

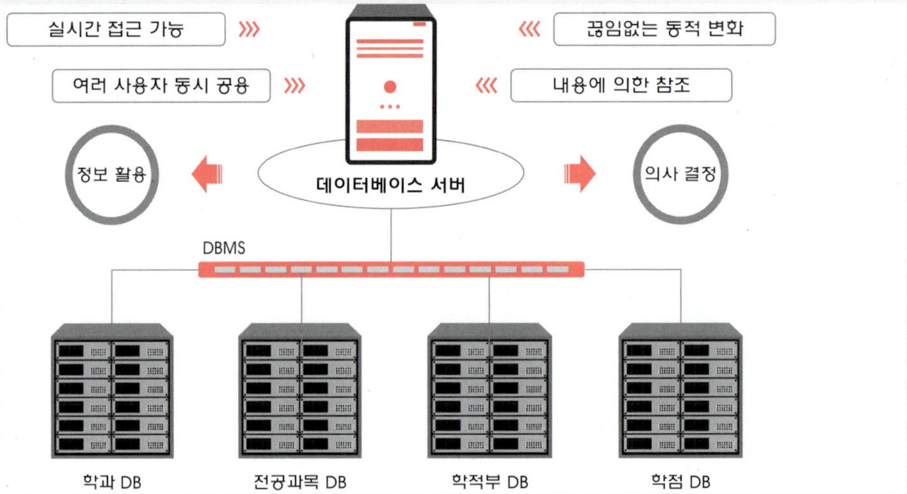

03 MySQL의 특징

- 오픈 소스 라이선스 정책에 따라 무료로 사용할 수 있습니다.
- MySQL 응용 프로그램을 개발자의 용도에 맞게 수정이 용이합니다.
- 다양한 운영체제에서 사용할 수 있으며 여러 종류의 프로그래밍 언어를 지원합니다.
- 세계적으로 널리 알려진 표준 SQL 형식을 지원합니다.

04 MySQL 기초 명령문에 대한 이해

- MySQL 버전 출력 : select version( );
- 오늘의 날짜 출력 : select current_date( );
- 데이터베이스 목록 출력 : show databases;
- 특정 데이터베이스 선택 : use 데이터베이스명;
- 데이터베이스에 존재하는 테이블 목록 출력 : show tables;
- 테이블의 구조 확인 : desc 테이블명;
- MySQL 접속 종료 : exit
- 명령문 입력 도중 취소 명령 : ₩c (반드시 소문자)

연습 문제

01 다음 글을 읽고 빈 괄호에 들어갈 단어를 입력하시오.

(1) 데이터베이스란 여러 사람에 의해 특정 분야에서 사용될 목적으로 (　　　　)하여 관리되는 (　　　　)의 집합체를 의미합니다.

(2) 데이터베이스는 다수의 사용자가 사용하는 데이터들의 (　　　　)와 운영을 위해 저장해 놓은 공간으로 자료항목의 (　　　　)을 없애줍니다.

(3) 데이터베이스 관리 시스템(DBMS)이란 (　　　　)를 직접 응용 프로그램들이 조작하는 것이 아니라 데이터베이스를 (　　　　)하는 별도의 소프트웨어를 의미합니다.

02 MySQL의 특징에 대해 3가지 이상을 기술하시오.

03 DBMS로 관리되는 데이터베이스의 특징을 나타낸 다음 그림을 보고 빈칸을 채우시오.

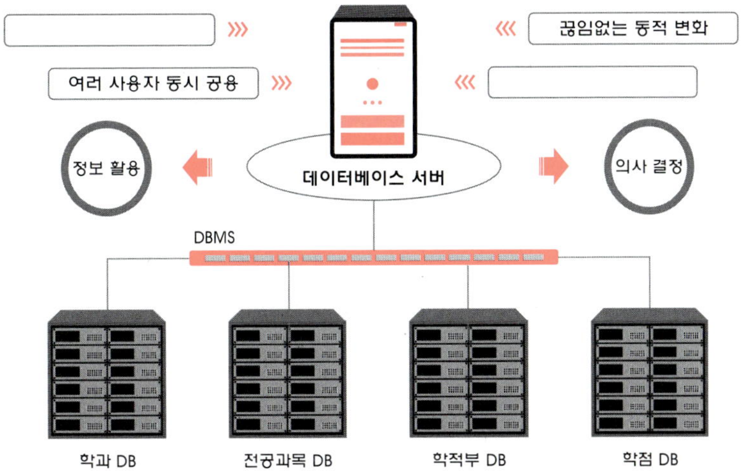

04 오늘의 날짜가 다음과 같이 출력되도록 MySQL 명령문을 작성하시오.

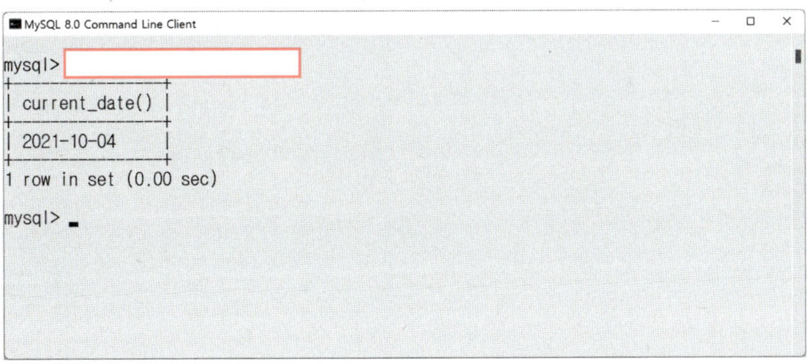

05 데이터베이스 목록 중 sys 데이터베이스를 선택한 다음 sys 데이터베이스에 존재하는 테이블 목록을 출력하는 MySQL 명령문을 작성하시오.

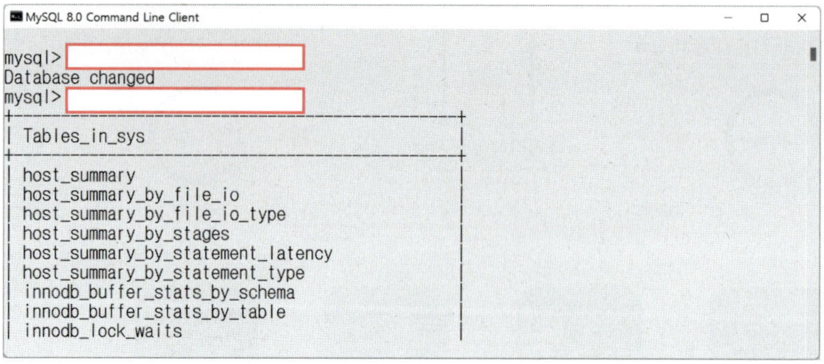

CHAPTER 10

SQL 기본 명령어

▶ Preview

SQL 명령문이란 무엇인지에 대해 이해하고 MySQL에 접속하여 데이터베이스 생성 및 삭제, 데이터베이스 선택, 테이블 관련 및 조작 관련 SQL 명령문에 대해 살펴봅니다. 데이터베이스를 생성하고 생성된 데이터베이스를 선택한 다음 테이블을 생성하여 데이터를 입력하고 주어진 조건에 따른 데이터 조회 및 수정, 삭제하는 과정에 대해 실습합니다.

01 데이터베이스 관련 명령어

1 SQL 명령어의 종류

SQLStructured Query Language이란 관계형 데이터베이스 관리시스템(RDBMS)의 데이터를 관리하기 위해 설계된 특수 목적의 프로그래밍 언어를 의미합니다. SQL 쿼리문은 데이터베이스에 저장된 값을 불러내기 위한 명령문으로 크게 데이터베이스 관련 명령문과 테이블 관련 명령문으로 구분되어 수행합니다.

SQL 쿼리문에서 사용하는 명령어는 일부 명령어를 제외하고는 나머지 명령어에 대해서는 알파벳 대/소문자를 특별히 구분하지는 않습니다. 데이터베이스 관련 명령어의 종류는 다음 표와 같습니다.

표 10-1 데이터베이스 관련 명령어

SQL 명령어	의미
CREATE	새로운 데이터베이스를 생성합니다.
DROP	생성되어 있는 데이터베이스를 삭제합니다.
USE	데이터베이스 목록에서 특정 데이터베이스를 선택합니다.

2 데이터베이스 생성

CREATE 명령어를 사용하여 데이터베이스를 생성하는 형식은 다음과 같습니다.

```
mysql> CREATE DATABASE 데이터베이스명;
```

MySQL에 접속하여 SQL 명령문으로 새로운 데이터베이스를 생성하기 위해 다음 예제를 수행합니다.

예제 10 – 01 새로운 데이터베이스 생성하기

- **Step 01 | MySQL 접속하기** : MySQL 8.0 Command Line Client 프로그램을 실행하고 패스워드 123456을 입력하여 MySQL에 접속합니다.

```
Enter password: ******
```

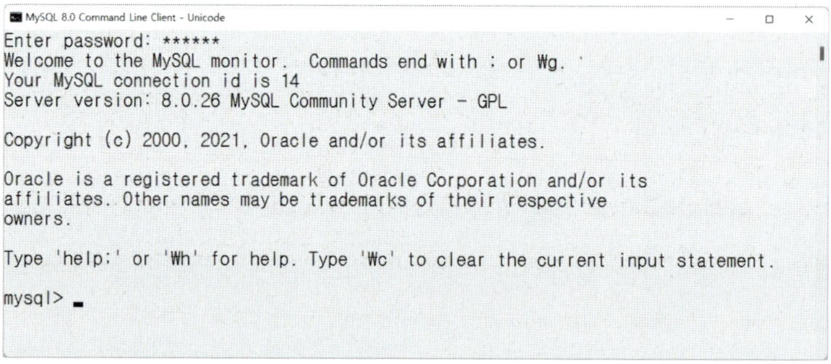

그림 10-1 MySQL 접속 완료

- **Step 02 | 데이터베이스 생성하기** : 콘솔 창에서 다음과 같이 명령문을 입력 후 Enter↵를 눌러 새로운 데이터베이스 sample_db를 생성합니다.

```
mysql> CREATE DATABASE sample_db;
```

그림 10-2 sample_db 생성

• **Step 03 | 데이터베이스 목록 확인하기** : 다음과 같이 명령문을 입력 후 Enter↵를 눌러 새로 생성한 sample_db가 데이터베이스가 목록에 존재하는 것을 확인할 수 있습니다.

```
mysql> SHOW DATABASES;
```

그림 10-3 데이터베이스 목록

3 데이터베이스 삭제

DROP 명령어를 사용하여 기존 데이터베이스를 삭제하는 형식은 다음과 같습니다.

```
mysql> DROP DATABASE 데이터베이스명;
```

SQL 명령문으로 기존 데이터베이스를 삭제하기 위해 다음 예제를 수행합니다.

예제 10 – 02 기존 데이터베이스 삭제하기

• **Step 01 | 데이터베이스 삭제하기** : 다음과 같이 명령문을 입력 후 Enter↵를 눌러 기존 데이터베이스인 sample_db를 삭제합니다.

```
mysql> DROP DATABASES sample _ db;
```

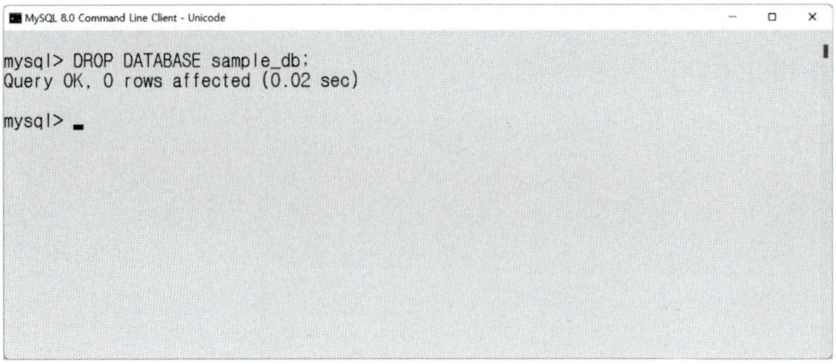

그림 10-4 sample_db 삭제

• **Step 02 | 데이터베이스 목록 확인하기** : 다음과 같이 명령문을 입력 후 Enter↵를 눌러 sample_db가 삭제되어 데이터베이스 목록에 존재하지 않는 것을 확인할 수 있습니다.

```
mysql> SHOW DATABASES;
```

그림 10-5 sample_db가 삭제된 데이터베이스 목록

4 데이터베이스 선택

USE 명령어를 사용하여 기존 데이터베이스를 선택하는 형식은 다음과 같습니다.

```
mysql> USE 데이터베이스명;
```

SQL 명령문으로 새로운 데이터베이스를 생성 후 생성된 데이터베이스를 선택하기 위해 다음 예제를 수행합니다.

예제 10 – 03 데이터베이스 생성 후 선택하기

- **Step 01 | 데이터베이스 생성하기** : 다음과 같이 명령문을 입력 후 Enter↵를 눌러 새로운 데이터베이스인 addr_db를 생성합니다.

```
mysql> CREATE DATABASE addr_db;
```

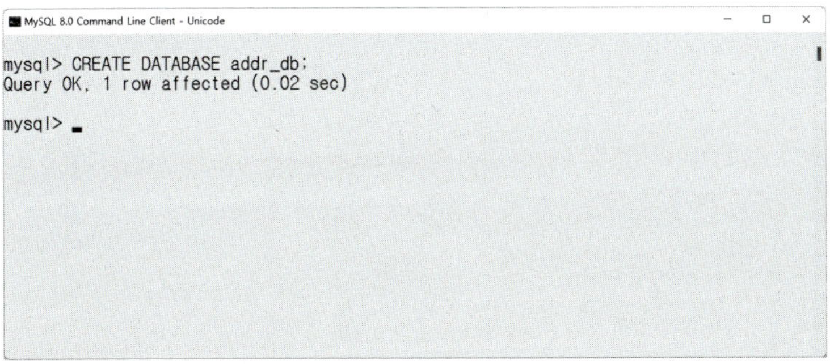

그림 10-6 addr_db 생성

- **Step 02 | 데이터베이스 목록 확인하기** : 다음과 같이 명령문을 입력 후 Enter↵를 눌러 새로운 데이터베이스인 addr_db가 생성되어 데이터베이스 목록에 존재하는 것을 확인할 수 있습니다.

```
mysql> SHOW DATABASES;
```

그림 10-7 addr_db가 생성된 데이터베이스 목록

- **Step 03 | 데이터베이스 선택하기** : 다음과 같이 명령문을 입력 후 Enter↵를 눌러 기존 데이터베이스인 addr_db를 선택합니다. 프롬프트에 선택한 데이터베이스의 이름이 나타난 것을 확인할 수 있습니다.

```
mysql> USE addr _ db;
mysql>
```

그림 10-8 addr_db 선택

02 테이블 관련 명령어

1 SQL 명령어의 종류

SQL 쿼리문에서 사용하는 테이블 관련 명령어의 종류는 다음 표와 같습니다.

표 10-2 테이블 관련 명령어

SQL 명령어	의미
CREATE	새로운 테이블을 생성합니다.
DESC (또는 DESCRIBE)	테이블의 구조를 확인합니다.
ALTER	테이블의 구조를 변경합니다.
RENAME	테이블의 이름을 변경합니다.
DROP	테이블을 삭제합니다.

2 데이터 타입의 종류

테이블은 실제로 데이터를 저장하기 위한 행과 열로 구분하여 관리하기 위해 사용됩니다. 테이블을 생성할 때는 열에 해당하는 필드Field의 데이터 타입을 설정해야 합니다. 그 이유는 데이터가 문자열의 형태인지 아니면 정수형의 형태인지를 명확하게 구분하기 위함입니다. 기본적으로 사용되는 데이터 타입의 종류는 다음 표와 같습니다.

표 10-3 데이터 타입의 종류

구분	데이터 타입	최대 길이	저장 크기
문자열형	char	255	입력한 숫자 byte
	varchar	255	(입력한 숫자 + 1) byte
숫자형	int	−2147483648 ~ 2147483647	정수형 4 byte
	float	−3.402823466E+38 ~ −1.175494351E−38	실수형 8 byte
	double	−1.7976931348623157E+308 ~−2.2250738585072014E−308	실수형 8 byte

✓ Check Point_ char 타입과 varchar 타입의 차이

char 타입은 고정폭 문자열로 최대 255자까지 문자를 저장할 수 있으며 varchar 타입은 가변폭 문자열로 최대 255자까지 문자를 저장할 수 있습니다. 2개 모두 255자까지 문자를 입력할 수 있다는 공통점은 가지고 있지만 메모리를 고정 크기로 확보하는 char 타입과 입력하는 문자열의 개수에 따라 메모리를 가변적으로 확보하는 varchar 타입의 차이가 있습니다. 메모리 효율성을 높이기 위해 가급적이면 문자열 데이터 타입은 varchar 타입으로 선언하는 경향이 더 많습니다.

3 테이블 생성

CREATE 명령어를 사용하여 테이블을 생성하는 형식은 다음과 같습니다.

```
mysql> CREATE TABLE 테이블명(
    -> 필드명1 타입,
    -> 필드명2 타입,
    -> ...
    -> PRIMARY KEY(필드명), NOT NULL
    -> );
```

✓ Check Point_ 기본 키 설정 : PRIMARY KEY(code), NOT NULL

PRIMARY KEY로 지정된 code 필드는 테이블에서 중복된 값과 빈 공백으로 생략할 수 없는 필수 입력 항목을 지정할 때 선언합니다. 주민등록번호나 학번 등 중복성 없이 독립된 데이터의 값을 테이블에 저장할 때는 특정 필드를 지정하여 기본 키로 설정합니다.

SQL 명령문으로 앞에서 선택한 데이터베이스인 addr_db에 새로운 테이블을 생성하여 다음 표와 같이 주어진 데이터를 입력하기 위해 다음 예제를 수행합니다.

표 10-4 회원 명단 : member_tbl

필드명	데이터 타입	의미	비고
sno	int	정수형	PRIMARY KEY
name	varchar(14)	14byte 크기의 문자열형	
address	varchar(20)	20byte 크기의 문자열형	

예제 10 – 04 선택된 데이터베이스에 새로운 테이블 생성하기

- **Step 01 | 테이블 생성하기** : 다음과 같이 명령문을 입력 후 Enter↵를 눌러 새로운 테이블 member_tbl을 생성합니다. 입력 도중 쿼리문을 취소하려면 ₩c를 입력하고 Enter↵를 누르면 됩니다.

```
mysql> CREATE TABLE member_tbl(
    -> sno int,
    -> name varchar(14),
    -> address varchar(20),
    -> PRIMARY KEY(sno)
    -> );
```

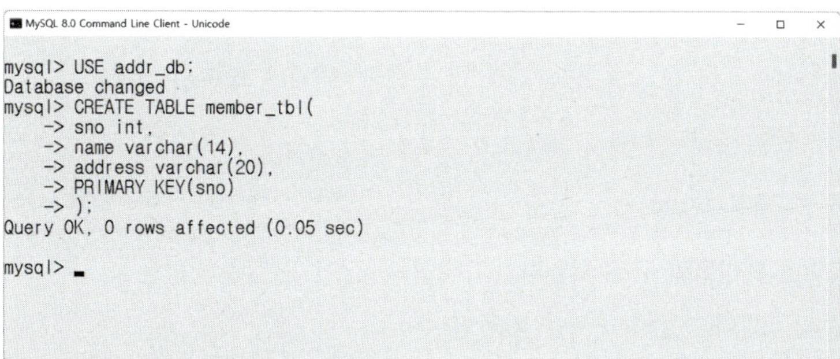

그림 10-9 member_tbl 테이블 생성

- **Step 02 | 테이블 목록 확인하기** : 다음과 같이 명령문을 입력 후 Enter↵를 눌러 테이블의 목록을 확인합니다.

```
mysql> SHOW TABLES;
```

그림 10-10 선택한 데이터베이스에 존재하는 테이블 목록

4 테이블 구조 확인

DESC 또는 DESCRIBE 명령어를 사용하여 테이블의 구조를 확인하는 형식은 다음과 같습니다.

```
mysql> DESC 테이블명;
mysql> DESCRIBE 테이블명;
```

SQL 명령문으로 생성된 테이블의 구조를 확인하기 위해 다음 예제를 수행합니다.

예제 10 – 05 특정 테이블의 구조 확인하기

- **Step 01 | DESC 명령으로 테이블의 구조 확인하기** : 다음과 같이 DESC 명령문을 입력 후 Enter↵를 눌러 member_tbl 테이블의 구조를 확인합니다.

```
mysql> DESC member_tbl;
```

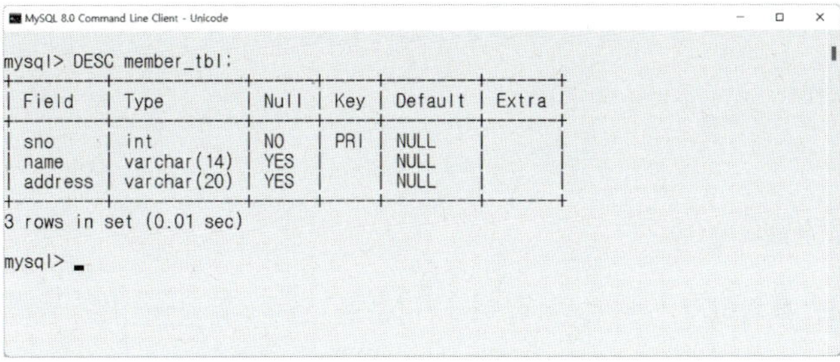

그림 10-11 DESC 명령으로 테이블 구조 확인

- **Step 02 | DESCRIBE 명령으로 테이블의 구조 확인하기** : 다음과 같이 DESCRIBE 명령문을 입력 후 Enter↵를 눌러 member_tbl 테이블의 구조를 확인합니다.

```
mysql> DESCRIBE member _ tbl;
```

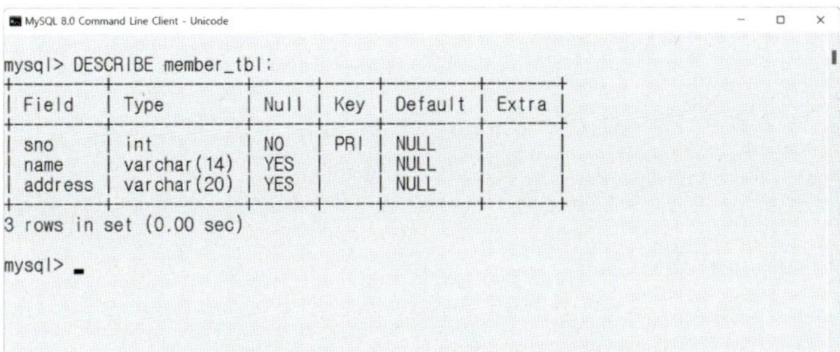

그림 10-12 DESCRIBE 명령으로 테이블 구조 확인

5 테이블 구조 변경

ALTER 명령어를 사용하여 테이블의 구조를 변경하는 방법에 대해 살펴보도록 하겠습니다.

5.1 새로운 필드 추가하기

ALTER 명령어와 옵션 ADD를 사용하여 기존 테이블에 새로운 필드를 추가하는 형식은 다음과 같습니다.

```
mysql> ALTER TABLE 테이블명 ADD 필드명 데이터 _ 타입 [AFTER 필드명];
```

기존 member_tbl 테이블의 name 필드명 다음에 새로운 필드명 age를 정수형으로 추가하기 위해 다음 예제를 수행합니다.

예제 10 - 06 기존 테이블에 새로운 필드 추가하기

- **Step 01 | 테이블에 새로운 필드 추가하기** : 다음과 같이 명령문을 입력 후 Enter↵를 눌러 member_tbl 테이블의 name 필드명 다음에 age 필드명을 추가로 생성합니다. AFTER 옵션을 선언하지 않으면 새로운 필드는 맨 마지막 위치에 생성됩니다.

```
mysql> ALTER TABLE member_tbl ADD age int AFTER name;
```

```
MySQL 8.0 Command Line Client - Unicode

mysql> ALTER TABLE member_tbl ADD age int AFTER name;
Query OK, 0 rows affected (0.05 sec)
Records: 0  Duplicates: 0  Warnings: 0

mysql> _
```

그림 10-13 member_tbl 테이블에 새로운 age 필드 추가

- **Step 02 | 테이블의 구조 확인하기** : 다음과 같이 명령문을 입력 후 Enter↵를 눌러 member_tbl 테이블의 변경된 구조를 확인합니다.

```
mysql> DESC member_tbl;
```

```
MySQL 8.0 Command Line Client - Unicode

mysql> DESC member_tbl;
+---------+-------------+------+-----+---------+-------+
| Field   | Type        | Null | Key | Default | Extra |
+---------+-------------+------+-----+---------+-------+
| sno     | int         | NO   | PRI | NULL    |       |
| name    | varchar(14) | YES  |     | NULL    |       |
| age     | int         | YES  |     | NULL    |       |
| address | varchar(20) | YES  |     | NULL    |       |
+---------+-------------+------+-----+---------+-------+
4 rows in set (0.02 sec)

mysql> _
```

그림 10-14 age 필드가 추가된 member_tbl 테이블의 구조

5.2 기존 필드 삭제하기

DROP 명령어를 사용하여 기존 테이블에 존재하는 특정 필드를 삭제하는 형식은 다음과 같습니다.

```
mysql> ALTER TABLE 테이블명 DROP 필드명;
```

member_tbl 테이블에 존재하는 age 필드를 삭제하기 위해 다음 예제를 수행합니다.

예제 10 – 07 테이블에 존재하는 기존 필드 삭제하기

- **Step 01 | 테이블의 기존 필드 삭제하기** : 다음과 같이 명령문을 입력 후 Enter↵를 눌러 member_tbl 테이블의 age 필드명을 삭제합니다.

```
mysql> ALTER TABLE member _ tbl DROP age;
```

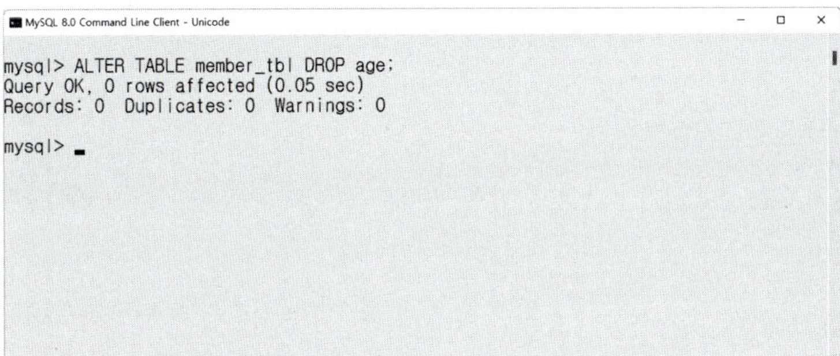

그림 10-15 member_tbl에서 age 필드 삭제

- **Step 02 | 테이블의 구조 확인하기** : 다음과 같이 명령문을 입력 후 Enter↵를 눌러 member_tbl 테이블의 변경된 구조를 확인합니다.

```
mysql> DESC member _ tbl;
```

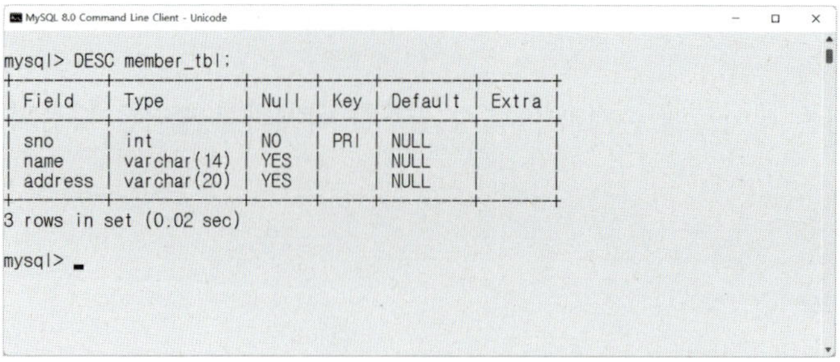

그림 10-16 age 필드가 삭제된 member_tbl 테이블의 구조

6 테이블 이름 변경

RENAME 명령어를 사용하여 기존 테이블의 이름을 변경하는 형식은 다음과 같습니다.

```
mysql> ALTER TABLE 기존_테이블명 RENAME 변경_테이블명;
```

SQL 명령문으로 기존 테이블의 이름을 member_tbl에서 student_tbl로 변경하기 위해 다음 예제를 수행합니다.

예제 10 – 08 기존 테이블의 이름 변경하기

- **Step 01 | 기존 테이블의 이름 변경하기 :** 다음과 같이 명령문을 입력 후 Enter↵를 눌러 기존 테이블의 이름을 member_tbl에서 student_tbl로 변경합니다.

```
mysql> ALTER TABLE member_tbl RENAME student_tbl;
```

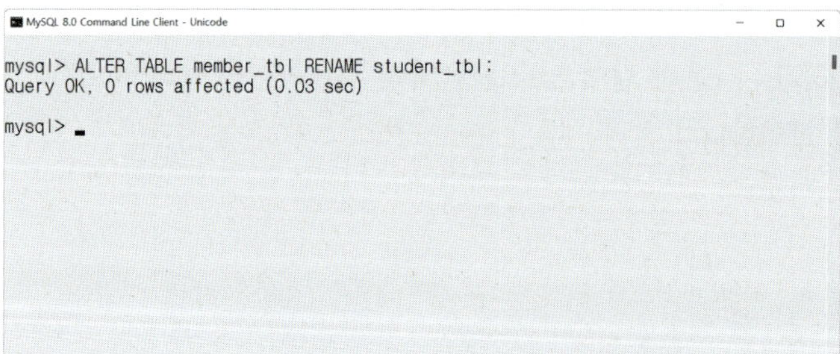

그림 10-17 member_tbl에서 student_tbl로 테이블 이름 변경

• **Step 02** | **테이블 목록 확인하기** : 다음과 같이 명령문을 입력 후 Enter↵를 눌러 테이블명이 student_tbl로 변경되었는지를 목록에서 확인합니다.

```
mysql> SHOW TABLES;
```

그림 10-18 테이블 목록에서 변경된 테이블 이름 확인

7 테이블 삭제

DROP 명령어를 사용하여 기존 테이블을 삭제하는 형식은 다음과 같습니다. 아직 테이블을 대상으로 명령어를 수행해야 하므로 여기서는 테이블을 삭제하는 예제는 수행하지 않고 테이블을 삭제하는 명령어에 대해서만 살펴보도록 하겠습니다.

```
mysql> DROP TABLE 테이블명;
```

✓ Check Point_ DROP 명령어 사용 시 주의 사항

DROP 명령어는 데이터베이스 또는 테이블을 삭제할 때 사용하는 명령어입니다. 테이블은 데이터베이스에 귀속되어 있기 때문에 데이터베이스를 삭제하게 되면 그 안에 들어있는 모든 테이블도 같이 삭제되므로 주의해야 합니다. DROP 명령어로 데이터베이스 또는 특정 테이블을 삭제하게 되면 다시 복구할 수 없으므로 신중하게 수행해야 합니다.

03 테이블 조작 명령어

테이블 조작 관련 명령어를 다루기 전에 테이블의 구성요소를 먼저 살펴보겠습니다. 다음 그림과 같이 테이블은 행과 열로 구성되어 있으며 행에 해당하는 요소를 레코드Record라고 하고 열에 해당하는 요소를 필드Field라고 합니다.

필드

필드명 / 레코드

학번	성명	학과
203312345	김태린	광고홍보학과
203535587	신영웅	데이터사이언스학과
203943218	최고봉	바이오생명공학과

그림 10-19 테이블의 구성요소

1 SQL 명령어의 종류

SQL 쿼리문에서 사용하는 테이블 조작 명령어의 종류는 다음 표와 같습니다.

표 10-5 테이블 관련 명령어

SQL 명령어	의미
INSERT	데이터를 레코드 단위로 삽입합니다.
SELECT	테이블에 존재하는 레코드를 검색합니다.
UPDATE	테이블에 존재하는 레코드를 수정합니다.
DELETE	테이블에 존재하는 레코드를 삭제합니다.

2 데이터 등록

INSERT 명령어를 사용하여 테이블에 데이터를 등록하는 형식은 다음과 같습니다.

```
mysql> INSERT INTO 테이블명(필드명1, 필드명2, …)
    -> VALUES(필드값1, 필드값2, …);
```

SQL 명령문으로 앞에서 생성하여 테이블 이름을 변경한 student_tbl에 다음 표에서 제시하는 데이터를 등록하기 위해 다음 예제를 수행합니다.

표 10-6 학생 명단 : student_tbl

sno	name	address
203312345	김태린	광고홍보학과
203535587	신영웅	데이터사이언스학과
203943218	최고봉	바이오생명공학과

예제 10 - 09 기존 테이블에 데이터 등록하기

- **Step 01 | 첫 번째 레코드 등록하기** : 다음과 같이 명령문을 입력 후 Enter↵를 눌러 student_tbl 테이블에 첫 번째 레코드를 입력합니다.

```
mysql> INSERT INTO student_tbl(sno, name, address)
    -> VALUES(203312345, "김태린", "광고홍보학과");
```

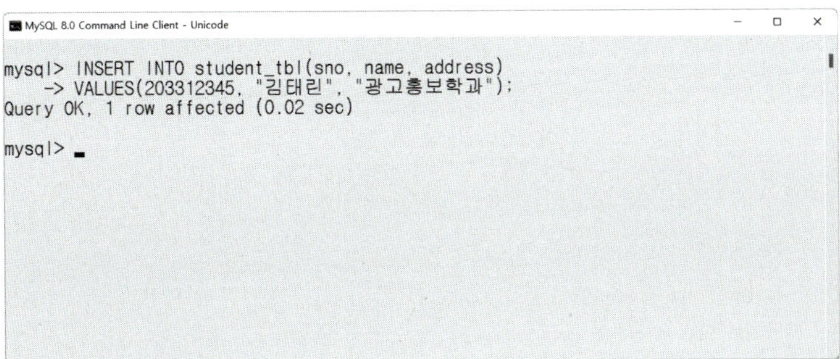

그림 10-20 첫 번째 레코드 등록

• **Step 02 | 두 번째 레코드 등록하기** : 다음과 같이 명령문을 입력 후 [Enter↵]를 눌러 student_tbl 테이블에 두 번째 레코드를 입력합니다. 두 번째 레코드부터는 데이터를 등록할 때 필드명은 생략하고 필드값만 데이터 타입에 맞도록 입력하면 됩니다.

```
mysql> INSERT INTO student _ tbl
     -> VALUES(203535587, "신영웅", "데이터사이언스학과");
```

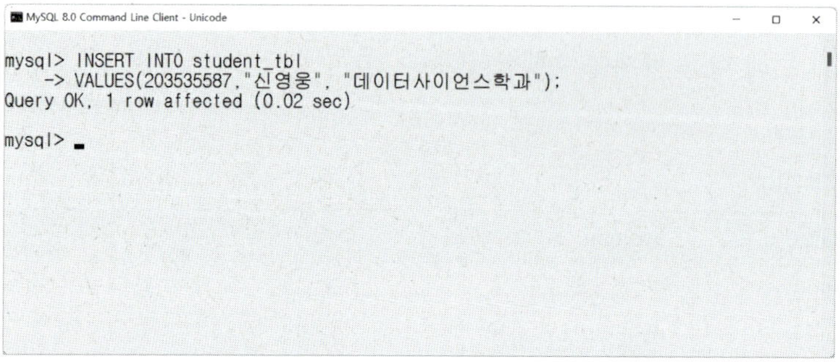

그림 10-21 두 번째 레코드 등록

• **Step 03 | 세 번째 레코드 등록하기** : 다음과 같이 명령문을 입력 후 [Enter↵]를 눌러 student_tbl 테이블에 세 번째 레코드를 입력합니다.

```
mysql> INSERT INTO student _ tbl
     -> VALUES(203943218, "최고봉", "바이오생명공학과");
```

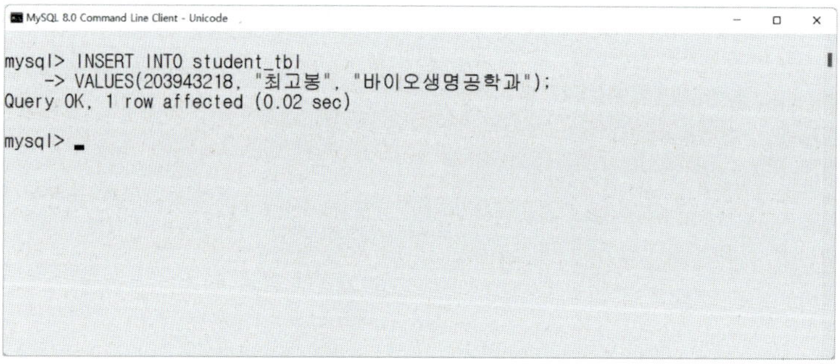

그림 10-22 세 번째 레코드 등록

3 데이터 조회

SELECT 명령어를 사용하여 테이블에 등록된 데이터를 조회하는 형식은 다음과 같습니다.

```
mysql> SELECT *FROM 테이블명;
```

SQL 명령문으로 student_tbl 테이블에 등록한 데이터를 조회하기 위해 다음 예제를 수행합니다.

예제 10 – 10 테이블에 등록한 데이터 조회하기

- **Step 01 | 테이블에 등록된 전체 데이터 조회하기** : 다음과 같이 명령문을 입력 후 Enter↵를 눌러 student_tbl 테이블에 등록된 전체 데이터를 조회합니다.

```
mysql> SELECT *FROM student_tbl;
```

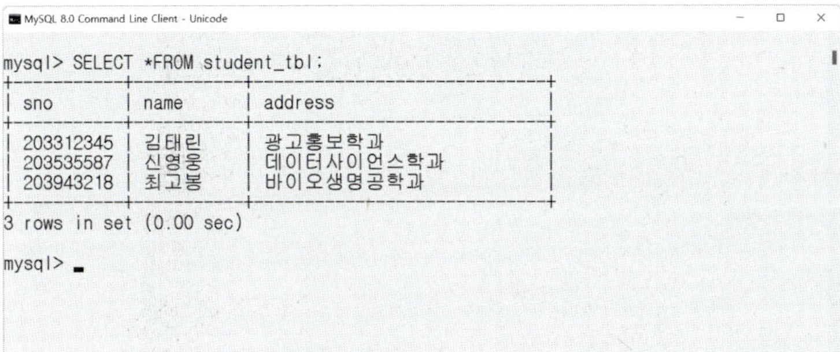

그림 10-23 테이블에 존재하는 전체 데이터 조회

- **Step 02 | 테이블에서 name 필드의 데이터만 조회하기** : 다음과 같이 명령문을 입력 후 Enter↵를 눌러 student_tbl 테이블에 등록된 데이터 중에서 name 필드만 조회합니다.

```
mysql> SELECT name FROM student_tbl;
```

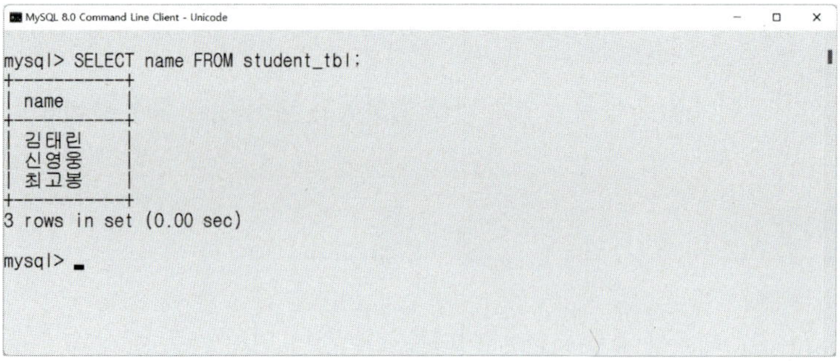

그림 10-24 테이블에서 name 필드만 조회

- **Step 03 | 테이블에서 '김'씨 성을 가진 데이터만 조회하기** : 다음과 같이 명령문을 입력 후 Enter↵를 눌러 student_tbl 테이블에 등록된 데이터 중에서 '김'씨 성을 가진 데이터만 조회합니다.

```
mysql> SELECT sno, name, address
    -> FROM student_tbl
    -> WHERE name LIKE '김%';
```

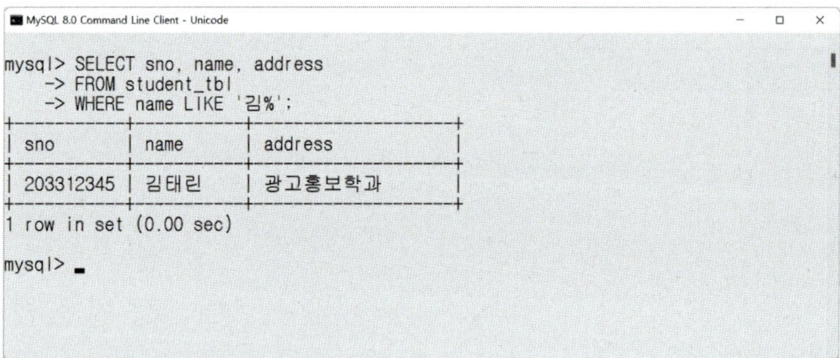

그림 10-25 '김'씨 성을 데이터만 조회

4 데이터 수정

UPDATE 명령어를 사용하여 테이블에 등록된 데이터를 수정하는 형식은 다음과 같습니다.

```
mysql> UPDATE 테이블명
     -> SET 필드명 = 변경할 조건
     -> WHERE 필드명 = 기존 _ 속성값;
```

SQL 명령문으로 student_tbl 테이블의 address 필드명을 dept로 변경하고 등록된 데이터 중 특정 데이터를 수정하기 위해 다음 예제를 수행합니다.

예제 10 – 11 테이블의 필드명 변경과 특정 데이터 수정하기

- **Step 01 | 테이블의 필드명 수정하기** : 다음과 같이 명령문을 입력 후 Enter↵를 눌러 student_tbl 테이블의 address 필드명을 dept 필드명으로 수정합니다.

```
mysql> ALTER TABLE student _ tbl CHANGE address dept varchar(20);
```

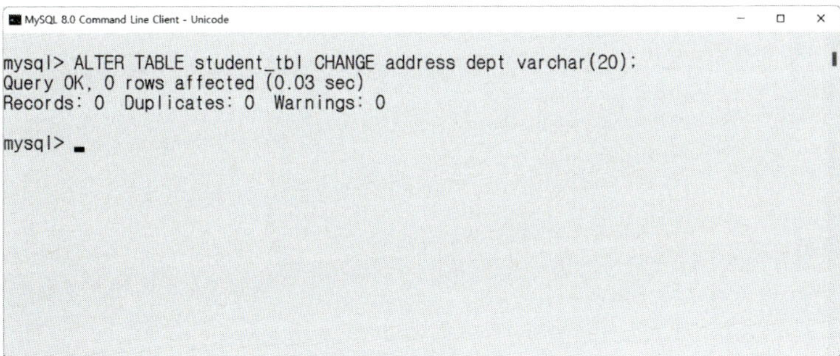

그림 10-26 address 필드명을 dept로 수정

- **Step 02 | 변경된 필드명 확인하기** : 다음과 같이 명령문을 입력 후 Enter↵를 눌러 student_tbl 테이블의 address 필드명이 dept로 변경된 것을 확인합니다.

```
mysql> SELECT *FROM student _ tbl;
```

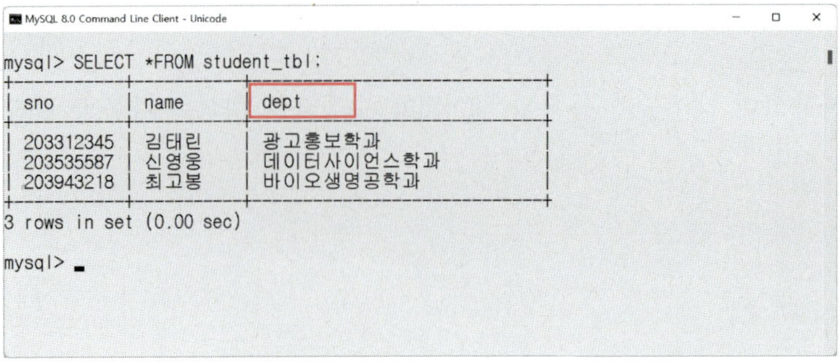

그림 10-27 필드명이 변경된 테이블 조회

- **Step 03 | 테이블에 등록된 특정 데이터 수정하기** : 다음과 같이 명령문을 입력 후 Enter↵를 눌러 student_tbl 테이블에 등록된 데이터 중에서 '최고봉'의 dept를 '빅데이터분석학과'로 수정합니다.

```
mysql> UPDATE student _ tbl
     -> SET dept = "빅데이터분석학과"
     -> WHERE name = "최고봉";
```

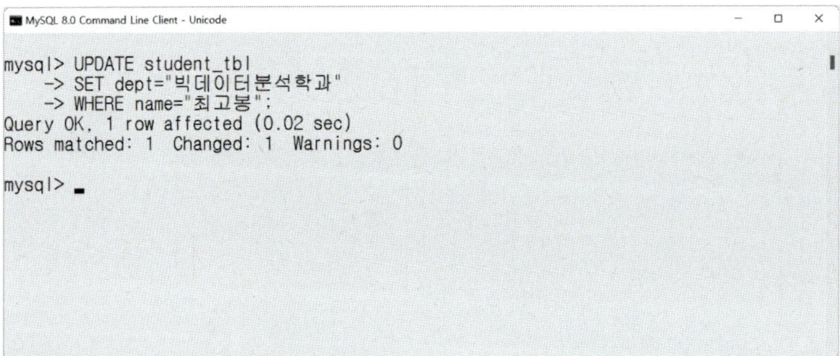

그림 10-28 '최고봉'의 전공학과 수정

- **Step 04 | 수정된 데이터 확인하기** : 다음과 같이 명령문을 입력 후 Enter↵를 눌러 student_tbl 테이블에서 최고봉의 dept 필드의 데이터가 당초 '바이오생명공학과'에서 '빅데이터분석학과'로 수정된 것을 확인합니다.

```
mysql> SELECT *FROM student _ tbl;
```

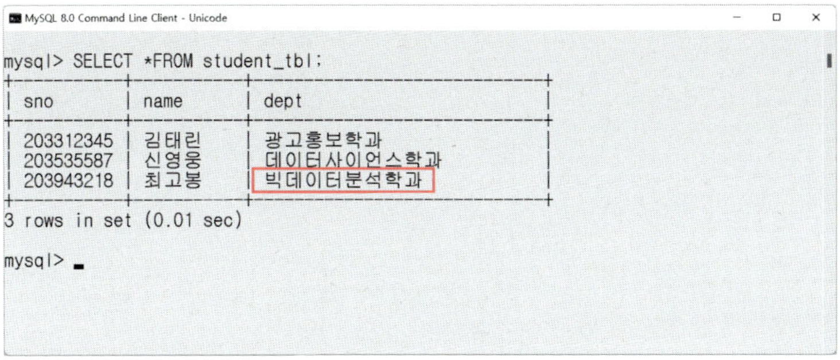

```
MySQL 8.0 Command Line Client - Unicode
mysql> SELECT *FROM student_tbl;
+-----------+--------+--------------------+
| sno       | name   | dept               |
+-----------+--------+--------------------+
| 203312345 | 김태린 | 광고홍보학과       |
| 203535587 | 신영웅 | 데이터사이언스학과 |
| 203943218 | 최고봉 | 빅데이터분석학과   |
+-----------+--------+--------------------+
3 rows in set (0.01 sec)

mysql> _
```

그림 10-29 '최고봉'의 전공학과가 변경된 테이블 조회

5 데이터 삭제

DELETE 명령어를 사용하여 테이블에 등록된 데이터 중 특정 데이터를 삭제하는 형식은 다음과 같습니다.

```
mysql> DELETE FROM 테이블명
    -> WHERE 필드명 = 조건;
```

5.1 특정 레코드 삭제

SQL 명령문으로 student_tbl 테이블에 존재하는 데이터 중 특정 레코드를 삭제하기 위해 다음 예제를 수행합니다.

예제 10 - 12 테이블에 존재하는 특정 레코드 삭제하기

- **Step 01 | 테이블의 특정 레코드 삭제하기** : 다음과 같이 명령문을 입력 후 Enter↵를 눌러 student_tbl 테이블에 존재하는 '최고봉' 레코드를 삭제합니다.

```
mysql> DELETE FROM student_tbl
    -> WHERE name = "최고봉";
```

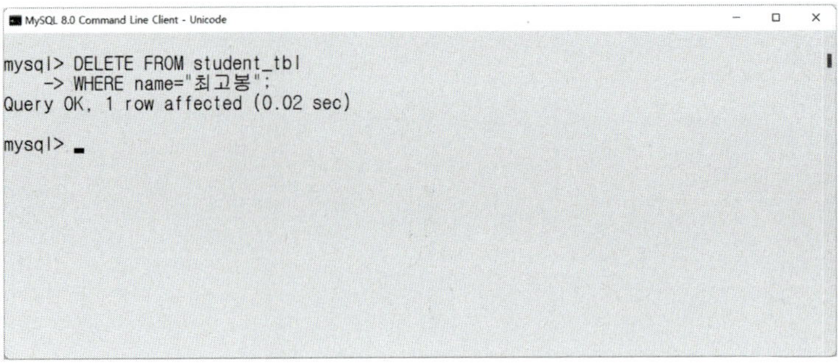

그림 10-30 테이블에서 '최고봉' 레코드만 삭제

- **Step 02 | 삭제된 데이터 확인하기** : 다음과 같이 명령문을 입력 후 Enter↵를 눌러 student_tbl 테이블에서 '최고봉' 레코드가 삭제된 것을 확인합니다.

```
mysql> SELECT *FROM student _ tbl;
```

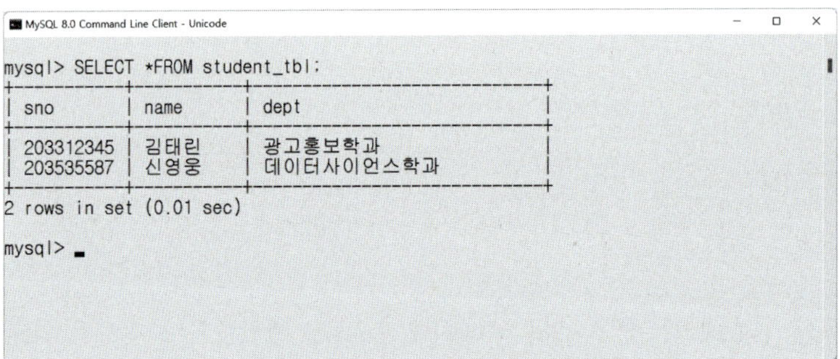

그림 10-31 '최고봉' 레코드가 삭제된 테이블 조회

5.2 전체 레코드 삭제

DELETE 명령어를 사용하여 기존 테이블을 존재하는 모든 레코드를 한꺼번에 삭제하는 형식은 다음과 같습니다. 한번 삭제한 데이터는 복구할 수 없으므로 테이블에 존재하는 데이터를 삭제할 때는 신중하게 수행해야 합니다. 여기서는 테이블에 존재하는 전체 레코드를 삭제하는 예제는 수행하지 않고 명령어에 대해서만 살펴보도록 하겠습니다.

```
mysql> DELETE FROM 테이블명;
```

핵심 요약

01 SQL 명령어에 대한 이해

- SQL이란 관계형 데이터베이스 관리시스템(RDBMS)의 데이터를 관리하기 위해 설계된 특수 목적의 프로그래밍 언어를 의미합니다.
- SQL 쿼리문은 데이터베이스에 저장된 값을 불러내기 위한 명령문으로 크게 데이터베이스 관련 명령문과 테이블 관련 명령문으로 구분되어 수행합니다.

02 데이터베이스 관련 명령어

- CREATE 명령어를 사용하여 데이터베이스를 생성하는 형식은 다음과 같습니다.

```
mysql> CREATE DATABASE 데이터베이스명;
```

- DROP 명령어를 사용하여 기존 데이터베이스를 삭제하는 형식은 다음과 같습니다.

```
mysql> DROP DATABASE 데이터베이스명;
```

- USE 명령어를 사용하여 기존 데이터베이스를 선택하는 형식은 다음과 같습니다.

```
mysql> USE 데이터베이스명;
```

03 테이블 관련 명령어

- CREATE 명령어를 사용하여 테이블을 생성하는 형식은 다음과 같습니다.

```
mysql> CREATE TABLE 테이블명(
    -> 필드명1 타입,
    -> 필드명2 타입,
    -> …
    -> PRIMARY KEY(필드명), NOT NULL
    -> );
```

- DESC 또는 DESCRIBE 명령어를 사용하여 테이블의 구조를 확인하는 형식은 다음과 같습니다.

```
mysql> DESC 테이블명;
mysql> DESCRIBE 테이블명;
```

- ALTER 명령어와 옵션 ADD를 사용하여 기존 테이블에 새로운 필드를 추가하는 형식은 다음과 같습니다.

```
mysql> ALTER TABLE 테이블명 ADD 필드명 데이터_타입 [AFTER 필드명];
```

- DROP 명령어를 사용하여 기존 테이블에 존재하는 특정 필드를 삭제하는 형식은 다음과 같습니다.

```
mysql> ALTER TABLE 테이블명 DROP 필드명;
```

- RENAME 명령어를 사용하여 기존 테이블의 이름을 변경하는 형식은 다음과 같습니다.

```
mysql> ALTER TABLE 기존_테이블명 RENAME 변경_테이블명;
```

- DROP 명령어를 사용하여 기존 테이블을 삭제하는 형식은 다음과 같습니다.

```
mysql> DROP TABLE 테이블명;
```

04 테이블 조작 명령어

- INSERT 명령어를 사용하여 테이블에 데이터를 등록하는 형식은 다음과 같습니다.

```
mysql> INSERT INTO 테이블명(필드명1, 필드명2, …)
```

- SELECT 명령어를 사용하여 테이블에 등록된 데이터를 조회하는 형식은 다음과 같습니다.

```
mysql> SELECT *FROM 테이블명;
```

- UPDATE 명령어를 사용하여 테이블에 등록된 데이터를 수정하는 형식은 다음과 같습니다.

```
mysql> UPDATE 테이블명
    -> SET 필드명 = 변경할 조건
    -> WHERE 필드명 = 기존_속성값;
```

- DELETE 명령어를 사용하여 테이블에 등록된 데이터 중 특정 데이터를 삭제하는 형식은 다음과 같습니다.

```
mysql> DELETE FROM 테이블명
    -> WHERE 필드명 = 조건;
```

- DELETE 명령어를 사용하여 기존 테이블을 존재하는 모든 레코드를 한꺼번에 삭제하는 형식은 다음과 같습니다. 한번 삭제한 데이터는 복구할 수 없으므로 테이블에 존재하는 데이터를 삭제할 때는 신중하게 수행해야 합니다.

```
mysql> DELETE FROM 테이블명;
```

연습 문제

01 다음 글을 읽고 빈 괄호에 들어갈 단어를 입력하시오.

(1) SQL이란 관계형 데이터베이스 관리시스템(RDBMS)의 (　　　　)를 관리하기 위해 설계된 특수 목적의 (　　　　)를 의미합니다.

(2) SQL 명령어에서 데이터베이스를 생성할 때는 (　　　　) 명령어를 사용하고 데이터베이스를 삭제할 때는 (　　　　) 명령어를 사용합니다.

(3) SQL 명령어에서 테이블에 존재하는 데이터를 모두 확인할 때는 (　　　　) 명령어를 사용하고 데이터를 수정할 때는 (　　　　) 명령어를 사용합니다.

02 다음에 주어진 지시사항을 수행하는 SQL 명령문을 작성하시오.

(1) 데이터베이스 생성 : test10_db

(2) 데이터베이스 목록 확인 : SHOW 명령어

(3) 데이터베이스 선택 : USE 명령어

03 다음에 주어진 지시사항을 수행하는 SQL 명령문을 작성하시오.

(1) 테이블 생성 : example_tbl

(2) PRIMARY KEY : ID

(3) 테이블의 구조 확인 : DESC 명령어

(4) 테이블 형식 : 다음 표 참조 (NAME : 14, ADDR : 20)

ID	NAME	ADDR
123456	김가을	서울특별시 강남구
288506	이세상	부산광역시
579364	황우린	제주특별자치도

04 다음에 주어진 지시사항을 수행하는 SQL 명령문을 작성하시오.

(1) 정수형 AGE 필드 추가 : example_tbl 테이블의 NAME 필드 다음 위치

(2) 테이블의 구조 확인 : DESC 명령어

05 다음에 주어진 지시사항을 수행하는 SQL 명령문을 작성하시오.

(1) example_tbl 테이블에 데이터 등록 : 3번 문제에서 제시한 테이블 적용

(2) AGE 데이터 등록 : 김가을 → 21 , 이세상 → 33 , 황우린 → 19

(2) 테이블에 등록된 모든 레코드 확인 : SELECT 명령어

CHAPTER 11

JDBC

▶ Preview

JDBC란 무엇인지에 대해 이해하고 MySQL에서 제공하는 JDBC 드라이버 로딩 방법에 대해 살펴봅니다. 이클립스에서 JDBC 드라이버를 연동하여 회원 가입 폼에서 입력한 정보를 지정한 데이터베이스의 테이블에 등록하고 테이블에 등록된 모든 정보에 대한 출력 및 회원 탈퇴 처리를 위한 JDBC 프로그래밍을 실습합니다.

01 JDBC 개요

1 JDBC란?

JDBCJava Database Connectivity란 Java에서 DBMS의 종류와 관계없이 데이터베이스를 조작하기 위한 APIApplication Programming Interface를 의미합니다. JDBC를 간단하게 요약하면 메소드 호출용 SQL 인터페이스라고 표현할 수 있습니다. JDBC API 애플리케이션의 기본 구성은 다음 그림과 같습니다.

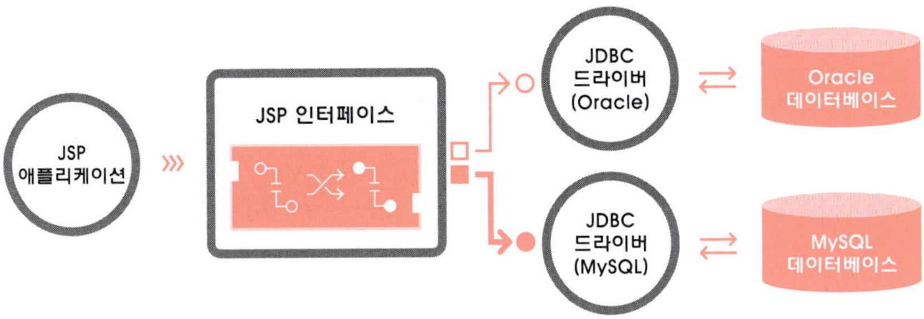

그림 11-1 JDBC API 애플리케이션의 기본 구성

2 JDBC 드라이버

다양한 DBMS 제조사들은 본사에서 개발한 DBMS를 Sun사의 Java 프로그램과 연동할 수 있도록 기술을 지원하고 있는 것을 JDBC 드라이버Driver라고 합니다. MySQL에서 제공하는 JDBC 드라이버는 설치과정에서 이미 설치하였으므로 여기서는 JDBC 드라이버를 따로 준비할 필요는 없습니다. 다만 JDBC 드라이버가 어느 폴더에 저장되어 있는지는 알고 있어야 합니다.

02 JDBC 드라이버 로딩

1 JDBC 드라이버 연동

이클립스에서 MySQL과 Java를 연동하기 위한 JDBC 드라이버를 로딩하기 위해 다음 예제를 수행합니다.

예제 11 – 01 JDBC 드라이버 로딩하기

- **Step 01 | JDBC 드라이버 위치 확인하기** : MySQL 설치과정에서 JDBC 드라이버도 함께 설치하였습니다. JDBC 드라이버는 C:₩Program Files (x86)₩MySQL₩Connector J 8.0 폴더 안에 존재하며 파일명은 'mysql-connector-java-8.0.26.jar' 입니다.

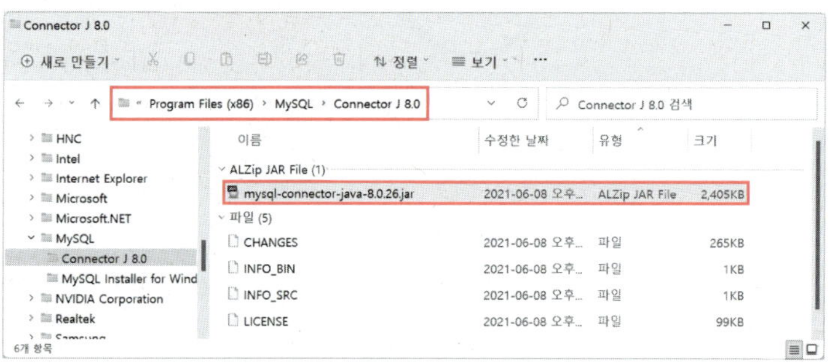

그림 11-2 JDBC 드라이버 파일 위치

- **Step 02 | JDBC 드라이버 등록하기** : 'mysql-connector-java-8.0.26.jar'을 선택하고 Ctrl+C를 눌러 복사한 다음 JSPStudy 프로젝트의 src/main/webapp/WEB-INF/lib 폴더를 선택 후 Ctrl+V를 눌러 이클립스에 등록합니다.

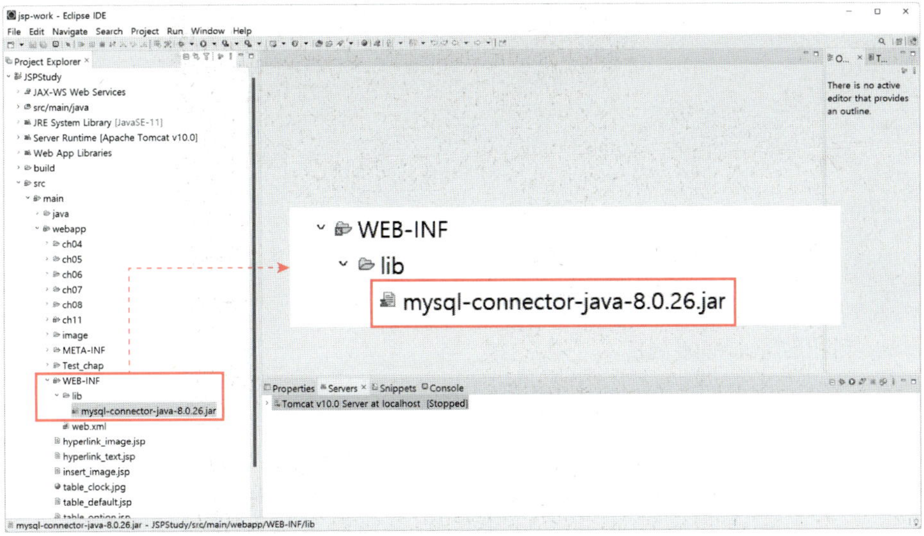

그림 11-3 이클립스에 JDBC 드라이버 등록

2 데이터베이스 생성

이클립스에서 JDBC 드라이버가 제대로 연동되었는지를 확인하기 위해 다음 예제를 수행합니다.

예제 11 – 02 이클립스에서 JDBC 드라이버 연동 확인하기

- **Step 01 | 데이터베이스 생성하기** : 콘솔 창에서 새로운 데이터베이스 odbo를 생성하고 데이터베이스 목록에서 확인합니다.

```
mysql> CREATE DATABASE odbo;
mysql> SHOW DATABASES;
```

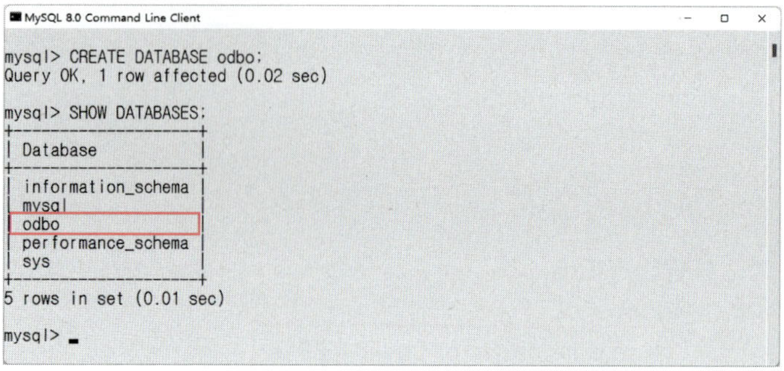

그림 11-4 데이터베이스 odbo 생성

- **Step 02 | 프로젝트 생성하기** : 프로젝트는 3장에서 생성한 JSPStudy 프로젝트를 사용하고 Project Explorer 뷰에서 새로운 ch11 폴더를 생성합니다.

- **Step 03 | JDBC 커넥션 파일 생성하기** : ch11 폴더 위치에 dbConnTest.jsp 파일을 생성하고 다음과 같이 소스 코드를 입력합니다.

JSPStudy/ch11/dbConnTest.jsp

```
<%@ page language="java" contentType="text/html; charset=UTF-8"
  pageEncoding="UTF-8"%>
<%@ page import="java.sql.*" %>
<!DOCTYPE html>
<html>
<head>
<meta charset="UTF-8">
<title> JDBC 커넥션 테스트 </title>
</head>
<body>
  <%
    // 1. 변수 5개 선언
    String driverName="com.mysql.jdbc.Driver";
    String url = "jdbc:mysql://localhost:3306/odbo";
    String username = "root";
    String password = "123456";
    Connection conn = null;
    try{
      // 2. 드라이버 로딩
      Class.forName(driverName);
      // 3. 연동
      conn = DriverManager.getConnection(url, username, password);
```

```
23        // 4. 사용
24        out.println(">> 연결 성공 : " + conn);
25      } catch(ClassNotFoundException e){
26        out.println(">> 연결 실패 : 드라이버 복사 필요!");
27      } catch(SQLException e){
28        out.println(">> 연결 실패 : SQL 명령문 확인 필요!");
29      } finally{
30        // 5. 닫기
31        try{
32          if(conn != null)
33            conn.close();
34        } catch(SQLException e){
35            ;
36        }
37      }
38    %>
39  </body>
40  </html>
```

03행 : java.sql.*와 같이 선언하여 sql 관련 모든 클래스를 import 합니다.
13행 : com.mysql.jdbc.Driver 클래스를 파라미터로 전달하기 위해 변수에 대입합니다.
14행 : odbo 데이터베이스의 URL 주소를 파라미터로 전달하기 위해 변수에 대입합니다.
15~16행 : MySQL 접속을 위한 계정 이름과 비밀번호를 파라미터로 전달하기 위해 각각 변수에 대입합니다.
17행 : 커넥션 변수로 사용할 conn 변수를 null 값으로 초기화합니다.
20행 : MySQL 드라이버를 메모리에 올리기 위해 13행에서 선언한 변수를 Class.forName( ) 메소드의 파라미터로 사용합니다.
22행 : 14~16행에서 선언한 변수를 DriverManager.getConnection( ) 메소드의 파라미터로 사용하여 객체 conn을 생성합니다.
29~37행 : close( ) 메소드를 사용하여 odbo 데이터베이스 접근 과정에서 사용한 객체를 닫아줍니다.

• **Step 04 | JDBC 커넥션 성공 여부 확인하기** : 이클립스에서 단축키 Ctrl+F11을 눌러 실행하게 되면 JDBC 커넥션이 성공적으로 연결되었음을 확인할 수 있습니다.

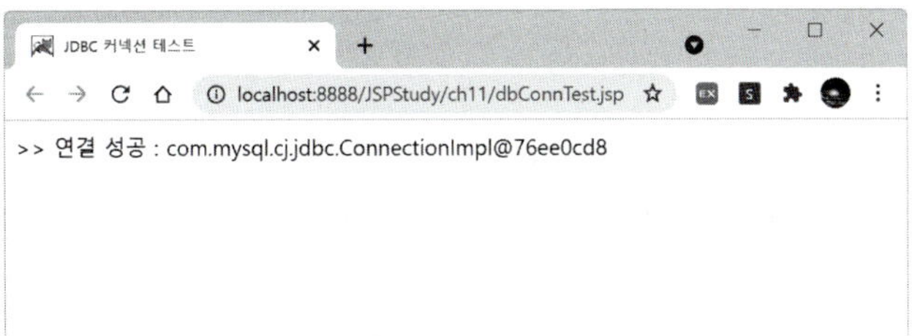

그림 11-5 JDBC 커넥션 성공 화면

03 JDBC 프로그래밍

1 테이블 생성

앞에서 생성한 odbo 데이터베이스에 회원 가입을 위한 테이블을 생성하도록 하겠습니다. 테이블은 이클립스에서 SQL 파일을 생성하고 쿼리문을 작성한 다음 콘솔 창에서 일괄 명령문을 수행하는 과정으로 전개하겠습니다.

표 11-1 members 테이블

필드명	데이터 타입	의미	비고
id	varchar(20)	20byte 크기의 문자열형	PRIMARY KEY,
passwd	varchar(20)	20byte 크기의 문자열형	
email	varchar(50)	50byte 크기의 문자열형	
signuptime	TIMESTAMP DEFAULT	회원 가입 날짜 및 시각	CURRENT_TIMESTAMP

예제 11 – 03 SQL 쿼리문 일괄 명령으로 테이블 생성하기

- **Step 01 | SQL 파일 생성하기** : ch11 폴더 위치에 membersTable.sql 파일을 생성하고 다음과 같이 SQL 쿼리문을 작성합니다.

JSPStudy/ch11/membersTable.sql

```
USE odbo;

CREATE TABLE IF NOT EXISTS members(
    id VARCHAR(20) PRIMARY KEY,
    passwd VARCHAR(20),
    email VARCHAR(50),
    signuptime TIMESTAMP DEFAULT CURRENT_TIMESTAMP
    );
```

01행 : USE 명령으로 odbo 데이터베이스를 선택합니다.
03행 : IF NOT EXISTS 구문은 동일한 이름의 테이블이 존재하지 않을 경우만 생성하라는 조건부 명령입니다. 이클립스에서 SQL 명령문을 작성할 때는 IF NOT EXISTS 구문을 반드시 추가해 주는 것이 좋습니다. 그렇지 않으면 source 명령을 수행할 때마다 에러가 발생하게 됩니다. 데이터베이스를 생성할 때도 IF NOT EXISTS 구문을 추가해 주어야 합니다.
07행 : TIMESTAMP 형식은 MySQL에서 제공하는 키워드로 회원 가입 날짜와 시각을 나타내 줍니다.

- **Step 02 | SQL 파일 경로 확인하기** : membersTable.sql 파일을 선택하고 마우스 오른쪽 버튼을 눌러 [Properties] 메뉴를 클릭한 다음 경로명을 선택 후 단축키 Ctrl+C를 눌러 복사합니다.

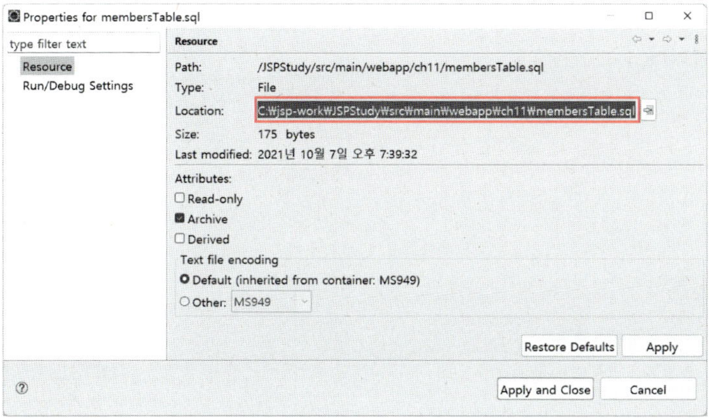

그림 11-6 SQL 파일 경로명

- **Step 03 | SQL 파일 실행하기** : 콘솔 창에서 'source'를 입력 후 한 칸 띄운 다음 단축키 Ctrl+V를 눌러 경로명을 추가하고 Enter↵를 누르게 되면 SQL 명령문이 일괄 수행되면서 members 테이블이 생성됩니다.

```
mysql> source C:₩jsp-work₩JSPStudy₩src₩main₩webapp₩ch11₩membersTable.sql
mysql> SHOW TABLES;
```

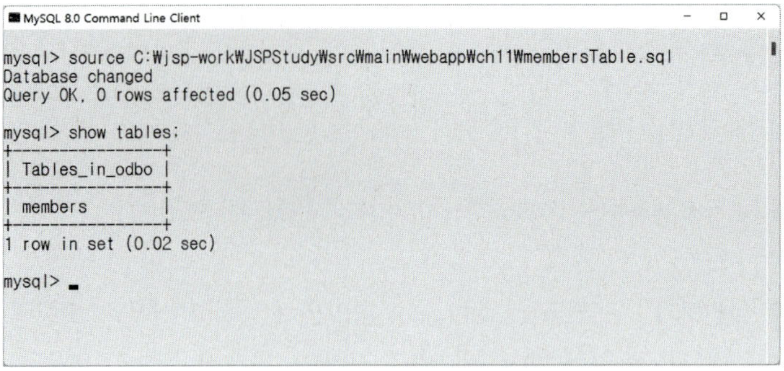

그림 11-7 source 명령으로 members 테이블 생성

- **Step 04 | 생성된 테이블의 구조 확인하기** : 콘솔 창에서 DESC 명령으로 생성된 members 테이블의 구조를 확인합니다.

```
mysql> DESC members;
```

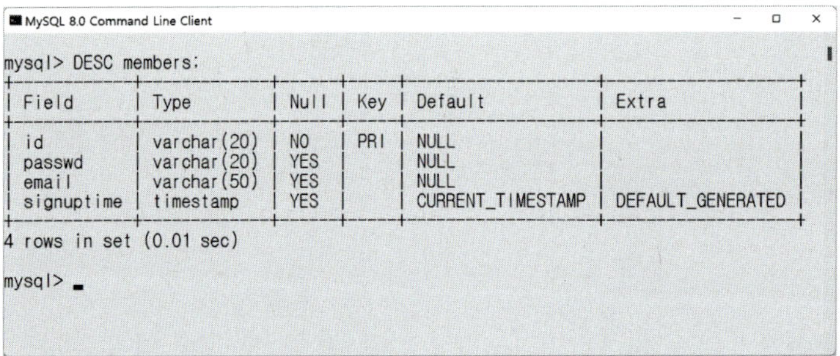

그림 11-8 members 테이블의 구조

2 회원 가입 프로그램

회원 가입 폼 양식에서 입력한 정보를 테이블에 저장하기 위해 다음 예제를 수행합니다.

예제 11 – 04 회원 가입 프로그램 수행하기

• **Step 01** | **회원 가입 폼 양식 생성하기** : ch11 폴더 위치에 signup.jsp 파일을 생성하고 다음과 같이 소스 코드를 입력합니다.

JSPStudy/ch11/signup.jsp

```
<%@ page language="java" contentType="text/html; charset=UTF-8"
  pageEncoding="UTF-8"%>
<!DOCTYPE html>
<html>
<head>
  <meta charset="UTF-8">
  <title> 회원 가입 </title>
</head>
<body>
  Home > Signup the Membership
  <hr>
  <form action="signup_process.jsp" name="user_info" method="post">
    <fieldset style="width:200px">
      <legend> 회원 가입 </legend><p>

      아이디 : <br>
      <input type="text" name="userID"><br><br>

      비밀번호 : <br>
      <input type="password" name="userPW"><br><br>

      이메일 : <br>
      <input type="email" name="userMAIL"><br><br>
      <hr>

    <div align="center">
      <input type="submit" value=" 가입하기 ">   
      <input type="reset" value=" 다시작성 ">
    </div><br>
    </fieldset>
  </form>
</body>
</html>
```

- **Step 02 | 회원 정보 테이블에 저장하기** : 회원 가입 폼 화면(signup.jsp)에서 입력한 회원 정보를 테이블에 저장하기 위해 signup_process.jsp 파일을 생성하고 다음과 같이 소스 코드를 입력합니다.

JSPStudy/ch11/signup_process.jsp

```
<%@ page language="java" contentType="text/html; charset=UTF-8"
  pageEncoding="UTF-8"%>
<%@ page import="java.sql.*" %>
<%
  String u_id = request.getParameter("userID");
  String u_pw = request.getParameter("userPW");
  String u_mail = request.getParameter("userMAIL");

  String sql = "INSERT INTO members(id, passwd, email) VALUES";
  sql += "('" + u_id + "','" + u_pw + "','" + u_mail + "')";

  String driverName = "com.mysql.jdbc.Driver";
  String url = "jdbc:mysql://localhost:3306/odbo";
  String username = "root";
  String password = "123456";
  Connection conn = null;

  Class.forName(driverName);
  conn = DriverManager.getConnection(url, username, password);
  Statement sm = conn.createStatement();

  int count = sm.executeUpdate(sql);
  if(count == 1){
    out.println("회원 가입 성공!");
  }else{
  out.println("회원 가입 실패!");
  }
  sm.close();
  conn.close();
%>
```

05~07행 : 회원 가입 폼 화면에서 입력한 정보를 request.getParameter( ) 메소드를 사용하여 각각 변수에 저장합니다.
09~10행 : INSERT INTO 명령으로 members 테이블에 데이터를 등록하기 위한 SQL 명령문을 선언합니다.
20행 : SQL 쿼리문을 보내기 위한 객체 sm을 생성합니다.
23~27행 : if 문의 조건식에서 count 변수가 1일 경우만 24행의 '회원 가입 성공' 메시지를 출력하고 그 이외의 경우는 26행의 '회원 가입 실패' 메시지를 출력합니다.
28~29행 : close( ) 메소드를 사용하여 odbo 데이터베이스에 접근 과정에서 사용한 모든 객체를 닫아줍니다.

• **Step 03 | 회원 가입 폼 실행하기** : 이클립스에서 signup.jsp 파일을 선택하고 단축키 Ctrl+F11을 눌러 실행한 다음 회원 정보를 입력합니다. 회원 정보를 입력하고 〈가입하기〉를 누르게 되면 signup_process.jsp 파일이 실행되면서 입력한 정보가 members 테이블에 모두 등록됩니다.

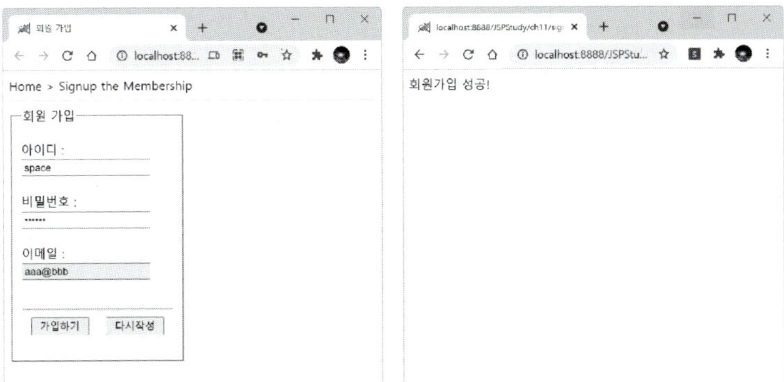

(a) signup.jsp (b) signup_process.jsp

그림 11-9 실행 결과 화면

• **Step 04 | members 테이블 확인하기** : 콘솔 창에서 members 테이블에 대한 정보를 확인해 보면 space 회원에 대한 정보가 테이블에 등록된 것을 확인할 수 있습니다.

```
mysql> SELECT *FROM members;
```

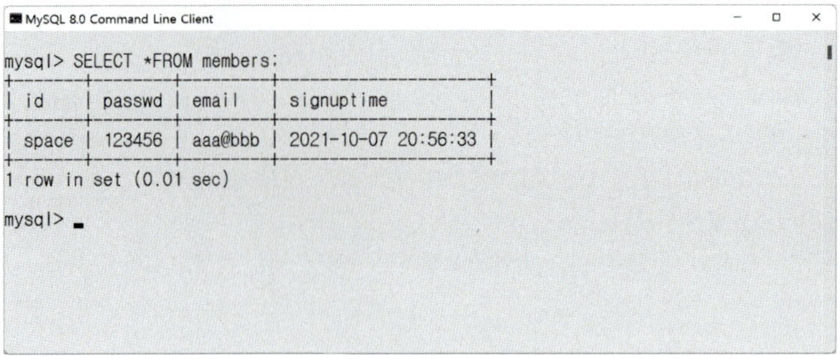

그림 11-10 members 테이블에 저장된 회원 정보

- **Step 05 | 회원 등록 추가하기 :** 이클립스에서 signup.jsp 파일을 선택하고 단축키 Ctrl+F11을 눌러 실행한 다음 회원 정보를 추가로 등록하고 members 테이블에 대한 정보를 출력합니다.

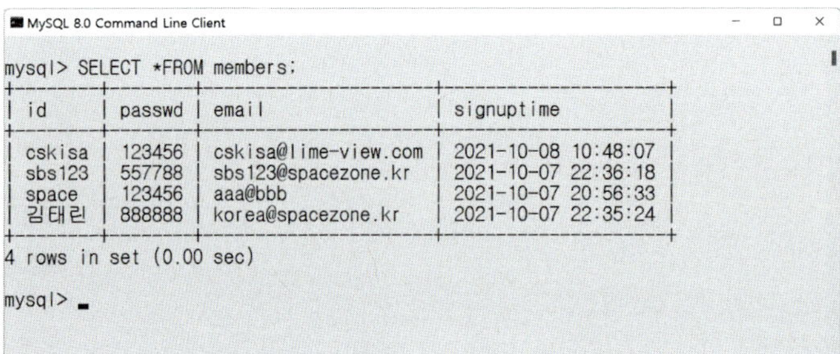

그림 11-11 회원 정보 추가 등록

3 회원 정보 출력 프로그램

members 테이블에 등록된 데이터를 가져오려면 Java에서 제공하는 ResultSet 클래스를 사용해야 합니다. ResultSet 클래스에서 사용되는 메소드(또는 함수로도 부름)는 다음 표와 같습니다.

표 11-2 ResultSet 클래스의 메소드

메소드	의미
next( )	현재 레코드에서 다음 레코드로 커서를 이동시킵니다(성공 : true, 실패 : false).
getString(String column)	레코드 내 파라미터로 주어진 column 값을 String 타입으로 반환합니다.
getint(String column)	레코드 내 파라미터로 주어진 column 값을 int 타입으로 반환합니다.
first( )	첫 번째 레코드 위치로 커서를 이동합니다.

last( )	마지막 레코드 위치로 커서를 이동합니다.
previous( )	커서의 위치를 역방향으로 이동합니다.
getRow( )	커서의 인덱스 값을 조회합니다.
isFirst( )	커서의 위치가 처음인지에 대한 여부를 조회합니다.
isLast( )	커서의 위치가 마지막인지에 대한 여부를 조회합니다.

ResultSet 클래스의 메소드를 사용하여 members 테이블에 존재하는 모든 정보를 웹 브라우저에 출력하기 위해 다음 예제를 수행합니다.

예제 11 – 05 테이블에 등록된 모든 정보 출력하기

- **Step 01 | 회원 등록 정보 출력 파일 생성하기** : ch11 폴더 위치에 membersList.jsp 파일을 생성하고 다음과 같이 소스 코드를 입력합니다.

JSPStudy/ch11/membersList.jsp

```
<%@ page language="java" contentType="text/html; charset=UTF-8"
  pageEncoding="UTF-8"%>
<%@ page import="java.sql.*" %>
<%
  String u_id = request.getParameter("userID");
  String u_pw = request.getParameter("userPW");
  String u_mail = request.getParameter("userMAIL");

  String driverName="com.mysql.jdbc.Driver";
  String url = "jdbc:mysql://localhost:3306/odbo";
  String username = "root";
  String password = "123456";
  Connection conn = null;

  Class.forName(driverName);
  conn = DriverManager.getConnection(url, username, password);

  Statement sm = conn.createStatement();
  ResultSet rs = sm.executeQuery("SELECT id, email, signuptime FROM members");

  String str = "";
  int count = 1;

  while(rs.next()){
```

```
25      str += count + " : " + rs.getString("id") + " / " + rs.getString("email")
26          + " / " + rs.getString("signuptime") + "<br>";
27      count++;
28    }
29    out.print("Home > 회원 가입 명단 <hr>");
30    out.print(str);
31
32    rs.close();
33    sm.close();
34    conn.close();
35  %>
```

19행 : Statement 객체의 executeQuery( ) 메소드를 선언하여 수행할 SQL 명령문을 ResultSet 유형의 변수 rs에 저장합니다.

21~30행 : 행과 열로 구성된 2차원 배열 형태의 실행 결과를 바탕으로 테이블에 존재하는 정보를 리스트 형태로 출력합니다.

32~34행 : 프로그램에서 사용한 객체를 모두 닫아줍니다.

• **Step 02 | 회원 명단 출력하기** : 이클립스에서 membersList.jsp 파일을 선택하고 단축키 Ctrl+F11을 눌러 실행하게 되면 members 테이블에 등록된 회원 정보를 확인할 수 있습니다.

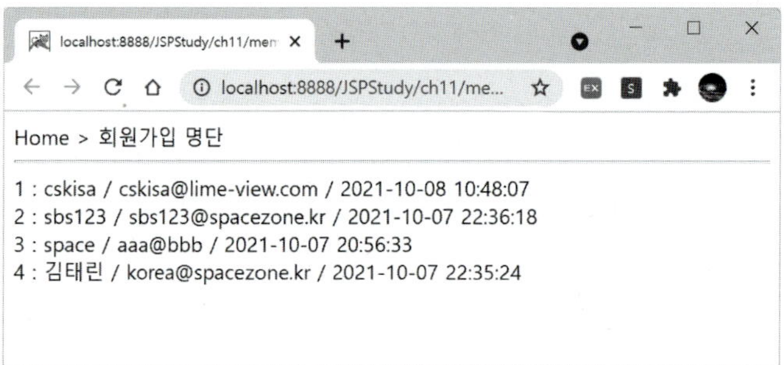

그림 11-12 members 테이블에 등록된 회원 정보

4 회원 탈퇴 프로그램

이미 등록된 회원 중 아이디를 입력 후 〈탈퇴하기〉를 누르게 되면 members 테이블에서 해당 아이디에 대한 모든 정보를 삭제하기 위해 다음 예제를 수행합니다.

예제 11 – 06 회원 탈퇴 프로그램 수행하기

- **Step 01** | **회원 가입 폼 양식 생성하기** : ch11 폴더 위치에 withdraw.jsp 파일을 생성하고 다음과 같이 소스 코드를 입력합니다.

JSPStudy/ch11/withdraw.jsp

```
<%@ page language="java" contentType="text/html; charset=UTF-8"
  pageEncoding="UTF-8"%>
<!DOCTYPE html>
<html>
<head>
  <meta charset="UTF-8">
  <title> 회원 탈퇴 </title>
</head>
<body>
  Home > Withdraw the Membership
  <hr>
  <form action="withdraw_process.jsp" name="user_info" method="post">
    <fieldset style="width:200px">
      <legend> 회원 탈퇴 </legend><p>

      아이디 : <br>
      <input type="text" name="userID"><br>

    <div align="center">
      <input type="submit" value=" 탈퇴하기 ">   
    </div><br>
    </fieldset>
  </form>
</body>
</html>
```

• **Step 02 | 회원 정보 테이블에서 삭제하기** : 회원 탈퇴 폼 화면(withdraw.jsp)에서 입력한 아이디를 조회하여 테이블에서 정보를 삭제하기 위해 withdraw_process.jsp 파일을 생성하고 다음과 같이 소스 코드를 입력합니다.

JSPStudy/ch11/withdraw_process.jsp

```
01 <%@ page language="java" contentType="text/html; charset=UTF-8"
02     pageEncoding="UTF-8"%>
03 <%@ page import="java.sql.*" %>
04 <%
05   String u_id = request.getParameter("userID");
06   String sql = "DELETE FROM members WHERE id = ?";
07 
08   String driverName="com.mysql.jdbc.Driver";
09   String url = "jdbc:mysql://localhost:3306/odbo";
10   String username = "root";
11   String password = "123456";
12   Connection conn = null;
13 
14   Class.forName(driverName);
15   conn = DriverManager.getConnection(url, username, password);
16 
17   PreparedStatement sm = conn.prepareStatement(sql);
18   sm.setString(1, u_id);
19 
20   int count = sm.executeUpdate();
21 
22   if(count == 1){
23     out.print("회원 탈퇴 성공!");
24   }else{
25     out.print("회원 탈퇴 실패!");
26   }
27   sm.close();
28   conn.close();
29 %>
```

05행 : 회원 탈퇴 폼 화면에서 입력한 아이디에 대한 정보를 가져와 u_id 변수에 저장합니다.
06행 : HTTP로 전달받은 아이디에 대한 정보를 members 테이블에서 삭제하기 위한 DELETE 명령문을 sql 변수에 저장합니다. 회원 탈퇴 폼 화면에서 전달되는 파라미터를 이용하기 위해 '?'를 정의합니다. id는 members 테이블에 존재하는 컬럼명을 의미합니다.
20행 : SQL 명령문을 수행하기 위해 executeUpdate( ) 메소드를 호출하여 count 변수에 저장합니다.

• **Step 03 | 회원 탈퇴 폼 실행하기** : 이클립스에서 withdraw.jsp 파일을 선택하고 단축키 Ctrl+F11을 눌러 실행합니다. 아이디 'cskisa'를 입력 후 〈탈퇴하기〉를 누르게 되면 withdraw_process.jsp 파일이 실행되면서 입력한 아이디에 대한 모든 정보가 members 테이블에서 삭제됩니다.

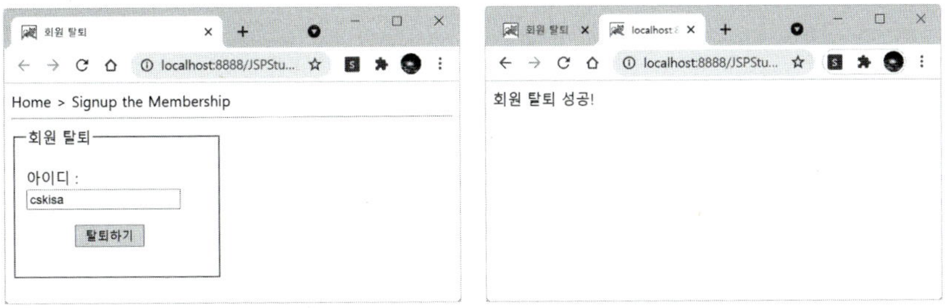

(a) withdraw.jsp (b) withdraw_process.jsp

그림 11-13 실행 결과 화면

• **Step 04 | members 테이블 확인하기** : 콘솔 창에서 members 테이블에 대한 정보를 확인해 보면 cskisa 회원에 대한 정보가 테이블에서 삭제된 것을 확인할 수 있습니다.

```
mysql> SELECT *FROM members;
```

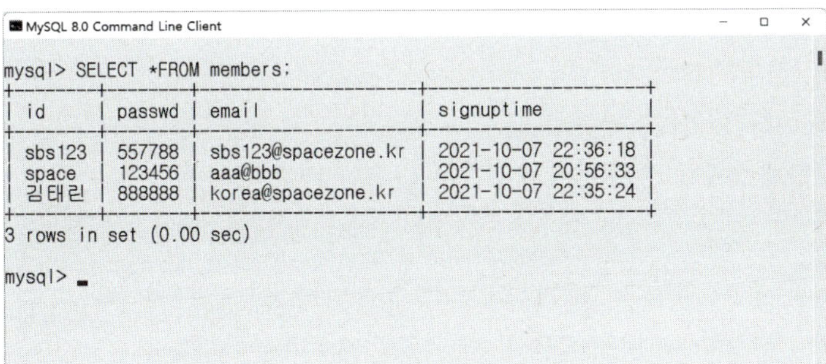

```
MySQL 8.0 Command Line Client
mysql> SELECT *FROM members;
+---------+--------+--------------------+---------------------+
| id      | passwd | email              | signuptime          |
+---------+--------+--------------------+---------------------+
| sbs123  | 557788 | sbs123@spacezone.kr | 2021-10-07 22:36:18 |
| space   | 123456 | aaa@bbb            | 2021-10-07 20:56:33 |
| 김태린  | 888888 | korea@spacezone.kr | 2021-10-07 22:35:24 |
+---------+--------+--------------------+---------------------+
3 rows in set (0.00 sec)

mysql>
```

그림 11-14 cskisa 삭제 후 members 테이블 정보

핵심 요약

01 JDBC에 대한 이해

- JDBC란 Java에서 DBMS의 종류와 관계없이 데이터베이스를 조작하기 위한 API를 의미하며 간단하게 요약하면 메소드 호출용 SQL 인터페이스라고 표현할 수 있습니다.

02 JDBC 드라이버에 대한 이해

- 다양한 DBMS 제조사들은 본사에서 개발한 DBMS를 Sun사의 Java 프로그램과 연동할 수 있도록 기술을 지원하고 있는 것을 JDBC 드라이버라고 합니다.
- MySQL은 설치과정에서 JDBC 드라이버를 선택하여 설치할 수 있습니다.

03 JDBC 드라이버 로딩에 대한 이해

- 이클립스에서 MySQL과 Java를 연동하기 위한 JDBC 드라이버를 로딩하기 위해서는 JDBC 드라이버를 복사하여 이클립스에 등록해야 합니다.

04 JDBC 드라이버 연동 확인

- 이클립스에서 JDBC 드라이버가 제대로 연동되었는지를 확인하려면 우선 데이터베이스를 먼저 생성해야 합니다.
- 이미 생성된 데이터베이스를 지정하여 사용해도 됩니다.

05 테이블의 정보를 웹 브라우저에 출력

- 테이블에 등록된 데이터를 가져오려면 Java에서 제공하는 ResultSet 클래스를 사용하며 ResultSet 클래스에서 사용하는 메소드는 다음과 같습니다.

메소드	의미
next( )	현재 레코드에서 다음 레코드로 커서를 이동시킵니다(성공 : true, 실패 : false).
getString(String column)	레코드 내 파라미터로 주어진 column 값을 String 타입으로 반환합니다.
getint(String column)	레코드 내 파라미터로 주어진 column 값을 int 타입으로 반환합니다.
first( )	첫 번째 레코드 위치로 커서를 이동합니다.
last( )	마지막 레코드 위치로 커서를 이동합니다.
previous( )	커서의 위치를 역방향으로 이동합니다.
getRow( )	커서의 인덱스 값을 조회합니다.
isFirst( )	커서의 위치가 처음인지에 대한 여부를 조회합니다.
isLast( )	커서의 위치가 마지막인지에 대한 여부를 조회합니다.

연습문제

01 다음 글을 읽고 빈 괄호에 들어갈 단어를 입력하시오.

(1) JDBC란 Java에서 (　　　　)의 종류와 관계없이 데이터베이스를 조작하기 위한 (　　　　)를 의미하며 간단하게 요약하면 메소드 호출용 SQL 인터페이스라고 표현할 수 있습니다.

(2) 다양한 DBMS 제조사들은 본사에서 개발한 DBMS를 Sun사의 (　　　　) 프로그램과 연동할 수 있도록 기술을 지원하고 있는 것을 (　　　　)라고 합니다.

(3) 이클립스에서 MySQL과 (　　　　)를 연동하기 위한 JDBC 드라이버를 로딩하기 위해 JDBC 드라이버를 (　　　　)에 복사하여 붙여넣어야 합니다.

02 다음에 주어진 SQL 명령문을 보고 밑줄 친 부분을 설명하시오.

```
CREATE TABLE IF NOT EXISTS members(    // ______________________
  id VARCHAR(20) PRIMARY KEY,          // ______________________
  passwd VARCHAR(20),
  email VARCHAR(50),
  signuptime TIMESTAMP DEFAULT CURRENT _ TIMESTAMP);
```

03 Java에서 제공하는 ResultSet 클래스의 메소드를 사용할 때 다음 표에서 주어진 의미를 살펴보고 해당 메소드를 기술하시오.

메소드	의미
next( )	현재 레코드에서 다음 레코드로 커서를 이동시킵니다(성공 : true, 실패 : false).
getString(String column)	레코드 내 파라미터로 주어진 column 값을 String 타입으로 반환합니다.
getint(String column)	레코드 내 파라미터로 주어진 column 값을 int 타입으로 반환합니다.
	첫 번째 레코드 위치로 커서를 이동합니다.
last( )	마지막 레코드 위치로 커서를 이동합니다.
	커서의 위치를 역방향으로 이동합니다.
getRow( )	커서의 인덱스 값을 조회합니다.
isFirst( )	커서의 위치가 처음인지에 대한 여부를 조회합니다.
	커서의 위치가 마지막인지에 대한 여부를 조회합니다.

04 odbo 데이터베이스와 JDBC 연동 과정을 위해 다음과 같이 주어진 소스 코드를 보고 빈 줄에 들어갈 내용을 채우시오.

```
String driverName = ______________________________
String url = ______________________________
String username = "root";
String password = "123456";
Connection conn = null;
```

05 다음과 같이 주어진 조건을 반영하여 이클립스에서 SQL 쿼리문을 작성한 다음 콘솔 창에서 일괄 명령으로 테이블을 생성하고 테이블의 구조를 확인하시오.

(1) 프로젝트명 : JSPStudy

(2) 데이터베이스명 : odbo

(3) 저장 파일명 : test11_05.sql

(4) 테이블명 : department

■ department 테이블

필드명	데이터 타입	의미	비고
name	varchar(20)	20byte 크기의 문자열형	PRIMARY KEY
passwd	varchar(20)	20byte 크기의 문자열형	
dept	varchar(50)	50byte 크기의 문자열형	
signuptime	TIMESTAMP DEFAULT	회원 가입 날짜 및 시각	CURRENT_TIMESTAMP

(5) 기타 사항 : 실행 결과 화면 참조

```
MySQL 8.0 Command Line Client

mysql> DESC department;
+------------+-------------+------+-----+-------------------+-------------------+
| Field      | Type        | Null | Key | Default           | Extra             |
+------------+-------------+------+-----+-------------------+-------------------+
| name       | varchar(20) | NO   | PRI | NULL              |                   |
| passwd     | varchar(20) | YES  |     | NULL              |                   |
| email      | varchar(50) | YES  |     | NULL              |                   |
| signuptime | timestamp   | YES  |     | CURRENT_TIMESTAMP | DEFAULT_GENERATED |
+------------+-------------+------+-----+-------------------+-------------------+
4 rows in set (0.00 sec)

mysql>
```

CHAPTER 12

데이터베이스 커넥션

▶ Preview

이클립스에서 MySQL 데이터베이스와 연동하기 위한 커넥션을 설정하는 방법에 대해 살펴보고 JDBC 드라이버를 설정하는 과정을 수행합니다. 이클립스에서 데이터베이스를 연결하고 해제하는 제어 방법을 숙지하고 이클립스에서 SQL 쿼리문으로 테이블 생성 및 구조 확인 등에 대해 실습합니다.

01 커넥션 설정

1 커넥션 유형 설정

커넥션Connection이란 JSP 애플리케이션과 MySQL 데이터베이스를 연결하는 것으로 JSP 애플리케이션에서 데이터베이스에 접속하고 연결된 데이터베이스와의 접속을 종료하는 일련의 과정을 의미합니다. 콘솔 창에서 데이터베이스 SQL 명령문을 수행하는 과정은 이클립스와 콘솔 창을 자주 오가며 수행해야 하는 번거로움이 존재합니다. 여기서는 이클립스에서 데이터베이스를 제어할 수 있도록 데이터베이스 커넥션 설정 방법에 대해 살펴보도록 하겠습니다.

예제 12 – 01 데이터베이스 커넥션 유형 선택하기

- **Step 01 | Data Source Explorer 뷰 선택** : 이클립스의 [Window]–[Show View] 메뉴에서 'Data Source Explorer'를 선택합니다.

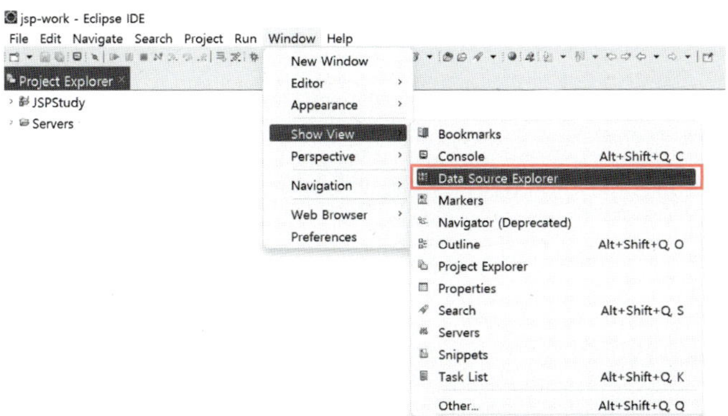

그림 12-1 Data Source Explorer 뷰 선택

• **Step 02 | 새로운 데이터베이스 커넥션 메뉴 선택** : Data Source Explorer 뷰에서 'Database Connections'를 선택 후 마우스 오른쪽 버튼을 클릭하여 [New] 메뉴를 선택합니다.

그림 12-2 새로운 데이터베이스 커넥션 메뉴 선택

• **Step 03 | 데이터베이스 커넥션 유형 선택** : Connection Profile Types에서 'MySQL'을 선택하고 Name은 'MySQL_Conn'으로 입력 후 〈Next〉를 누릅니다.

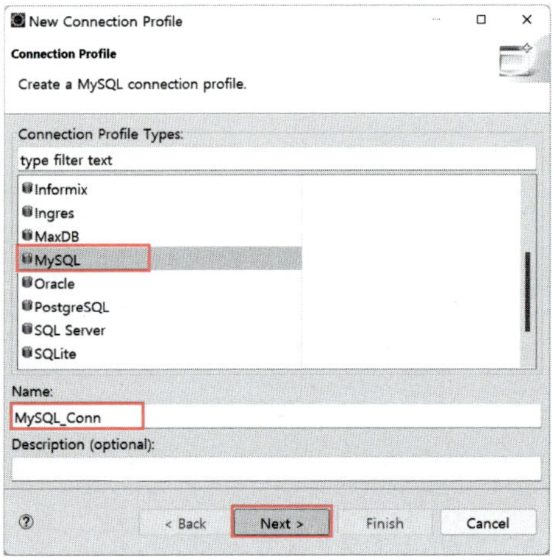

그림 12-3 데이터베이스 커넥션 유형 선택

2 JDBC 드라이버 설정

이클립스에 새로운 JDBC 드라이버를 설정하기 위해 다음 예제를 수행합니다.

예제 12 - 02 새로운 JDBC 드라이버 설정하기

- **Step 04 | 새로운 드라이버 추가 버튼 클릭** : 화면에서 Drivers 항목의 오른쪽에 위치한 New Driver Definition 버튼[ ]을 클릭합니다.

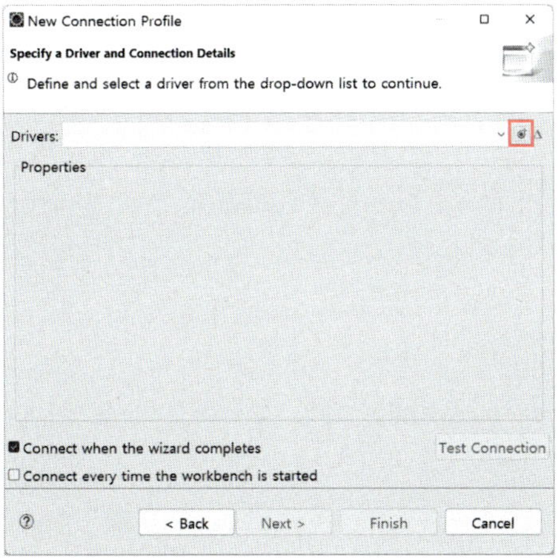

그림 12-4 새로운 드라이버 추가 버튼 클릭

- **Step 05 | JDBC 드라이버 버전 선택** : [Name/Type] 탭에서 MySQL JDBC Driver의 5.1을 선택합니다.

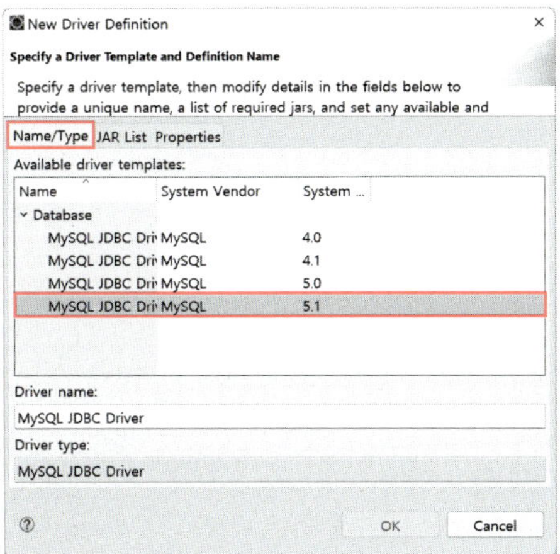

그림 12-5 JDBC 드라이버 버전 선택

• **Step 06 | 기존 예시로 제시된 드라이버 삭제** : [JAR List] 탭에서 기존 예시로 표기된 드라이버를 선택하고 〈Remove JAR/Zip〉를 눌러 제거합니다.

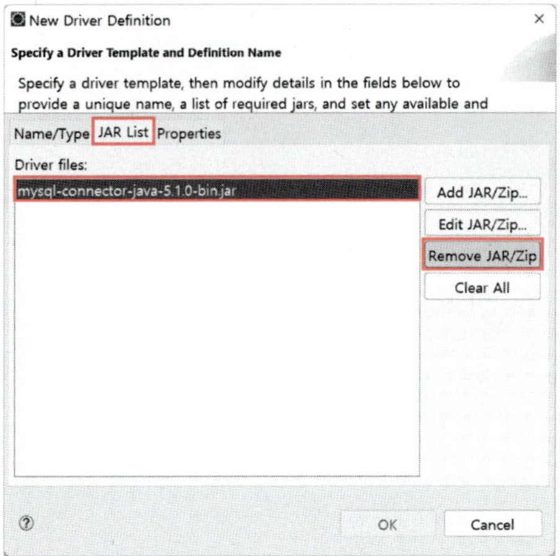

그림 12-6 기존 예시로 표기된 드라이버 제거

• **Step 07 | JDBC 드라이버 추가 버튼 클릭** : JDBC 드라이버를 새로 추가하기 위해 〈Add JAR/Zip...〉를 누릅니다.

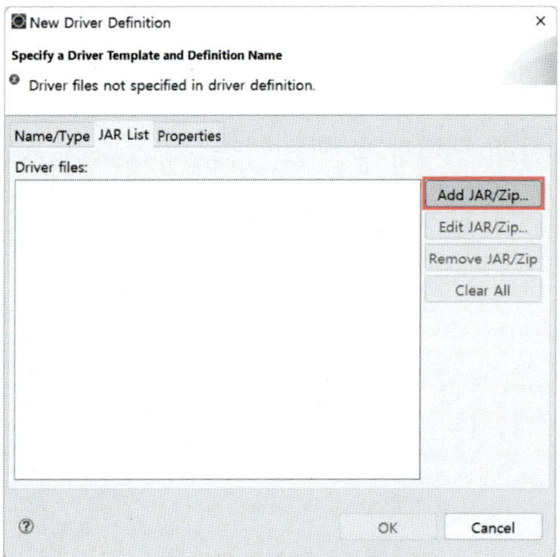

그림 12-7 새로운 드라이버 추가 버튼 클릭

• **Step 08** | **JDBC 드라이버 선택** : C:₩Program Files (x86)₩MySQL₩Connector J 8.0 폴더 안에 존재하는 드라이버 'mysql-connector-java-8.0.26.jar'을 선택합니다.

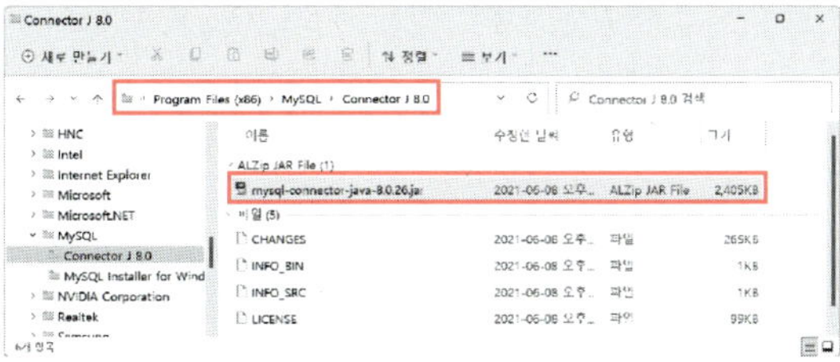

그림 12-8 JDBC 드라이버 선택

• **Step 09** | **JDBC 드라이버 추가 완료** : 새로운 JDBC 드라이버가 성공적으로 추가되었으므로 다음 과정을 위해 [Properties] 탭을 누릅니다.

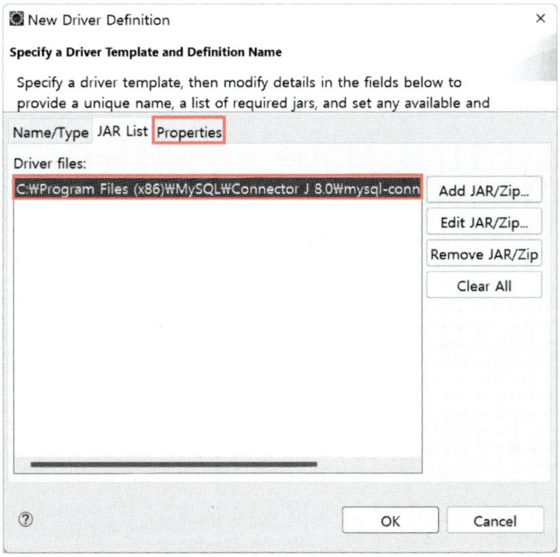

그림 12-9 JDBC 드라이버 추가 완료

3 JDBC 드라이버 속성 설정

이클립스에 새로운 JDBC 드라이버 속성을 표에서 제시한 바와 같이 설정하기 위해 다음 예제를 수행합니다.

표 12-1 JDBC 드라이버 속성

속성	설정
Connection URL	jdbc:mysql://localhost:3306/odbo
Database Name	odbo
Driver Class	com.mysql.jdbc.Driver
Password	123456
User ID	root

예제 12 – 03 JDBC 드라이버 속성 설정하기

- **Step 10 | JDBC 드라이버 속성 설정** : [Properties] 탭에서 JDBC 드라이버의 속성을 표와 같이 설정하고 〈OK〉를 누릅니다.

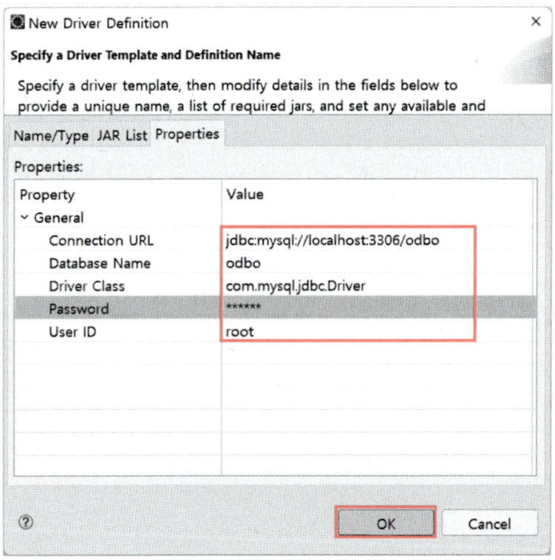

그림 12-10 JDBC 드라이버 속성 설정

• **Step 11 | 데이터베이스 커넥션 테스트** : JDBC 드라이버의 속성이 설정된 환경을 테스트하기 위해 〈Test Connection〉을 누릅니다.

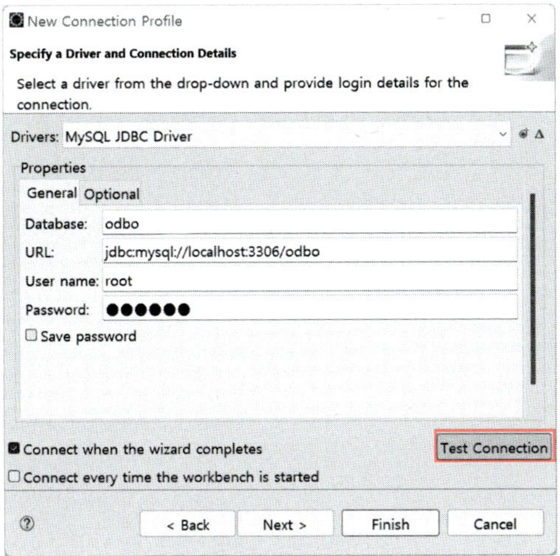

그림 12-11 데이터베이스 커넥션 테스트

• **Step 12 | 데이터베이스 커넥션 테스트 성공** : 데이터베이스 커넥션을 성공적으로 수행하였음을 의미하는 [Success] 대화상자가 나타나면 〈OK〉를 누릅니다.

그림 12-12 데이터베이스 커넥션 테스트 성공

- **Step 13 | 데이터베이스 커넥션 완료하기** : 데이터베이스 커넥션 설정을 완료하기 위해 〈Finish〉를 누릅니다.

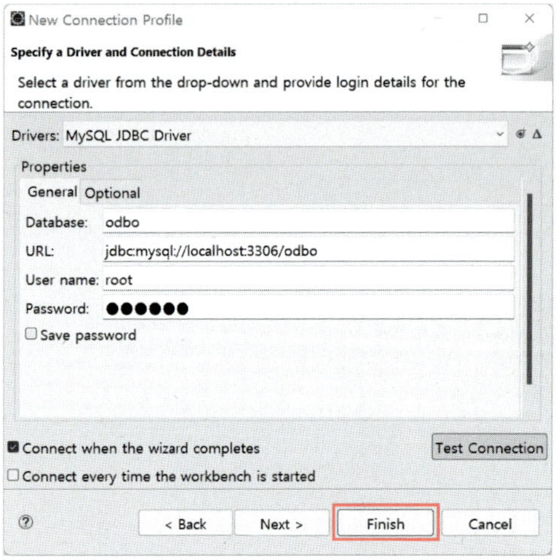

그림 12-13 데이터베이스 커넥션 완료

02 데이터베이스 제어

1 데이터베이스 연결

이클립스에서 MySQL_Conn을 선택하고 마우스 오른쪽 버튼을 눌러 [Connect]를 클릭하게 되면 MySQL 데이터베이스에 연결됩니다.

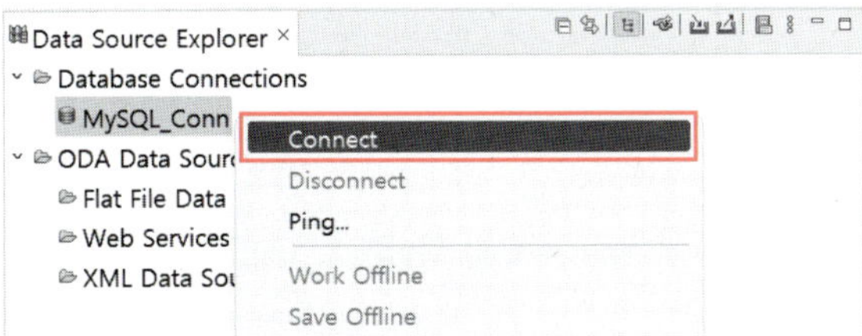

그림 12-14 데이터베이스 연결

2 데이터베이스 연결 해제

이클립스에서 MySQL_Conn을 선택하고 마우스 오른쪽 버튼을 눌러 [Disconnect]를 클릭하게 되면 MySQL 데이터베이스와의 연결이 해제됩니다.

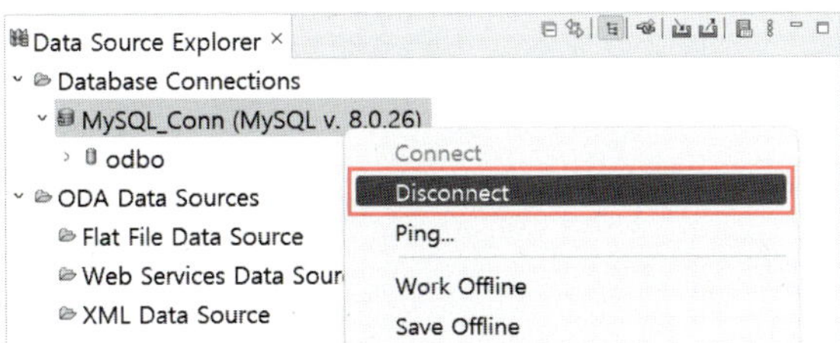

그림 12-15 데이터베이스 연결 해제

03 이클립스에서 쿼리문 수행

1 SQL 스크랩북

이클립스에서 SQL 쿼리문을 작성하려면 SQL 스크랩북을 실행해야 합니다. SQL 스크랩북은 Data Source Explorer 뷰에서 실행할 수 있습니다. SQL 스크랩북에서 SQL 쿼리문을 작성하기 위해 다음 예제를 수행합니다.

예제 12 – 04 SQL 스크랩북 실행하기

- **Step 01 | SQL 스크랩북 선택** : Data Source Explorer 뷰에서 MySQL_Coupler (MySQL v.8.0.26)를 선택하고 타이틀바의 오른쪽에 위치한 open scrapbook to edit SQL statements 아이콘 [ ]을 클릭합니다.

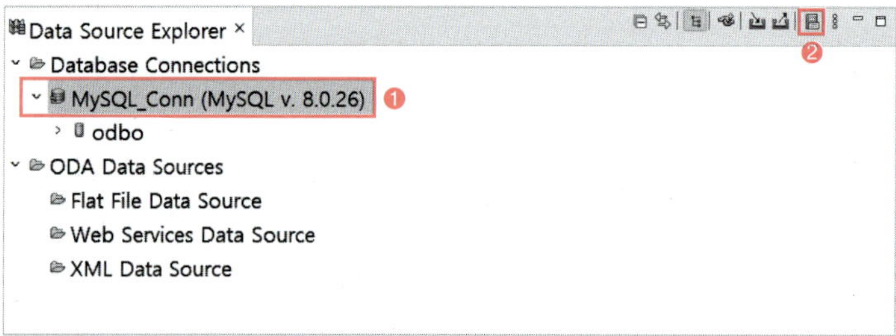

그림 12-16 SQL 스크랩북 실행 아이콘 클릭

- **Step 02 | 데이터베이스 커넥션 속성 선택** : 스크랩북에서 다음 표와 같이 데이터베이스 커넥션의 속성을 선택합니다.

표 12-2 데이터베이스 커넥션 속성 선택

속성	선택
Type	MySql_5.1
Name	MySQL_Connr
Database	odbo

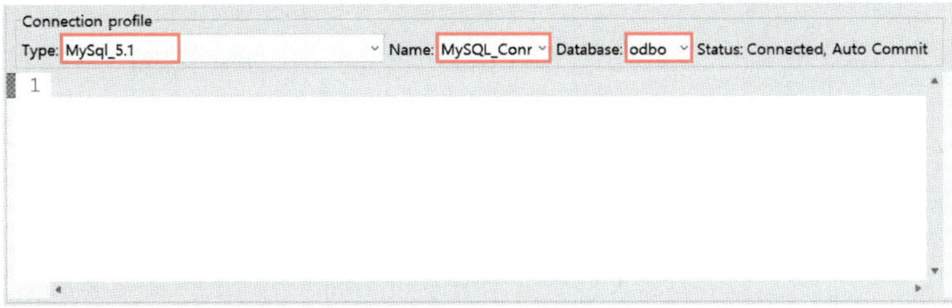

그림 12-17 데이터베이스 커넥션 속성 선택

2 이클립스에서 SQL 명령문 수행

이클립스의 Data Source Explorer 뷰에서 SQL 스크랩북으로 쿼리문을 작성하고 명령문을 다음 예제에서 수행합니다.

예제 12 – 05 이클립스에서 SQL 명령문 수행하기

- **Step 01 | 프로젝트 생성하기** : 프로젝트는 3장에서 생성한 JSPStudy 프로젝트를 사용하고 Project Explorer 뷰에서 새로운 ch12 폴더를 생성합니다.
- **Step 02 | SQL 쿼리문 작성** : 스크랩북에서 odbo 데이터베이스의 members 테이블에 존재하는 데이터를 조회하기 위해 다음과 같이 SQL 쿼리문을 작성합니다.

```
USE odbo;
SELECT *FROM members;
```

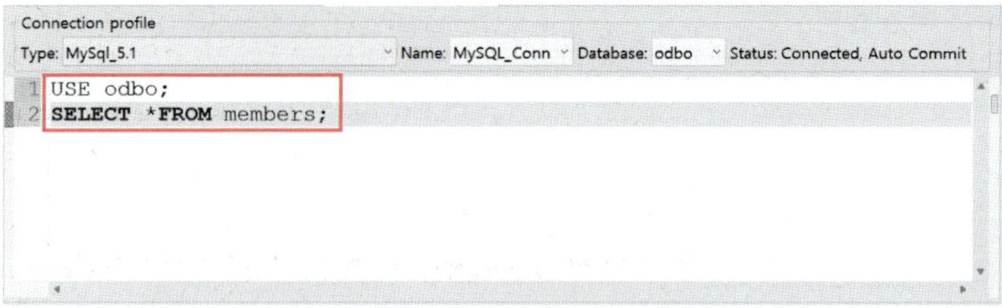

그림 12-18 SQL 쿼리문 작성

• **Step 03** | **SQL 쿼리문 저장** : 단축키 Ctrl+S를 눌러 ch12 폴더에 eclipseDB.sql 파일명으로 저장합니다.

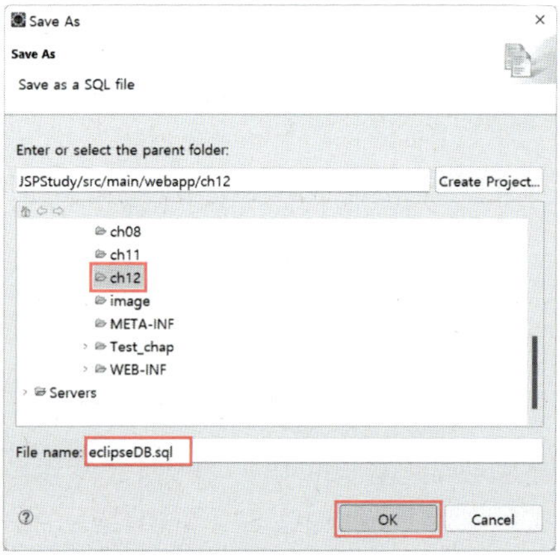

그림 12-19 SQL 쿼리문 저장

• **Step 04** | **SQL 쿼리문 실행** : SQL 쿼리문을 마우스로 드래그하여 블록을 설정한 다음 마우스 오른쪽 버튼을 클릭하여 Execute Selected Text 메뉴를 선택하거나 단축키 Alt+X를 눌러 SQL 쿼리문을 실행합니다.

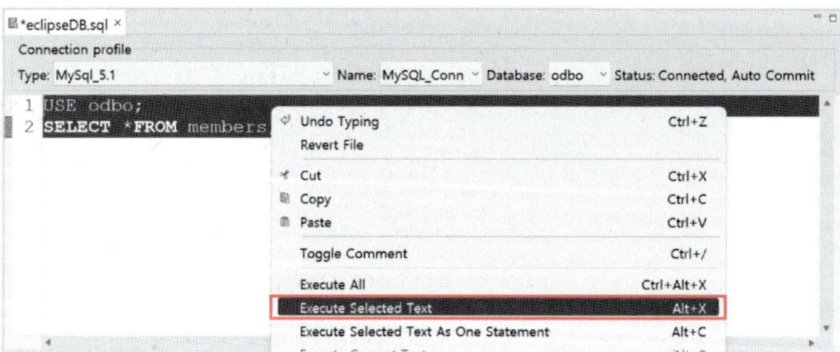

그림 12-20 SQL 쿼리문 실행

• **Step 05 | SQL 쿼리문 성공 여부 확인** : Results 뷰의 오른쪽에 위치한 [Status] 탭에는 SQL 쿼리문 수행에 따른 성공 여부를 보여줍니다.

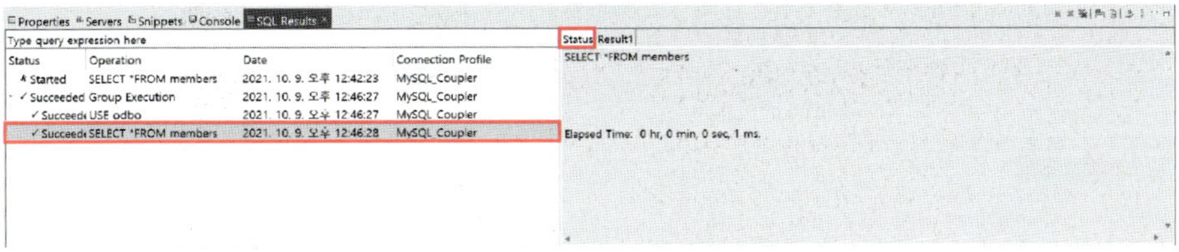

그림 12-21 SQL 쿼리문 성공 여부

• **Step 06 | SQL 쿼리문 실행 결과 확인** : Results 뷰의 오른쪽에 위치한 [Result1] 탭에서는 SQL 쿼리문의 실행 결과를 보여줍니다.

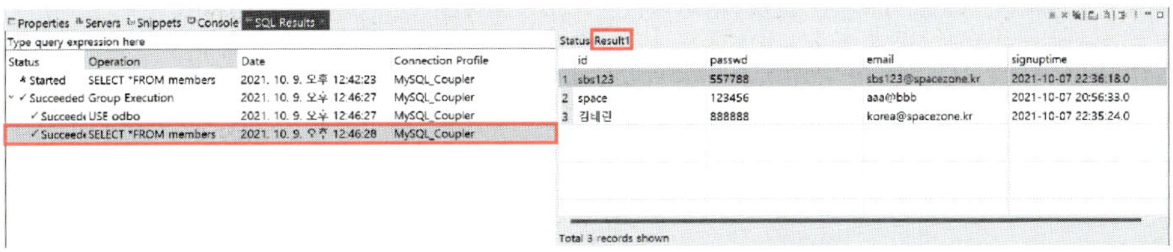

그림 12-22 SQL 쿼리문 실행 결과

• **Step 07 | SQL 쿼리문 추가** : members 테이블의 구조를 살펴보기 위한 쿼리문을 다음과 같이 추가합니다.

```
DESC members;
```

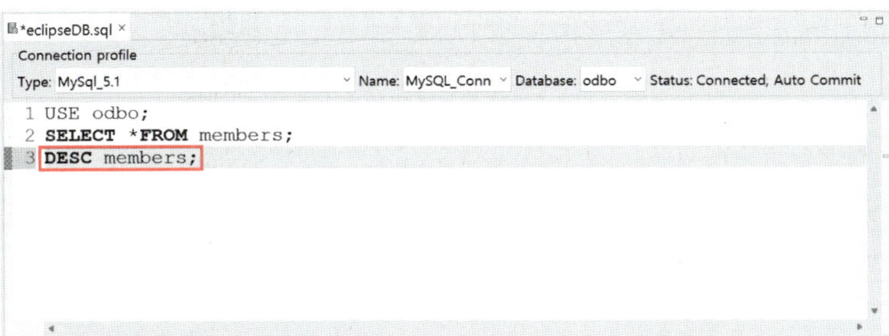

그림 12-23 SQL 쿼리문 추가

• **Step 08 | 추가된 SQL 쿼리문만 실행** : 추가된 SQL 쿼리문만 마우스로 드래그하여 블록을 설정한 다음 단축키 Alt+X를 눌러 SQL 명령문을 실행합니다.

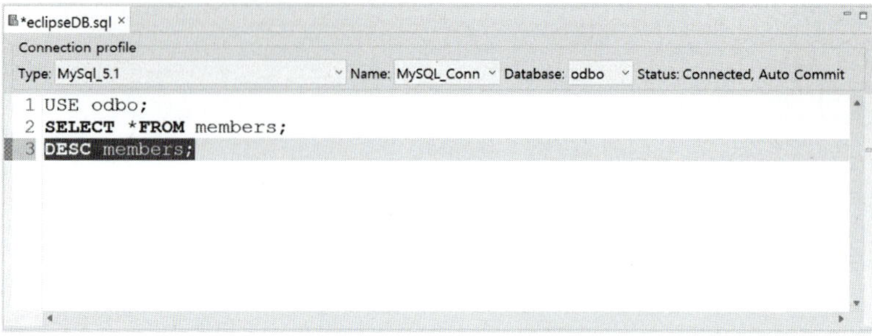

그림 12-24 추가된 SQL 쿼리문만 실행

• **Step 09 | 추가된 SQL 쿼리문 실행 결과 확인** : [Result1] 탭을 클릭하면 members 테이블의 구조를 확인할 수 있습니다.

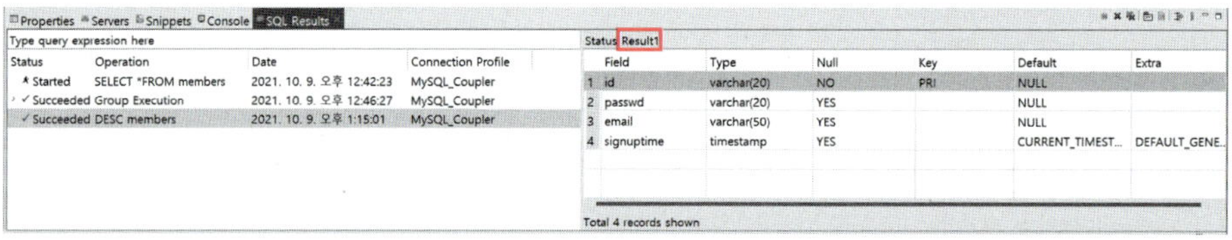

그림 12-25 추가된 SQL 쿼리문 실행 결과

3 이클립스에서 테이블 생성

이클립스의 SQL 스크랩북에서 표에서 주어진 테이블의 구조를 반영한 SQL 쿼리문을 작성하여 새로운 heightData 테이블을 생성하기 위해 다음 예제를 수행합니다.

표 12-3 heightData 테이블

필드명	데이터 타입	의미	비고
name	varchar(20)	20byte 크기의 문자열형	PRIMARY KEY,
height	int	정수형	
signuptime	TIMESTAMP DEFAULT	회원가입 날짜 및 시각	CURRENT_TIMESTAMP

예제 12 – 06 이클립스에서 SQL 쿼리문으로 테이블 생성하기

- **Step 01 | SQL 쿼리문 작성** : 스크랩북에서 odbo 데이터베이스에 heightData 테이블을 생성하기 위한 SQL 쿼리문을 작성하고 ch12 폴더의 위치에 heightData.sql 파일명으로 저장합니다.

JSPStudy/ch12/heightData.sql

```
USE odbo;

CREATE TABLE IF NOT EXISTS heightData(
    name VARCHAR(20) PRIMARY KEY,
    height int,
    signuptime TIMESTAMP DEFAULT CURRENT_TIMESTAMP
    );
```

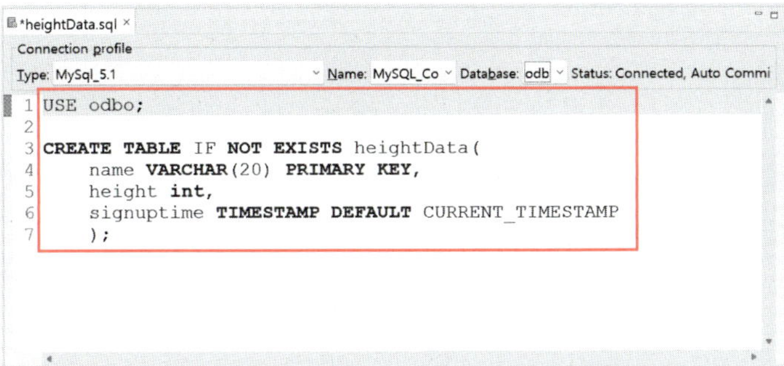

그림 12-26 SQL 쿼리문 작성

- **Step 02 | SQL 쿼리문 실행** : SQL 쿼리문을 마우스로 드래그하여 블록을 설정한 다음 단축키 Alt+X를 눌러 SQL 명령문을 실행합니다.

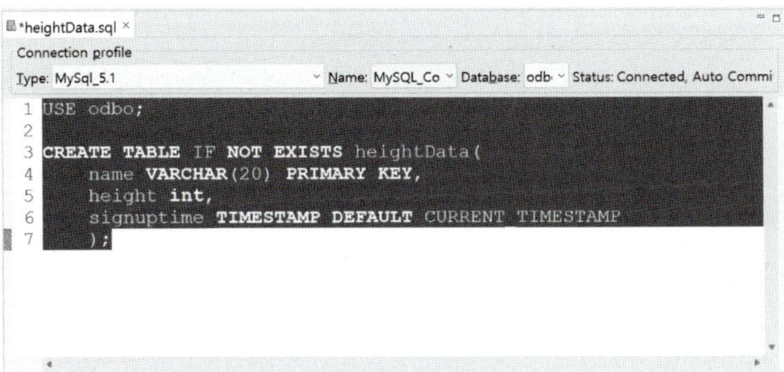

그림 12-27 Alt+X를 눌러 SQL 쿼리문 실행

- **Step 03 | 테이블 목록 확인을 위한 SQL 쿼리문 추가** : heightData 테이블이 생성되었는지 확인하기 위해 SQL 쿼리문을 다음과 같이 추가합니다.

```
SHOW tables;
```

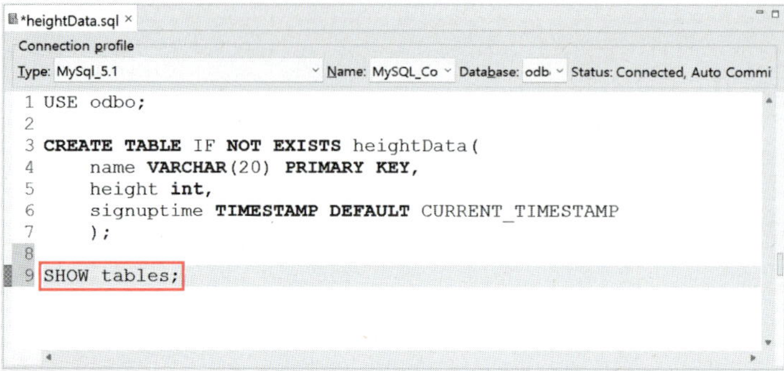

그림 12-28 SQL 쿼리문 추가

- **Step 04 | 추가된 SQL 쿼리문 실행** : 추가된 SQL 쿼리문을 마우스로 드래그하여 블록을 설정한 다음 단축키 Alt+X를 눌러 SQL 명령문을 실행합니다.

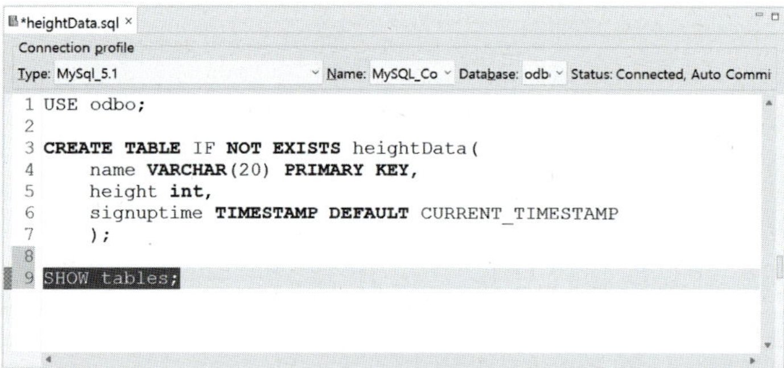

그림 12-29 Alt+X를 눌러 추가된 SQL 쿼리문 실행

- **Step 05 | SQL 쿼리문 실행 결과 확인** : [Result1] 탭을 클릭하면 heightData 테이블이 생성되어 목록에 존재하는 것을 확인할 수 있습니다.

	Tables_in_odbo
1	department
2	heightdata
3	members
4	testboard

Total 4 records shown

그림 12-30 heightData 테이블이 생성된 목록

- **Step 06 | 테이블의 구조 확인을 위한 SQL 쿼리문 추가** : heightData 테이블의 구조를 확인하기 위해 SQL 쿼리문을 다음과 같이 추가하고 Alt+X를 눌러 SQL 명령문을 실행합니다.

```
DESC heithtData;
```

```
USE odbo;

CREATE TABLE IF NOT EXISTS heightData(
    name VARCHAR(20) PRIMARY KEY,
    height int,
    signuptime TIMESTAMP DEFAULT CURRENT_TIMESTAMP
    );

SHOW tables;

DESC heightData;
```

그림 12-31 SQL 쿼리문 추가 후 Alt+X를 눌러 실행

- **Step 07 | 테이블의 구조 확인** : [Result1] 탭을 클릭하면 heightData 테이블의 구조를 확인할 수 있습니다.

	Field	Type	Null	Key	Default	Extra
1	name	varchar(20)	NO	PRI	NULL	
2	height	int	YES		NULL	
3	signuptime	timestamp	YES		CURRENT_TIME...	DEFAULT_GE...

Total 3 records shown

그림 12-32 heightData 테이블의 구조

핵심 요약

01 데이터베이스 커넥션에 대한 이해

- 커넥션이란 JSP 애플리케이션과 MySQL 데이터베이스를 연결하는 것으로 JSP 애플리케이션에서 데이터베이스에 접속하고 연결된 데이터베이스와의 접속을 종료하는 일련의 과정을 의미합니다.

02 JDBC 드라이버 파일 존재 위치에 대한 이해

- JDBC 드라이버의 위치는 C:₩Program Files (x86)₩MySQL₩Connector J 8.0 폴더 안에 존재하며 드라이버 파일명은 mysql-connector-java-8.0.26.jar입니다.

03 JDBC 드라이버 속성에 대한 이해

- 이클립스에 설정하는 JDBC 드라이버의 속성은 다음과 같습니다.

속성	설정
Connection URL	jdbc:mysql://localhost:3306/odbo
Database Name	odbo
Driver Class	com.mysql.jdbc.Driver
Password	123456
User ID	root

04 데이터베이스 커넥션 제어

- 이클립스에 등록된 데이터베이스 커넥터 메뉴에서 [Connect]와 [Disconnect]를 선택하여 데이터베이스 커넥션을 제어할 수 있습니다.

05 이클립스에서 SQL 쿼리문 작성

- 이클립스에서 SQL 쿼리문을 작성하려면 SQL 스크랩북을 실행해야 합니다.
- SQL 스크랩북은 Data Source Explorer 뷰에서 실행할 수 있으며 데이터베이스 커넥션 속성은 다음과 같습니다..

속성	선택
Type	MySql_5.1
Name	MySQL_Connr
Database	odbo

연습 문제

01 다음 글을 읽고 빈 괄호에 들어갈 단어를 입력하시오.

(1) 커넥션이란 (　　　　) 애플리케이션과 (　　　　) 데이터베이스를 연결하는 것으로 JSP 애플리케이션에서 데이터베이스에 접속하고 연결된 데이터베이스와의 접속을 종료하는 일련의 과정을 의미합니다.

(2) 이클립스에 등록된 데이터베이스 커넥터 메뉴에서 (　　　　)와 (　　　　)를 선택하여 데이터베이스 커넥션을 제어할 수 있습니다.

(3) 이클립스에서 (　　　　)을 작성하려면 SQL 스크랩북을 실행해야 하며 SQL 스크랩북은 (　　　　) 뷰에서 실행할 수 있습니다.

02 다음에 주어진 JDBC 드라이버 속성에 대한 설정을 기술하시오.

속성	설정
Connection URL	
Database Name	odbo
Driver Class	
Password	123456
User ID	root

03 다음에 주어진 데이터베이스 커넥션 속성에 대한 선택을 기술하시오.

속성	선택
Type	
Name	
Database	odbo

04 다음과 같이 주어진 조건을 반영하여 SQL 스크랩북에서 testboard 테이블을 생성하는 SQL 쿼리문을 수행하시오.

(1) 프로젝트명 : JSPStudy

(2) 데이터베이스명 : odbo

(3) 저장 파일명 : test12_04.sql

(4) 생성 테이블명 : testboard

■ testboard 테이블

필드명	데이터 타입	의미	비고
id	varchar(20)	20byte 크기의 문자열형	PRIMARY KEY
writetext	varchar(50)	50byte 크기의 문자열형	
signuptime	TIMESTAMP DEFAULT	회원가입 날짜 및 시각	CURRENT_TIMESTAMP

05 다음과 같이 주어진 조건을 반영하여 SQL 스크랩북에서 testboard 테이블의 구조를 확인하는 SQL 쿼리문을 수행하시오.

(1) 프로젝트명 : JSPStudy

(2) 데이터베이스명 : odbo

(3) 저장 파일명 : test12_05.sql

(4) 기타 사항 : 실행 결과 화면 참조

Status Result1

	Field	Type	Null	Key	Default	Extra
1	id	varchar(20)	NO	PRI	NULL	
2	writetext	varchar(50)	YES		NULL	
3	signuptime	timestamp	YES		CURRENT_TIMEST...	DEFAULT_GENE...

Total 3 records shown

CHAPTER 13

JSP 프로젝트

▶ Preview

JSP 프로젝트를 수행하기 위해 필요한 사전 요소에 대해 살펴보고 사용자 모드와 관리자 모드로 구분하여 웹페이지의 이동 및 데이터베이스와의 커넥션, 데이터베이스에 등록된 모든 회원 정보 조회, 로그인 과정에서 세션 생성, 로그 아웃 과정에서 세션 삭제 등 전반적인 내용을 JSP 프로젝트를 통해 실습합니다.

01 프로젝트 시뮬레이션

1 스토리보드

스토리보드Storyboard란 프로젝트를 위해 각본을 바탕으로 필요한 모든 사항을 매 화면마다 보여주는 주요한 문서를 의미합니다. JSP 프로젝트를 수행할 때는 웹페이지의 흐름을 설명하기 위한 파일의 구성요소, 파일이 수행하는 역할, 동선 등의 제작 시 필요한 정보들을 미리 파일로 생성하고 약속된 웹페이지로 이동하기 위해 스토리보드를 작성합니다.

2 JSP 프로젝트 스토리보드

지금까지 배운 내용을 바탕으로 JSP 웹 프로그래밍에 대한 실전 프로젝트를 수행하도록 하겠습니다. JSP 프로젝트의 스토리보드는 다음 그림과 같습니다.

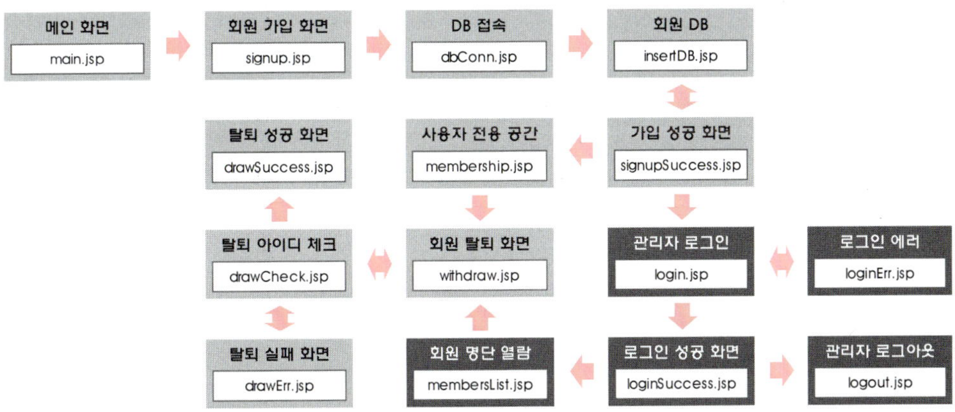

그림 13-1 JSP 프로젝트 스토리보드

3 생성 파일 리스트

JSP 프로젝트에서 생성하고자 하는 파일은 모두 15개입니다. 프로젝트의 흐름은 '사용자 모드'와 '관리자 모드'로 구분되어 수행하며 생성되는 각 파일의 종류와 용도는 다음 표와 같습니다. JSP 프로젝트의 전반적인 흐름은 사용자 모드로 진행되고 회원 명단 열람과 로그인 절차에 대해서만 관리자 모드에서 수행합니다.

표 13-1 JSP 프로젝트 생성 파일

파일명	기능
main.jsp	JSP 웹 프로그래밍 메인 화면
signup.jsp	회원 가입 폼 양식
dbConn.jsp	데이터베이스 커넥션
insertDB.jsp	회원 가입 폼에서 입력된 정보를 데이터베이스에 저장
signupSuccess.jsp	회원 가입 성공 화면
membership.jsp	회원 전용 공간 화면
withdraw.jsp	회원 탈퇴 폼 양식
drawCheck.jsp	탈퇴하고자 하는 회원의 아이디 체크
drawSuccess.jsp	회원 탈퇴 성공 화면
drawErr.jsp	회원 탈퇴 에러 화면
login.jsp	관리자 로그인 폼 양식
loginSuccess.jsp	관리자 로그인 성공에 따른 세션 생성 (아이디 : space, 비밀번호 : 123456)
loginErr.jsp	관리자 로그인 에러 화면
membersList.jsp	관리자가 로그인 상태에서만 접근 가능하며 등록된 회원 전체 명단 출력
logout.jsp	관리자가 로그아웃을 수행하게 되면 세션을 삭제하고 보여주는 화면

4 프로젝트 리허설

프로젝트에 대한 리허설을 수행하는 목적은 프로젝트를 수행하다 보면 예상하지 못한 여러 종류의 상황들이 발생하게 되며 프로젝트의 단위가 크면 클수록 돌발변수는 더 많아지게 됩니다.

프로젝트에서 활용하고자 하는 웹페이지에 대한 리허설을 통해 사전 점검해 봄으로써 발생할 수 있는 돌발 상황에 따른 대처 방안을 미리 수립할 수 있도록 시뮬레이션이 필요합니다. JSP 프로젝트에서 각각의 웹페이지가 수행하게 되는 역할과 페이지의 흐름을 제어하는 프로세스에 대해 하나씩 살펴보도록 하겠습니다.

예제 13 – 01 JSP 프로젝트 시뮬레이션 수행보기

- **Step 01** | **메인 화면 접속** : 메인 화면에는 배경 이미지를 삽입하였으며 '관리자 접속하기'와 '사용자 접속하기'로 구분하여 접속하도록 인터페이스를 따로 구현합니다. 여기서는 〈사용자 접속하기〉를 클릭합니다.

그림 13-2 메인 화면

• **Step 02 | 사용자 모드 접속 화면 :** 메인 화면에서 사용자 모드로 접속하게 되면 '회원 가입' 폼 양식 페이지로 이동합니다. 회원 가입 폼 화면에서는 입력한 아이디와 비밀번호, 이메일 주소에 대한 데이터의 유효성 검사를 수행합니다.

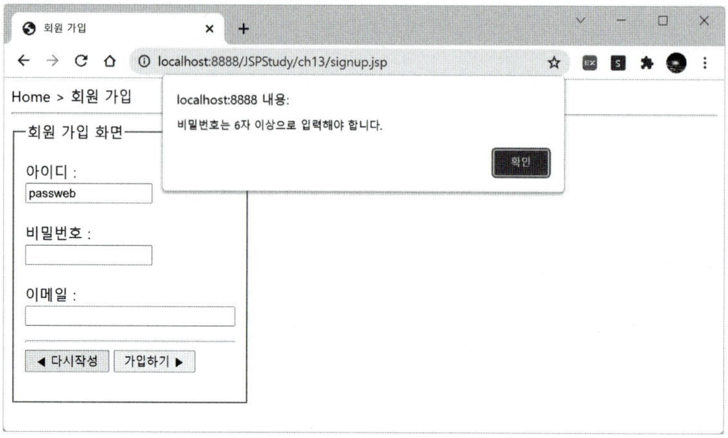

그림 13-3 회원 가입 폼 화면

• **Step 03 | 회원 등록 성공 화면 :** 회원 가입 폼 화면에서 입력한 아이디와 비밀번호, 이메일 주소에 대한 유효성 검사를 모두 통과하였다면 입력된 데이터는 정상적으로 데이터베이스에 등록되면서 회원 등록 성공 화면이 나타납니다. 회원 정보가 데이터베이스에 저장되는 과정은 웹페이지에 나타나지 않으므로 참고 바랍니다. 여기서는 〈사용자 공간 이동〉을 선택합니다.

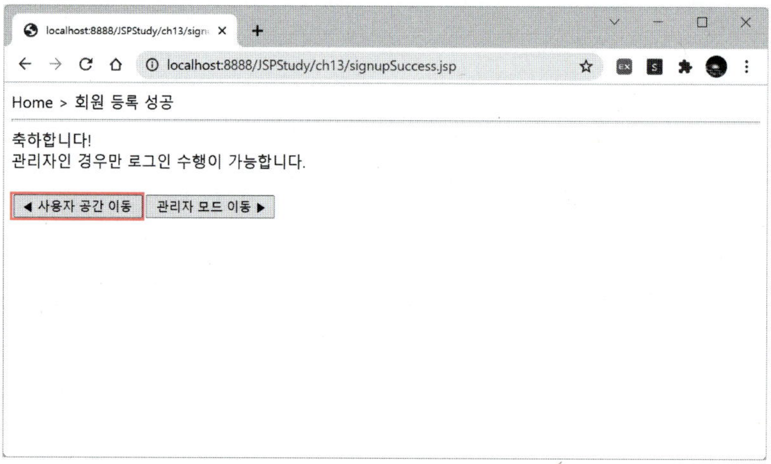

그림 13-4 회원 등록 성공 화면

• **Step 04 | 회원 전용 공간 화면** : 회원 전용 공간 화면에서 〈회원 탈퇴하기〉를 클릭합니다.

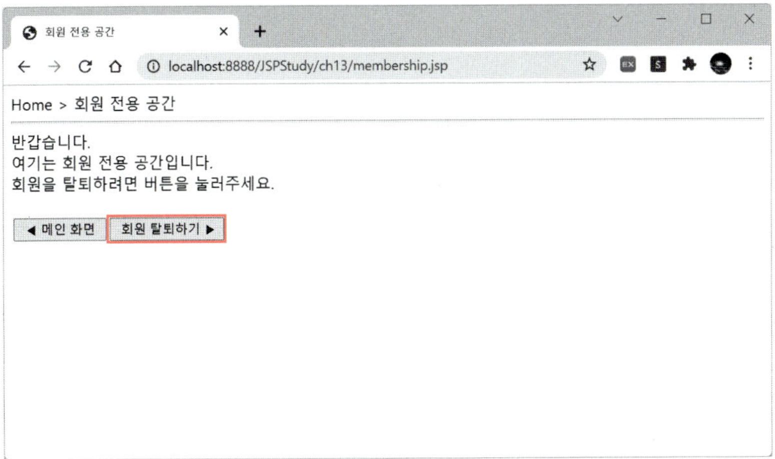

그림 13-5 회원 전용 공간 화면

• **Step 05 | 회원 탈퇴 화면** : 회원의 아이디를 입력하고 〈회원 탈퇴〉를 누르게 되면 요청한 아이디를 데이터베이스에 존재하는지를 확인하는 drawCheck.jsp 파일이 구동되고 요청한 아이디가 데이터베이스에 존재하게 되면 모든 정보를 삭제 후 회원 탈퇴 화면으로 페이지가 이동하게 됩니다.

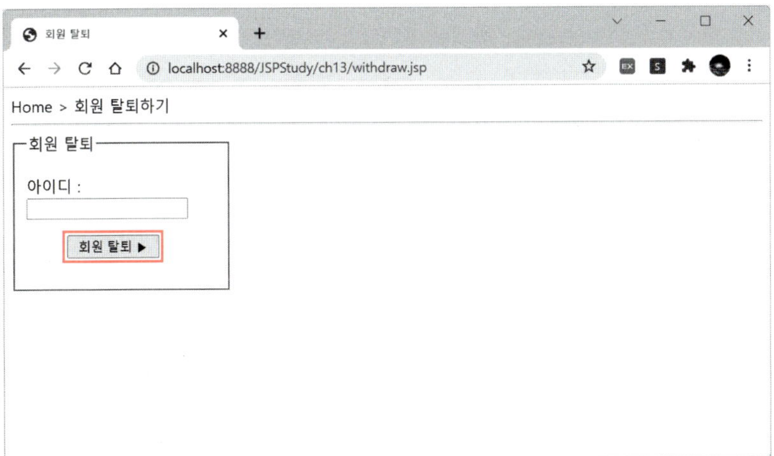

그림 13-6 회원 탈퇴 화면

- **Step 06 | 회원 탈퇴 실패 화면** : 회원의 아이디를 입력하지 않거나 잘못 입력하게 되면 회원 탈퇴 실패 화면으로 페이지를 이동합니다. 회원 탈퇴를 다시 시도하려면 〈회원 탈퇴 재시도〉를 누릅니다.

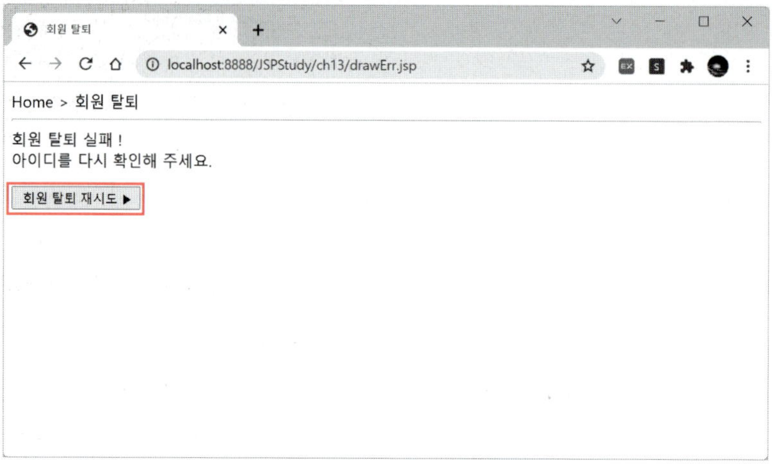

그림 13-7 회원 탈퇴 실패 화면

- **Step 07 | 회원 탈퇴 성공 화면** : 정상적으로 회원 탈퇴 절차가 수행되어 페이지를 이동한 회원 탈퇴 성공 화면입니다. 여기서는 〈메인 화면으로〉를 클릭합니다.

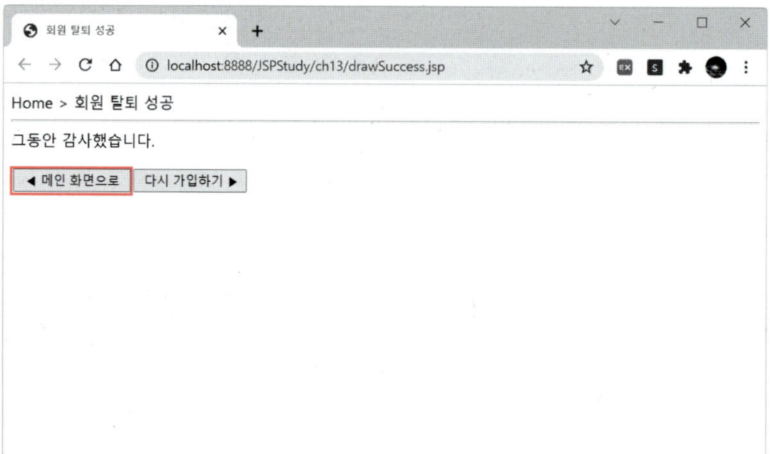

그림 13-8 회원 탈퇴 성공 화면

• **Step 08 | 관리자 모드로 접속** : 메인 화면에서 관리자 모드로 접속하기 위해 〈관리자 접속하기〉를 클릭합니다.

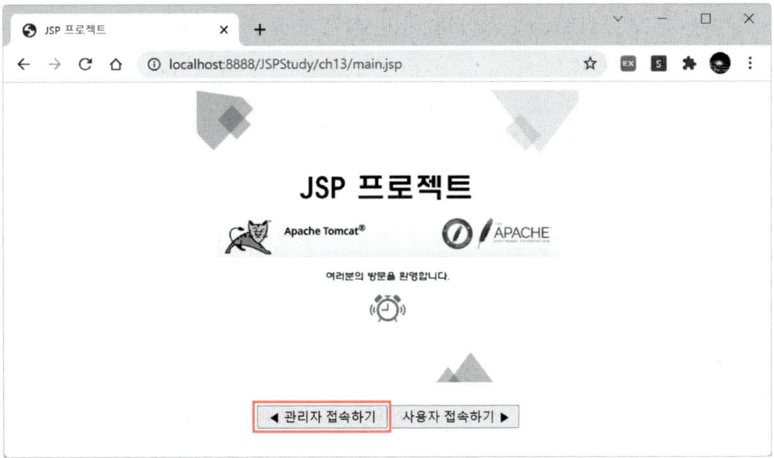

그림 13-9 관리자 모드로 접속

• **Step 09 | 로그인 화면** : 관리자 모드로 로그인하기 위해 아이디 'space'와 비밀번호 '123456'을 입력합니다. 아이디와 비밀번호는 생략할 수 없도록 유효성 검사를 수행합니다.

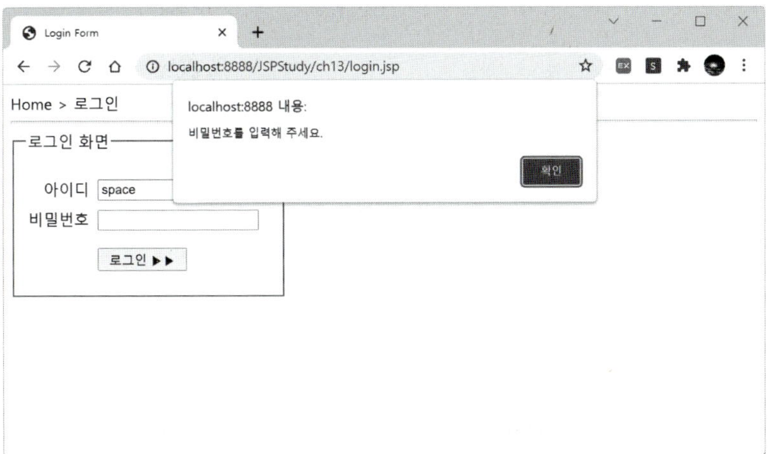

그림 13-10 관리자 로그인 폼 화면

- **Step 10 | 로그인 실패 화면** : 로그인 아이디 또는 비밀번호를 틀리게 입력하게 되면 로그인 실패 화면으로 페이지를 이동하게 됩니다. 여기에서 〈다시 로그인〉을 클릭하면 로그인 폼 화면으로 페이지가 이동하게 됩니다.

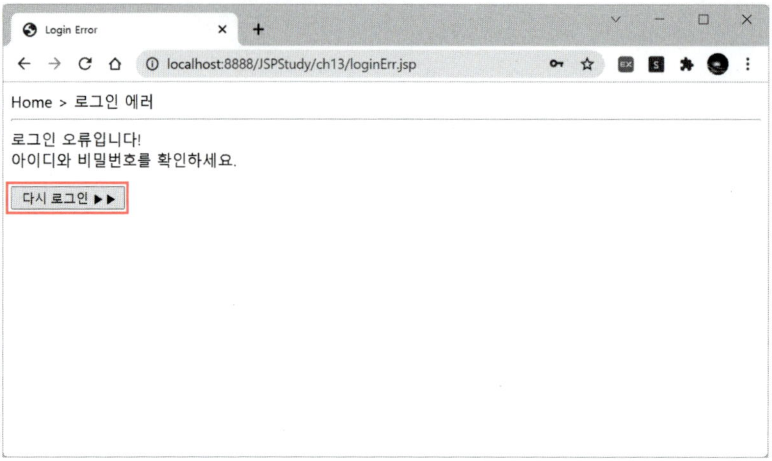

그림 13-11 로그인 실패 화면

- **Step 11 | 로그인 성공 화면** : 관리자 로그인 화면에서는 〈등록 회원 관리하기〉와 〈로그 아웃〉 페이지로 이동할 수 있습니다. 여기서는 〈등록 회원 관리하기〉를 클릭합니다.

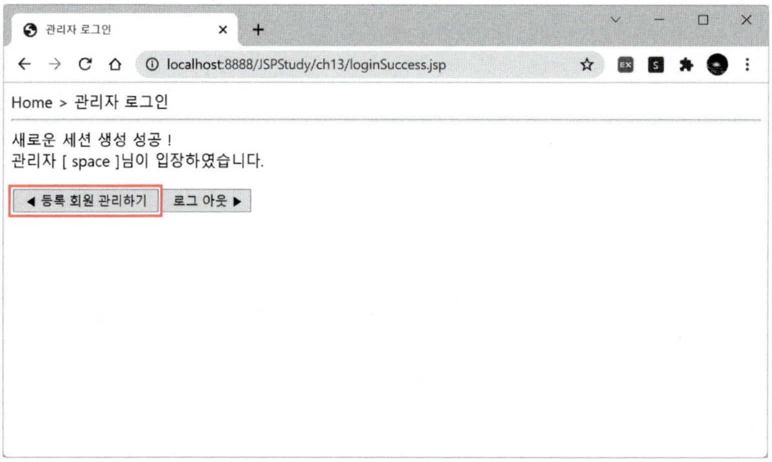

그림 13-12 로그인 성공 화면

• **Step 12 | 등록 회원 관리 화면** : 지금까지 등록된 전체 회원에 대한 정보가 출력됩니다. 여기서는 〈회원 탈퇴 시키기〉를 클릭합니다.

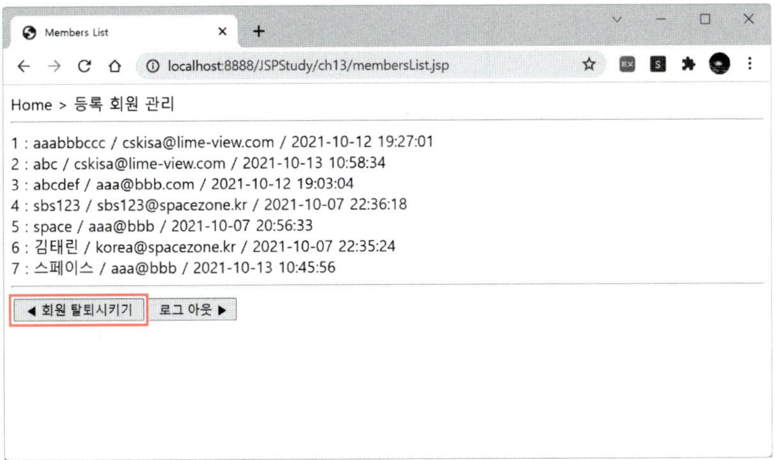

그림 13-13 회원 DB에 등록된 모든 회원 정보

• **Step 13 | 회원 탈퇴 화면** : 회원으로 등록된 아이디를 입력하고 〈회원 탈퇴〉를 클릭합니다.

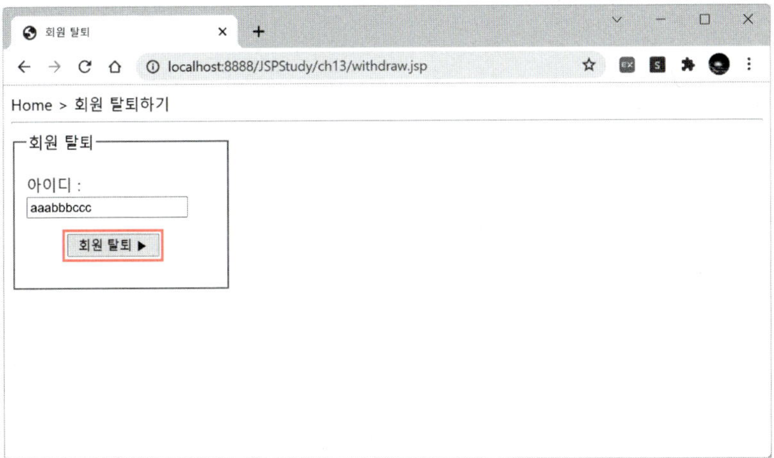

그림 13-14 회원 탈퇴 화면

• **Step 14 | 회원 탈퇴 성공 화면** : 탈퇴를 요청이 정상적으로 수행된 경우만 회원 탈퇴 성공 화면으로 페이지가 이동하게 됩니다. 여기서는 〈메인 화면으로〉를 클릭합니다.

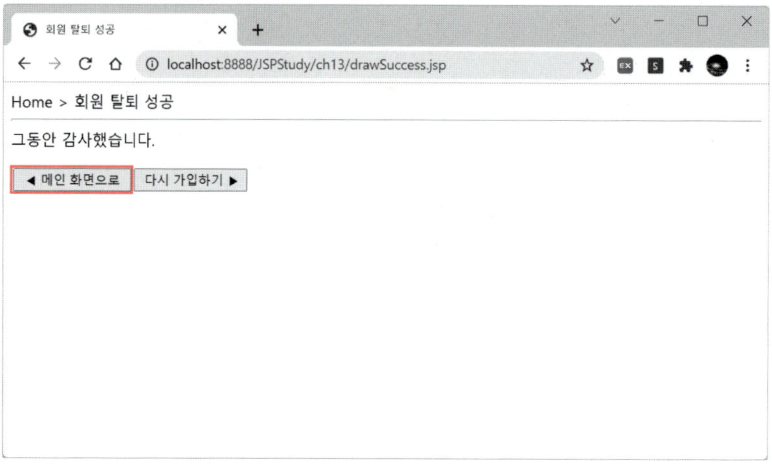

그림 13-15 회원 탈퇴 성공 화면

• **Step 15 | 관리자 모드로 로그인 성공 화면** : 메인 화면에서 관리자 모드로 접속 후 아이디 'space'와 '123456'을 입력하여 로그인 성공 화면으로 페이지를 이동한 다음 〈로그 아웃〉을 클릭합니다.

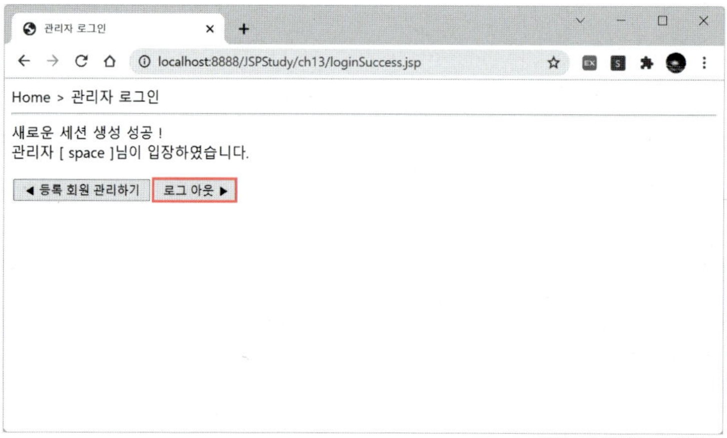

그림 13-16 관리자 로그인 성공 화면

- **Step 16 | 로그 아웃 화면** : 로그 아웃을 수행하게 되면 생성된 세션을 모두 삭제하고 로그 아웃 관련 메시지를 웹 브라우저 화면에 보여줍니다.

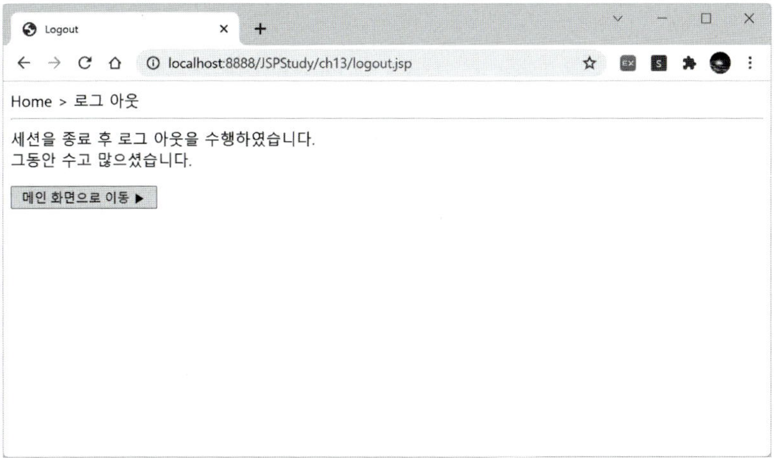

그림 13-17 로그 아웃 화면

02 프로젝트 구축 환경

1 데이터베이스와 테이블

JSP 프로젝트를 수행하기 위한 프로젝트명과 폴더명 그리고 데이터베이스와 테이블의 구축 환경은 다음 표와 같습니다.

표 13-2 프로젝트 구축 환경

속성	선택
프로젝트명	JSPStudy (3장에서 생성한 프로젝트)
폴더명	ch13 (13장에서 생성한 폴더)
데이터베이스명	odbo (11장에서 생성한 데이터베이스)
테이블명	members (11장에서 생성한 테이블)

2 데이터베이스 커넥션

이클립스에서 아파치 톰캣과 데이터베이스를 연동하기 위한 별도의 데이터베이스 커넥션 파일을 생성하도록 하겠습니다. JSP 파일마다 데이터베이스 커넥션을 다루는 소스 코드를 매번 입력해야 하는 불편함을 해소하기 위해 다음 예제를 수행합니다.

예제 13 – 02 데이터베이스 커넥션 파일 생성하기

- **Step 01 | 프로젝트 생성하기** : 프로젝트는 3장에서 생성한 JSPStudy 프로젝트를 사용하고 Project Explorer 뷰에서 새로운 ch13 폴더를 생성합니다.

- **Step 02 | JSP 웹페이지 작성하기** : dbConn.jap 파일을 생성하고 다음과 같이 소스 코드를 작성합니다. 이 소스 코드는 별도로 실행하지는 않고 데이터베이스와 연동이 필요할 경우만 include로 파일을 가져와 사용합니다.

JSPStudy/ch13/dbConn.jsp

```
<%@ page import = "java.sql.*" %>
<%
  Connection conn = null;

  String url = "jdbc:mysql://localhost:3306/odbo";
  String user = "root";
  String passwd = "123456";

  Class.forName("com.mysql.jdbc.Driver");
  conn = DriverManager.getConnection(url, user, passwd);
%>
```

03 메인 화면

1 메인 화면 디자인

JSP 프로젝트에서 수행하기 위한 메인 화면의 구성과 디자인은 다음 그림과 같습니다. 메인 화면에서는 '관리자 모드'와 '사용자 모드' 화면으로 각각 이동할 수 있습니다.

그림 13-18 메인 화면 디자인

2 메인 화면 프로그램

프로젝트의 메인 화면 구성을 JSP 웹 프로그램으로 구현하기 위해 다음 예제를 수행합니다.

예제 13 – 03 프로젝트 메인 화면 생성하기

• **Step 01 | JSP 웹페이지 작성하기 :** 메인 화면 구성을 위한 main.jap 파일을 생성하고 다음과 같이 소스 코드를 작성합니다.

JSPStudy/ch13/main.jsp

```
<%@ page language="java" contentType="text/html; charset=UTF-8"
  pageEncoding="UTF-8" %>
<!DOCTYPE html>
<html>
<head>
  <meta charset="UTF-8">
  <title> 메인 화면 </title>
</head>
<body>
  <center>
  <img src="bgimg.jpg" width="400" height="300">
  <p>
  <table border="0">
    <tr>
      <td>
        <form action="login.jsp" method="post" >
          <input type="submit" value=" ◀ 관리자 접속하기 " >
        </form>
      </td>
      <td>
        <form action="signup.jsp" method="post" >
          <input type="submit" value=" 사용자 접속하기 ▶" >
        </form>
      </td>
    </tr>
  </table>
  </center>
</body>
</html>
```

• **Step 02 | 메인 화면 확인하기 :** 이클립스에서 단축키 Ctrl+F11을 눌러 실행하게 되면 프로젝트의 메인 화면을 확인할 수 있습니다. 메인 화면의 디자인은 각자 취향에 맞도록 구성하면 됩니다.

04 사용자 모드 접속

1 회원 가입 폼

메인 화면에서 〈사용자 접속하기〉를 클릭하게 되면 회원 가입 폼 양식 페이지로 이동하기 위해 다음 예제를 수행합니다. 회원 가입 폼에서는 아이디와 비밀번호, 이메일 주소를 입력하는 과정에서 데이터의 유효성 검사를 수행합니다.

예제 13 – 04 회원 가입을 위한 폼 화면 생성하기

- **Step 01** | **JSP 웹페이지 작성하기** : 회원 가입 폼 화면 구성을 위한 signup.jap 파일을 생성하고 다음과 같이 소스 코드를 작성합니다.

JSPStudy/ch13/signup.jsp

```
<%@ page language="java" contentType="text/html; charset=UTF-8"
  pageEncoding="UTF-8" %>
<!DOCTYPE html>
<html>
<head>
  <meta charset="UTF-8">
  <title> 회원 가입 </title>
  <script type="text/javascript">
    function checkFun()

      var f = document.user_info;
      if(f.userID.value.length < 2 || f.userID.value.length > 16)
      {
        alert("아이디는 2~16자 이내로 입력해야 합니다.");
        f.userID.focus();
        return false;
```

```
        }
        else if(f.userPW.value.length < 6)
        {
          alert("비밀번호는 6자 이상으로 입력해야 합니다.");
          f.userPW.focus();
          return false;
        }
        else if(f.userMAIL.value == "")
        {
          alert("이메일 주소는 반드시 입력해야 합니다.");
          f.userMAIL.focus();
          return false;
        }
        else return true;
      }
    </script>
  </head>
  <body>
    Home > 회원 가입
    <hr>
    <form action="insertDB.jsp" name="user_info"
        method="post" onsubmit="return checkFun()">
      <fieldset style="width:230px">
        <legend> 회원 가입 화면 </legend><p>

        아이디 : <br>
        <input type="text" size = "16" name="userID"><br><br>

        비밀번호 : <br>
        <input type="password" size = "16" name="userPW"><br><br>

        이메일 : <br>
        <input type="email" size="30" name="userMAIL"><br>
        <hr>
        <input type="reset" value=" ◀ 다시작성 ">
        <input type="submit" value=" 가입하기 ▶ ">
        <br><br>
      </fieldset>
    </form>
  </body>
</html>
```

• **Step 02 | 회원 가입 폼 화면에서 데이터 입력하기** : 회원 가입 폼 양식 화면에서 데이터를 입력할 때는 유효성 검사를 수행하게 됩니다. 이 화면에서 입력한 아이디와 비밀번호, 이메일 주소에 대한 데이터 유효성 검사를 통과하게 되면 insertDB.jap 파일로 강제 이동하게 되어 폼 화면에서 입력한 모든 데이터를 회원 DB에 등록합니다.

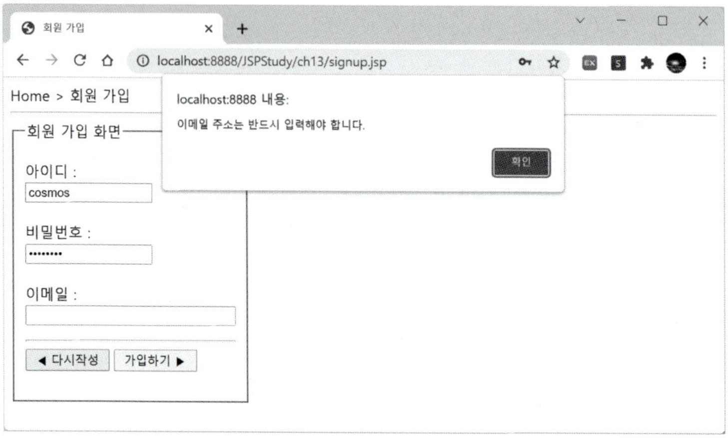

그림 13-19 회원 가입 폼 화면

2 회원 등록 DB

회원 가입 폼 화면에서 유효성을 거쳐 입력한 데이터를 회원 DB에 등록하기 위해 다음 예제를 수행합니다. 이 파일은 폼 화면에서 입력한 데이터를 모두 데이터베이스에 저장하는 명령을 수행하는 파일입니다. 회원 등록이 정상적으로 수행되었다면 회원 가입 성공 화면으로 이동하고 회원 등록이 실패하였다면 다시 회원 가입 폼 화면으로 페이지를 강제 이동하게 됩니다.

예제 13 – 05 폼 화면에서 입력한 데이터를 회원 DB에 등록하기

• **Step 01 | JSP 웹페이지 작성하기** : 회원 가입 폼 화면에서 유효성 검사를 통과한 아이디와 비밀번호, 이메일 주소에 대한 데이터를 회원 DB에 등록하기 위한 insertDB.jap 파일을 생성하고 다음과 같이 소스 코드를 작성합니다.

JSPStudy/ch13/insertDB.jsp

```
<%@ page language="java" contentType="text/html; charset=UTF-8"
  pageEncoding="UTF-8" %>
<%@ page import="java.sql.*" %>
<%@ include file = "dbConn.jsp" %>
<%
  String u_id = request.getParameter("userID");
  String u_pw = request.getParameter("userPW");
  String u_mail = request.getParameter("userMAIL");

  String sql = "INSERT INTO members(id, passwd, email) VALUES";
  sql += "('" + u_id + "','" + u_pw + "','" + u_mail + "')";

  Statement sm = conn.createStatement();

  int count = sm.executeUpdate(sql);
  if(count == 1){
    response.sendRedirect("signupSuccess.jsp");
  }else{
    out.println("회원가입 실패!");
    response.sendRedirect("signup.jsp");
  }
  sm.close();
  conn.close();
%>
```

• **Step 02 | 회원 등록 DB 파일 존재 확인하기** : 이클립스의 Project Explorer 뷰에서 ch13 폴더 안에 생성된 insertDB.jsp 파일의 존재를 확인합니다.

3 회원 가입 성공 화면

회원 가입 폼에서 입력한 데이터가 회원 DB에 정상적으로 등록된 경우 회원 가입 성공 화면을 보여주기 위해 다음 예제를 수행합니다.

예제 13 – 06 회원 가입 성공 화면 생성하기

- **Step 01** | **JSP 웹페이지 작성하기** : 회원 가입이 성공적으로 수행된 경우 회원 가입 성공 화면을 보여주기 위해 signupSuccess.jap 파일을 생성하고 다음과 같이 소스 코드를 작성합니다.

JSPStudy/ch13/signupSuccess.jsp

```
<%@ page language="java" contentType="text/html; charset=UTF-8"
  pageEncoding="UTF-8" %>
<!DOCTYPE html>
<html>
<head>
  <meta charset="UTF-8">
  <title> 회원 등록 성공 </title>
</head>
<body>
  Home > 회원 등록 성공
  <hr>
  축하합니다! <br>
  관리자인 경우만 로그인 수행이 가능합니다. <br><br>

  <table border="0">
    <tr>
      <td>
        <form action="membership.jsp" method="post" >
          <input type="submit" value="◀ 사용자 공간 이동 " >
        </form>
      </td>
      <td>
        <form action="login.jsp" method="post" >
          <input type="submit" value=" 관리자 모드 이동 ▶" >
        </form>
      </td>
    </tr>
  </table>
</body>
</html>
```

- **Step 02 | 회원 가입 성공 화면 확인하기 :** 회원 가입 폼 화면에서 입력한 데이터가 회원 DB에 모두 등록되면 회원 가입 성공 화면을 확인할 수 있습니다. 회원 가입 성공 화면에서는 일반 사용자 공간과 관리자 모드로 페이지를 이동할 수 있도록 인터페이스를 구성하였습니다.

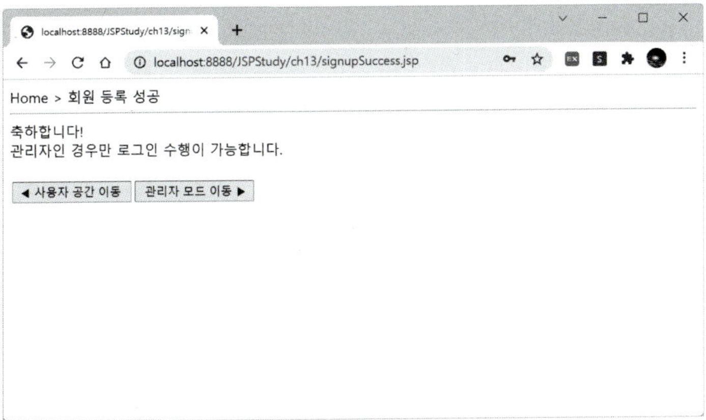

그림 13-20 회원 가입 성공 화면

4 사용자 전용 공간 화면

폼 화면에서 입력한 데이터가 회원 DB에 정상적으로 등록되어 나타난 회원 등록 성공 화면에서 〈사용자 공간 이동〉을 클릭하게 되면 사용자 전용 공간 화면으로 페이지를 이동하기 위해 다음 예제를 수행합니다.

예제 13 – 07 사용자 전용 공간 화면 생성하기

- **Step 01 | JSP 웹페이지 작성하기 :** 회원 등록 성공 화면에서 사용자 공간으로 이동하게 되면 사용자 전용 공간 화면을 보여주기 위해 membership.jap 파일을 생성하고 다음과 같이 소스 코드를 작성합니다.

JSPStudy/ch13/membership.jsp

```
<%@ page language="java" contentType="text/html; charset=UTF-8"
  pageEncoding="UTF-8" %>
<!DOCTYPE html>
<html>
<head>
<meta charset="UTF-8">
<title> 회원 전용 공간 </title>
</head>
<body>
  Home > 회원 전용 공간
  <hr>
  반갑습니다.<br>
  여기는 회원 전용 공간입니다.<br>
  회원을 탈퇴하려면 버튼을 눌러주세요.<br><br>

  <table border="0">
    <tr>
      <td>
        <form action="main.jsp" method="post" >
          <input type="submit" value=" ◀ 메인 화면 " >
        </form>
      </td>
      <td>
        <form action="withdraw.jsp" method="post" >
          <input type="submit" value=" 회원 탈퇴하기 ▶" >
        </form>
      </td>
    </tr>
  </table>
</body>
</html>
```

- **Step 02 | 사용자 전용 공간 화면 확인하기** : 회원 등록 성공 화면에서 〈회원 전용 공간〉을 클릭하여 페이지를 넘어오게 되면 사용자 전용 공간 화면을 확인할 수 있습니다. 이 화면에서는 메인 화면과 회원 탈퇴하기 페이지로 이동할 수 있습니다.

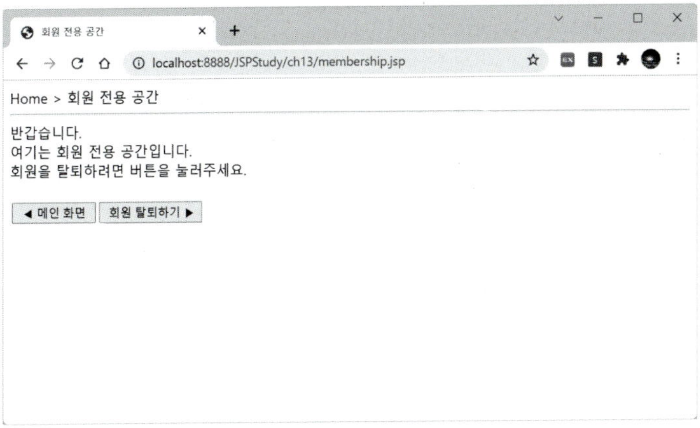

그림 13-21 사용자 전용 공간 화면

5 회원 탈퇴 화면

이미 등록된 회원이 탈퇴를 신청하기 위한 폼 양식 화면을 보여주기 위해 다음 예제를 수행합니다.

예제 13 – 08 회원 탈퇴 화면 생성하기

- **Step 01** | **JSP 웹페이지 작성하기** : 회원 탈퇴를 수행하기 위한 폼 양식 화면을 보여주기 위해 withdraw.jap 파일을 생성하고 다음과 같이 소스 코드를 작성합니다.

JSPStudy/ch13/withdraw.jsp

```
<%@ page language="java" contentType="text/html; charset=UTF-8"
  pageEncoding="UTF-8" %>
<!DOCTYPE html>
<html>
<head>
  <meta charset="UTF-8">
  <title> 회원 탈퇴 </title>
</head>
<body>
  Home > 회원 탈퇴하기
  <hr>
  <form action="drawCheck.jsp" name="user_info" method="post">
```

```
      <fieldset style="width:200px">
        <legend> 회원 탈퇴 </legend><p>

        아이디 : <br>
        <input type="text" name="userID"><br>

        <div align="center">
          <input type="submit" value=" 회원 탈퇴 ▶ ">   
        </div><br>
      </fieldset>
    </form>
  </body>
</html>
```

• **Step 02 | 회원 탈퇴 화면 확인하기** : 이미 등록된 회원의 아이디를 화면에 입력하고 〈회원 탈퇴〉를 누르게 되면 회원 DB에 등록된 회원의 아이디를 찾아 일치 여부를 체크 해 주는 drawCheck.jsp 파일로 넘어가게 됩니다.

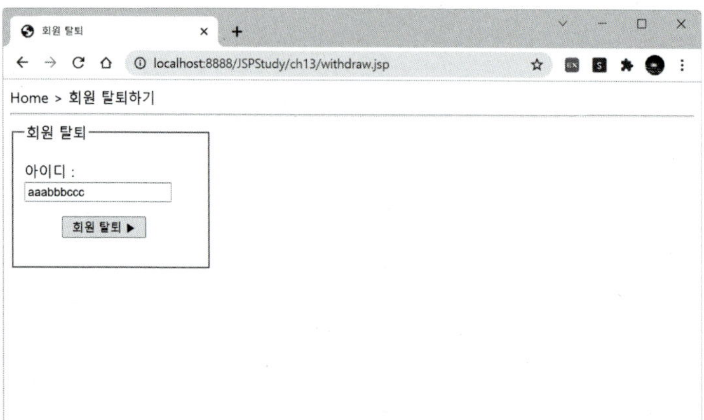

그림 13-22 회원 탈퇴 화면

6 회원 아이디 체크

회원 탈퇴를 신청하기 위해 입력한 아이디를 회원 DB에서 찾아서 등록된 아이디인지를 판별하는 파일을 생성하기 위해 다음 예제를 수행합니다. 이 파일은 웹 브라우저 화면에는 보여주지는 않습니다. 다만 데이터베이스에 존재하는 아이디를 체크하고 아이디 일치 여부에 따라 회원 탈퇴 화면 또는 회원 탈퇴 실패 화면으로 페이지를 분기해 주는 기능을 수행하게 됩니다.

예제 13 – 09 회원 탈퇴 아이디를 회원 DB에서 확인하기

- **Step 01 | JSP 웹페이지 작성하기** : 회원 탈퇴를 신청한 아이디를 회원 DB에 존재하는지를 확인하기 위해 drawCheck.jap 파일을 생성하고 다음과 같이 소스 코드를 작성합니다.

JSPStudy/ch13/drawCheck.jsp

```
<%@ page language="java" contentType="text/html; charset=UTF-8"
  pageEncoding="UTF-8" %>
<%@ page import="java.sql.*" %>
<%@ include file = "dbConn.jsp" %>
<%
  String u_id = request.getParameter("userID");
  String sql = "DELETE FROM members WHERE id = ?";

  PreparedStatement sm = conn.prepareStatement(sql);
  sm.setString(1, u_id);

  int count = sm.executeUpdate();

  if(count == 1){
    response.sendRedirect("drawSuccess.jsp");
  }else{
    response.sendRedirect("drawErr.jsp");
  }
  sm.close();
  conn.close();
%>
```

- **Step 02 | 아이디 체크 파일 존재 확인하기** : 이클립스의 Project Explorer 뷰에서 ch13 폴더 안에 생성된 drawCheck.jsp 파일의 존재를 확인합니다.

7 회원 탈퇴 성공 화면

탈퇴하고자 하는 회원의 아이디가 회원 DB에서 정상적으로 확인되었을 경우 회원 탈퇴 성공 화면을 보여주기 위해 다음 예제를 수행합니다.

예제 13 – 10 회원 탈퇴 성공 화면 생성하기

- **Step 01 | JSP 웹페이지 작성하기** : 회원 탈퇴가 성공적으로 수행되었다는 화면을 보여주기 위해 drawSuccess.jap 파일을 생성하고 다음과 같이 소스 코드를 작성합니다.

JSPStudy/ch13/drawSuccess.jsp

```
<%@ page language="java" contentType="text/html; charset=UTF-8"
  pageEncoding="UTF-8" %>
<!DOCTYPE html>
<html>
<head>
  <meta charset="UTF-8">
  <title> 회원 탈퇴 성공 </title>
</head>
<body>
  Home > 회원 탈퇴 성공
  <hr>
  그동안 감사했습니다. <p>

  <table border="0">
    <tr>
      <td>
        <form action="main.jsp" method="post" >
          <input type="submit" value=" ◀ 메인 화면으로 " >
        </form>
      </td>
      <td>
        <form action="signup.jsp" method="post" >
          <input type="submit" value=" 다시 가입하기 ▶" >
        </form>
      </td>
    </tr>
  </table>
</body>
</html>
```

• **Step 02 | 회원 탈퇴 성공 화면 확인하기** : 회원 탈퇴 화면에서 입력한 아이디가 회원 DB에 존재할 경우 해당 아이디에 대한 모든 정보를 데이터베이스에서 삭제하고 회원 탈퇴 성공 화면을 보여줍니다.

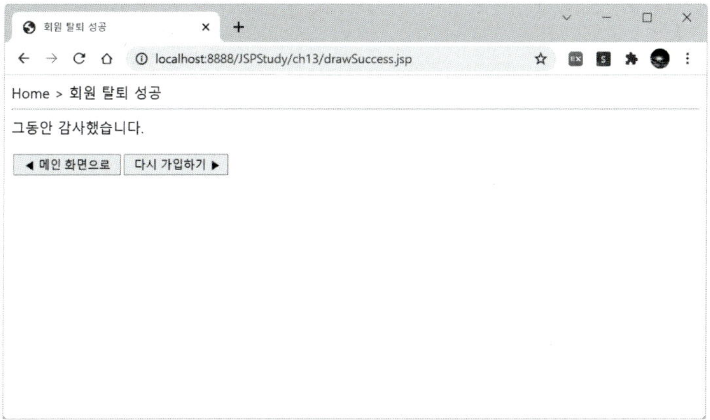

그림 13-23 회원 탈퇴 성공 화면

8 회원 탈퇴 실패 화면

탈퇴하기 위해 입력한 회원의 아이디가 회원 DB에 존재하지 않는 경우 회원 탈퇴 실패 화면을 보여주기 위해 다음 예제를 수행합니다.

예제 13 – 11 회원 탈퇴 실패 화면 생성하기

• **Step 01 | JSP 웹페이지 작성하기** : 회원 탈퇴를 위해 입력한 아이디가 회원 DB에 존재하지 않아 실패하게 된 경우 화면을 보여주기 위해 drawErr.jap 파일을 생성하고 다음과 같이 소스 코드를 작성합니다.

JSPStudy/ch13/drawErr.jsp

```
<%@ page language="java" contentType="text/html; charset=UTF-8"
  pageEncoding="UTF-8" %>
<!DOCTYPE html>
<html>
<head>
```

```
    <meta charset="UTF-8">
    <title> 회원 탈퇴 </title>
  </head>
  <body>
    Home > 회원 탈퇴
    <hr>
    회원 탈퇴 실패 ! <br>
    아이디를 다시 확인해 주세요.<br>

    <form action="withdraw.jsp" name="w_form" method="post" >
    <p>
      <input type="submit" value=" 회원 탈퇴 재시도 ▶" >
    </form>
  </body>
</html>
```

• **Step 02 | 회원 탈퇴 실패 화면 확인하기** : 회원 탈퇴 화면에서 입력한 아이디가 회원 DB에 존재하지 않는 경우 회원 탈퇴 실패 화면을 보여줍니다.

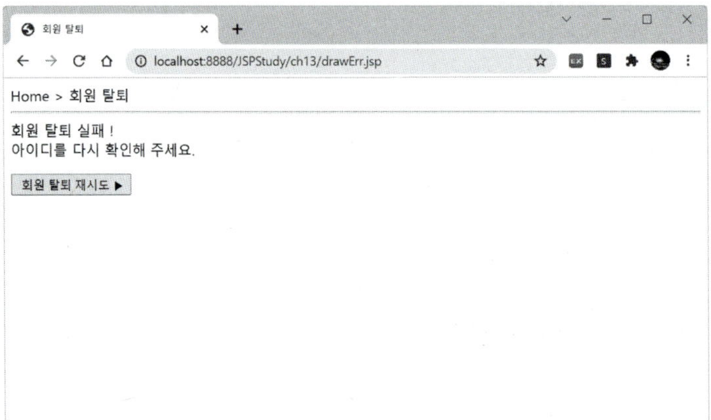

그림 13-24 회원 탈퇴 실패 화면

05 관리자 모드 접속

1 관리자 로그인

사용자 접속 모드에 대해 살펴봤으므로 여기서는 관리자 모드로 접속하는 과정을 살펴보도록 하겠습니다. JSP 프로젝트의 메인 화면에서 〈관리자 접속하기〉를 눌러 관리자 모드로 접속합니다.

그림 13-25 관리자 모드 접속

2 로그인 폼 화면

로그인 폼 화면은 관리자 모드로 접속했을 경우만 볼 수 있습니다. 관리자 모드는 등록된 회원의 전체 명단을 열람할 수 있으며 특정 회원을 강제로 탈퇴시킬 수 있습니다. 로그인 폼 화면을 생성하기 위해 다음 예제를 수행합니다.

예제 13 - 12 로그인 폼 화면 생성하기

• **Step 01 | JSP 웹페이지 작성하기** : 관리자 모드로 접속하였을 경우 로그인을 수행하기 위한 폼 화면을 생성하기 위해 login.jap 파일을 생성하고 다음과 같이 소스 코드를 작성합니다. 로그인 폼 화면에서는 아이디와 비밀번호에 대한 유효성 검사를 수행합니다.

JSPStudy/ch13/login.jsp

```
<%@ page language="java" contentType="text/html; charset=UTF-8"
  pageEncoding="UTF-8" %>
<!DOCTYPE html>
<html>
<head>
  <meta charset="UTF-8">
  <title> Login Form </title>
  <script type="text/javascript">
  function checkFun()
  {
    var f = document.loginForm;
    if(f.uID.value == "")
    {
      alert("아이디를 입력해 주세요.");
      f.uID.focus();
      return false;
    }
    else if(f.uPW.value == "")
    {
      alert("비밀번호를 입력해 주세요.");
      f.uPW.focus();
      return false;
    }
    else return true;
  }
  </script>
</head>
<body>
  Home > 로그인
  <hr>
  <form name="loginForm" action="loginSuccess.jsp"
        method="post" onsubmit="return checkFun()" >
    <fieldset style="width:260px">
```

```
      <legend> 로그인 화면 </legend><p>
      <table>
        <tr height="30">
          <td align="right">아이디 </td>
          <td><input type="text" name="uID"></td>
        </tr>
        <tr height="30">
          <td align="right">비밀번호 </td>
          <td><input type="password" name="uPW"></td>
        </tr>
        <tr height="50">
          <td></td>
          <td><input type="submit" value=" 로그인 ▶▶ "></td>
        </tr>
      </table>
    </fieldset>
  </form>
</body>
</html>
```

- **Step 02 | 로그인 폼 화면 확인하기** : 관리자 모드로 접속했을 경우만 로그인을 수행할 수 있습니다. 관리자 계정의 아이디 space와 비밀번호 123456은 이미 회원으로 등록된 상태입니다. 아이디와 비밀번호를 입력하지 않았을 경우 유효성 검사를 수행합니다. 정상적으로 로그인을 수행하게 되면 세션은 자동으로 생성됩니다.

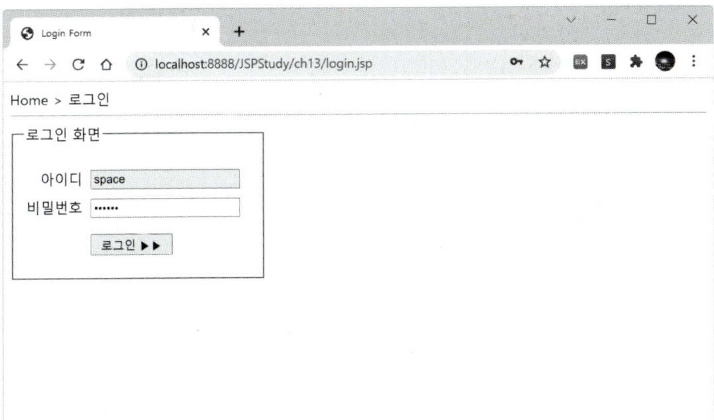

그림 13-26 관리자 로그인 화면

3 로그인 성공 화면

관리자 모드로 접속하여 아이디 space, 비밀번호 123456으로 로그인을 성공적으로 수행했을 경우 로그인 성공 화면을 보여주기 위해 다음 예제를 수행합니다.

예제 13 – 13 로그인 성공 화면 생성하기

- **Step 01** | **JSP 웹페이지 작성하기** : 관리자 아이디와 비밀번호를 입력하여 정상적으로 로그인이 수행되었을 경우 로그인 성공 화면을 보여주기 위해 loginSuccess.jap 파일을 생성하고 다음과 같이 소스 코드를 작성합니다.

JSPStudy/ch13/loginSuccess.jsp

```
<%@ page language="java" contentType="text/html; charset=UTF-8"
  pageEncoding="UTF-8" %>
<!DOCTYPE html>
<html>
<head>
  <meta charset="UTF-8">
  <title> 관리자 로그인 </title>
</head>
<body>
  Home > 관리자 로그인
  <hr>
  <%
    String u_id = request.getParameter("uID");
    String u_pw = request.getParameter("uPW");

    if(u_id.equals("space") && u_pw.equals("123456"))
    {
      session.setAttribute("memberId", u_id);
      session.setAttribute("memberPw", u_pw);

      out.println("새로운 세션 생성 성공 ! <br>");
      out.println("관리자 [ " + u_id + " ]님이 입장하였습니다. <p>");
    }
    else
    {
      response.sendRedirect("loginErr.jsp");
    }
```

```
    %>
    <table border="0">
      <tr>
        <td>
          <form action="membersList.jsp" method="post" >
            <input type="submit" value=" ◀ 등록 회원 관리하기 " >
          </form>
        </td>
        <td>
          <form action="logout.jsp" method="post" >
            <input type="submit" value=" 로그 아웃 ▶" >
          </form>
        </td>
    </table>
  </body>
  </html>
```

• **Step 02 | 로그인 성공 화면 확인하기** : 관리자에 대한 계정의 아이디 space와 비밀번호 123456은 회원 DB에 이미 등록되어 있으므로 로그인 성공 화면을 확인할 수 있습니다.

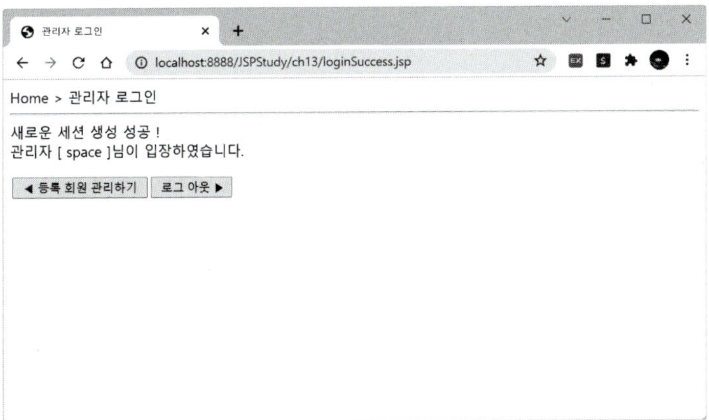

그림 13-27 관리자 로그인 성공 화면

4 로그인 실패 화면

관리자 로그인 폼 화면에서 입력한 아이디와 비밀번호가 회원 DB에 등록되어 있지 않는 경우 로그인 실패 화면을 보여주기 위해 다음 예제를 수행합니다.

예제 13 – 14 로그인 실패 화면 생성하기

- **Step 01 | JSP 웹페이지 작성하기** : 관리자 로그인 실패에 따른 로그인 실패 화면을 보여주기 위해 loginErr.jap 파일을 생성하고 다음과 같이 소스 코드를 작성합니다.

JSPStudy/ch13/loginErr.jsp

```
<%@ page language="java" contentType="text/html; charset=UTF-8"
  pageEncoding="UTF-8" %>
<!DOCTYPE html>
<html>
<head>
  <meta charset="UTF-8">
  <title> Login Error </title>
</head>
<body>
  Home > 로그인 에러
  <hr>
  로그인 오류입니다! <br>
  아이디와 비밀번호를 확인하세요.

  <form action="login.jsp" name="err_form" method="post" >
    <p>
    <input type="submit" value=" 다시 로그인 ▶▶" >
  </form>
</body>
</html>
```

- **Step 02 | 로그인 실패 화면 확인하기** : 관리자 로그인 과정에서 아이디와 비밀번호를 틀리게 입력하게 되면 로그인 실패 화면을 보여줍니다.

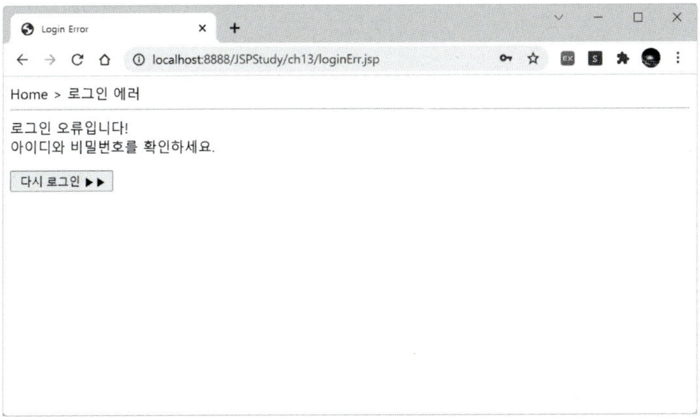

그림 13-28 관리자 로그인 실패 화면

5 등록 회원 조회

관리자 모드로 로그인을 성공하게 되면 가입된 모든 회원의 정보를 데이터베이스로부터 조회할 수 있습니다. 관리자 로그인 성공 화면에서 〈등록 회원 관리하기〉를 클릭하게 되면 회원 DB에 등록된 모든 회원의 정보를 조회하기 위해 다음 예제를 수행합니다.

예제 13 – 15 회원 DB에 등록된 모든 데이터 조회하기

- **Step 01 | JSP 웹페이지 작성하기** : 관리자 로그인 접속 상태에서 회원 DB에 등록된 모든 회원의 정보를 조회하기 위해 membersList.jsp 파일을 생성하고 다음과 같이 소스 코드를 작성합니다.

JSPStudy/ch13/membersList.jsp

```
<%@ page language="java" contentType="text/html; charset=UTF-8"
  pageEncoding="UTF-8" %>
<%@ page import="java.sql.*" %>
<%@ include file = "dbConn.jsp" %>
<!DOCTYPE html>
<html>
<head>
  <meta charset="UTF-8">
  <title> Members List </title>
```

```
</head>
<body>
  Home > 등록 회원 관리
  <hr>
  <%
    String u_id = request.getParameter("userID");
    String u_pw = request.getParameter("userPW");
    String u_mail = request.getParameter("userMAIL");

    Statement sm = conn.createStatement();
    ResultSet rs = sm.executeQuery("SELECT id, email, signuptime FROM members");

    String str = "";
    int count = 1;

    while(rs.next()){
      str += count + " : " + rs.getString("id") + " / " + rs.getString("email")
            + " / " + rs.getString("signuptime") + "<br>";
      count++;
    }
    out.print(str);

    rs.close();
    sm.close();
    conn.close();
  %>
  <hr>
  <table border="0">
    <tr>
      <td>
        <form action="withdraw.jsp" method="post" >
          <input type="submit" value=" ◀ 회원 탈퇴시키기 " >
        </form>
      </td>
      <td>
        <form action="logout.jsp" method="post" >
          <input type="submit" value=" 로그 아웃 ▶" >
        </form>
      </td>
    </tr>
  </table>
</body>
</html>
```

• **Step 02 | 등록 회원 조회하기** : 관리자 로그인 성공 화면에서 〈등록 회원 관리하기〉를 클릭하게 되면 회원 DB에 등록된 모든 회원의 정보를 화면에 보여줍니다. 〈회원 탈퇴 시키기〉를 누르게 되면 회원 탈퇴 화면으로 페이지를 이동합니다.

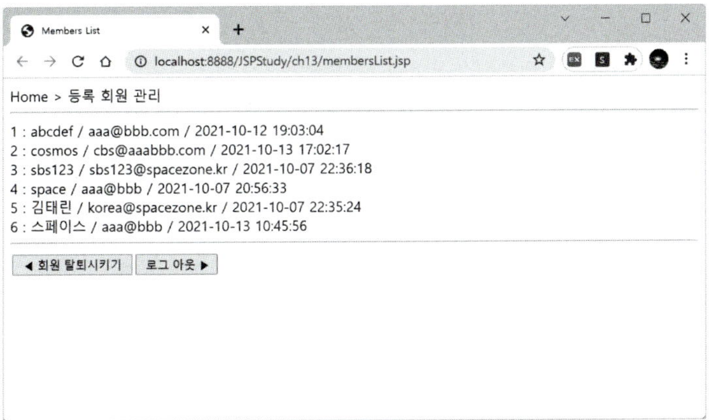

그림 13-29 회원 DB에 등록된 모든 회원 조회

6 로그 아웃 화면

관리자 모드로 로그인을 수행하게 되면 세션이 자동으로 생성되고 로그인 상태로 머물게 됩니다. 〈로그 아웃〉을 클릭하게 되면 생성된 모든 세션을 삭제하고 로그 아웃을 수행하기 위해 다음 예제를 수행합니다.

예제 13 – 16 관리자 로그 아웃 화면 생성하기

• **Step 01 | JSP 웹페이지 작성하기** : 관리자 로그인 접속 상태에서 〈로그 아웃〉을 클릭하게 되면 생성된 세션을 삭제하고 로그 아웃 화면을 보여주기 위해 logout.jap 파일을 생성하고 다음과 같이 소스를 작성합니다.

JSPStudy/ch13/logout.jsp

```
<%@ page language="java" contentType="text/html; charset=UTF-8"
    pageEncoding="UTF-8" %>
<!DOCTYPE html>
<html>
<head>
    <meta charset="UTF-8">
    <title> Logout  </title>
</head>
<body>
    Home > 로그 아웃
    <hr>
    세션을 종료 후 로그 아웃을 수행하였습니다. <br>
    그동안 수고 많으셨습니다.<p>
    <%
        String u_id = (String) session.getAttribute("memberId");
        String u_pw = (String) session.getAttribute("memberPw");

        session.removeAttribute("memberId");
    %>
    <form action="main.jsp" method="post" >
        <input type="submit" value=" 메인 화면으로 이동 ▶ " >
    </form>
</body>
</html>
```

• **Step 02 | 로그 아웃 화면 확인하기** : 관리자 모드로 접속된 상태에서 〈로그 아웃〉을 클릭하게 되면 로그인 과정에서 생성된 세션을 삭제하고 로그 아웃 화면을 보여줍니다.

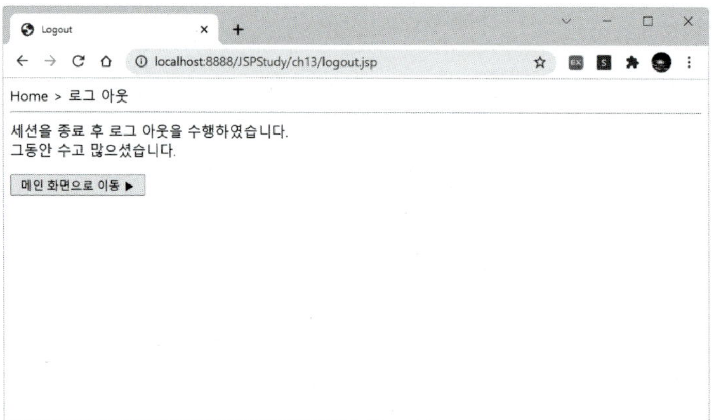

그림 13-30 로그 아웃 화면

핵심 요약

01 스토리 보드에 대한 이해

- 스토리보드란 프로젝트를 위해 각본을 바탕으로 필요한 모든 사항을 매 화면마다 보여주는 주요한 문서를 의미합니다.

02 데이터베이스 커넥션 파일 생성

- JSP 애플리케이션을 수행할 때 데이터베이스 커넥션 파일을 별도로 생성해 두면 여러 파일에서 include 선언으로 데이터베이스와의 연동을 효율적으로 활용할 수 있습니다.
- 데이터베이스 커넥션 파일 생성은 다음과 같습니다.

```
<%@ page import = "java.sql.*" %>
<%
  Connection conn = null;

  String url = "jdbc:mysql://localhost:3306/odbo";
  String user = "root";
  String passwd = "123456";

  Class.forName("com.mysql.jdbc.Driver");
  conn = DriverManager.getConnection(url, user, passwd);
%>
```

03 데이터 유효성 검사의 필요 이유

- JSP 웹페이지의 회원 가입 폼 화면에서 입력하는 데이터에 대한 유효성 검사를 수행하게 되면 데이터베이스에 저장되는 데이터를 보다 효율적으로 관리할 수 있습니다.

연습문제

01 다음 글을 읽고 빈 괄호에 들어갈 단어를 입력하시오.

(1) 스토리보드란 프로젝트를 위해 (   )을 바탕으로 필요한 모든 사항을 매 화면마다 보여주는 주요한 (   )를 의미합니다.

(2) JSP 애플리케이션을 수행할 때 데이터베이스 (   ) 파일을 별도로 생성해 두면 여러 파일에서 (   ) 선언으로 데이터베이스와의 연동을 효율적으로 활용할 수 있습니다.

(3) JSP 웹페이지의 회원 가입 폼 화면에서 입력하는 데이터에 대한 (   ) 검사를 수행하게 되면 데이터베이스에 저장되는 (   )를 보다 효율적으로 관리할 수 있습니다.

02 다음에 주어진 데이터베이스 커넥션 파일에 대한 소스 코드를 보고 밑줄 친 부분에 들어갈 코드를 입력하시오.

```
<%@ page import = ____________________ %>
<%
  Connection conn = _________________

  String url = "jdbc:mysql://localhost:3306/odbo";
  String user = "root";
  String passwd = "123456";

______________________________ ("com.mysql.jdbc.Driver");
  conn = DriverManager.getConnection(url, user, passwd);
%>
```

03 다음에 주어진 소스 코드를 보고 밑줄 친 부분에 들어갈 코드를 입력하시오.

```
<%@ page language="java" contentType="text/html; charset=UTF-8"
  pageEncoding="UTF-8" %>
<%@ page import="java.sql.*" %>
<%@ include file = "dbConn.jsp" %>
<%
  String u_id = ____________________ ("userID");
  String sql = "DELETE FROM members WHERE id = ?";

  PreparedStatement sm = conn.prepareStatement(sql);
  sm.setString(1, u_id);

  int count = ____________________

  if(count == 1){
    response.sendRedirect("drawSuccess.jsp");
  }else{
    response.sendRedirect("drawErr.jsp");
  }
____________
  conn.close();
%>
```

찾아보기

ㅎ